이젠 비워내도 괜찮아

소흔 이한배 포토에세이

이젠 비워내도 괜찮아

저자 이한배

이든북

❖ 작가의 말

고단함도 오래 삭히면 아름답다고 했다. 하지만 오래 삭히는 일은 결코 쉽지도 빨리 되지도 않는다. 모난 돌이 뭉우리돌 되듯, 거센 풍파 속에 서로 부닥뜨리고 깨지면서 오랜 고단함의 시간을 보내야 한다. 피한다고, 외면한다고, 돌아간다고 해결되지 않는다. 절실하게 슬프고, 괴롭고, 힘들고, 아파해야 비로소 삭혀지는 것이다. 또 삭혀진다는 것은 그 고단함이 남의 일인 양 강 건너 불 보듯 할 수 있는 마음이 돼야 한다. 그런 뒤에 모두 비워내야 비로소 훨훨 날아갈 수 있는 자유를 얻을 수 있다.

나의 글쓰기는 그런 자유를 얻기 위한 비움의 작업인지도 모르겠다. 내 마음 깊은 곳에 누룽지같이 잔뜩 눌어붙어있는 고단하고 아팠던 기억들, 기뻤던 기억들을 하나씩 꺼내는 일이다. 마치 원석을 캐내어 잘 갈고 다듬어서 보석을 만드는 일과 같다고나 할까? 막상 꺼내어 정성을 다해 갈고 다듬어 보니 별로 얘깃거리가 될 만한 게 없는 소소한 것들 뿐이다. 나의 마음을 남에게 내보인다는 게 쉬운 일이 아님을 실감한다. 그래도 나에게는 마음을 비워내는 소중한 일이기에 공을 많이 들이고자 노력하였다.

돌이켜보면 어느 하나 제대로 해낸 게 없다. 어느 시인이 '왜 사냐 건 웃지요'라고 했듯이 나 역시 '왜 사냐고 물으면 그냥 살지요'라고 하고 싶었고, 하얀 기쁨 속에 살고자 했다. 내가 꺼내놓는 고단하고 즐거웠던 나의 흔적들이 보는 이에게는 조금이나마 위안이고 아름다움이었으면 싶었다. 자작나무처럼 말이다. 자작나무는 가지가 잘려 나갔을 때 아픔의 흔적들을 흑백

사진처럼 아름다움으로 승화시켜 보여 주고 있지 않은가? 그 또한 내 맘과 같이 되지 않았다는 게 솔직한 고백이다.

테스 형의 '내가 아무것도 모른다는 것밖에 아는 것이 없다'라고 하는 말을 어디선가 들었을 때, 나를 대변해주는 말로 들렸었다. 모르면 용감하다고 쥐뿔도 모르면서 무작정 부닥쳤다. 사진이 그랬고, 노래 부르기도 그랬고, 글쓰기 또한 마찬가지였다. 따라서 영원한 소인(素人=아마추어)일 수밖에 없다. 그래도 그것들에 도전함으로써 생기는 행복과 즐거움으로 인해, 나이 듦에 대한 중압감에서 조금은 여유로워질 수가 있었다.

내가 하얀 기쁨 속에 살자 함은 그림자밖에 없는 동굴에서 형이상학의 세계로 나가는 일인지도 모른다. 설령 하얀 기쁨 속에 살자던 소망이 끝내 소망으로 끝난다 해도 상관치 않으리라. 쓰고, 찍고, 부르는 그런 즐거운 일들을 사다리 삼아 끝까지 찾고 싶다. 멀지 않은 저만큼 어딘가에 하얀 기쁨이 꼭 있을 것 같은 생각이 자꾸 들기 때문이다.

이 졸필의 책이 나오기까지 성원과 격려를 아끼지 않으셨던 송하섭 교수님을 비롯한 모든 분께 감사를 드린다.

작가의 말 —5

차례

작가의 말 … 04

1부 하얀 기쁨 이야기

47년생 …………………………………… 012
내 고향 '기쁜 바위' …………………………… 017
개구쟁이 시절에 ………………………………… 021
우매한 조카를 용서하소서 …………………… 025
건강검진 받던 날……………………………… 028
난향蘭香을 못 맡는 사람 …………………… 032
그래 잊으며 살자 ……………………………… 036
거리두기 ………………………………………… 040
나의 호號 하얀 기쁨…………………………… 044
나이는 내려놓는 것이다 ……………………… 048
애인 사이 부부 사이 …………………………… 052
숨김의 인생……………………………………… 057
잊히고 사라지는 것에 건배 ………………… 061

2부   산두리 해변에서 볼레로를

자연적이란 것 · 068
도토리 줍기 · 071
텃밭이 주는 기쁨 · 075
이건 모두 네 탓이야 · 080
야속한 석굴암 부처님 · · · · · · · · · · · · · · · · · · 084
다비식과 산사의 하룻밤 · · · · · · · · · · · · · · · · 088
선운사의 가을 노래 · 094
소낙비 소고 · 098
아! 구둔역 · 103
신두리 해변에서 볼레로를 · · · · · · · · · · · · · · 107
낚시 유감 · 111

3부   그들이 바로 평화

한여름 밤의 축제 · 118
어린 고양이 4형제 · 123
그들이 바로 평화 · 127
동강할미꽃을 탐하다 · · · · · · · · · · · · · · · · · · 132
이끼 폭포 촬영기 · 136
4월의 부소담악 · 141
파도가 들려주는 이야기 · · · · · · · · · · · · · · · · 146
봄에 만난 애인들 · 150
황새와 보낸 하루 · 155

4부 　 초추의 자장가

갑사계곡의 봄 ················· 162

봄마중 ························ 166

꽃이 그리운 봄 ··············· 170

여름나기 ······················ 174

초열대야와 대결 ·············· 178

비 오는 날의 상념 ············ 182

초추의 자장가 ················ 185

시가 있어 기분 좋은 가을날 ·· 187

눈 오는 날의 회상 ············ 191

5부 　 51%의 행복

양력설 소고 ·················· 198

탈영병 이야기 ················ 203

슬로우시티 운동의 원조 ······ 207

컴퓨터는 깡통이다 ············ 212

커피 이야기 ·················· 216

51%의 행복 ··················· 221

핸드폰 유감 ·················· 225

다름과 틀림 ·················· 229

6부   가을 햇살 속으로

영원한 모습으로 ·············· 236
'혼불'의 최명희 작가를 만나다 ·········· 238
가을 햇살 속으로 ·············· 244
남가섭암을 찾아서 ············ 248
시월의 어느 멋진 날 ············ 251
야무지고 원대한 꿈 ············ 256

작품해설 송하섭 / 기억 되살려내기와 글쓰기 ··· 262

1부 / 하얀 기쁨 이야기

47년생

서른 살부터 나이를 잊고 살았다. 그 뒤로 나이 먹는 것이 부담스러워 47년생 돼지띠라고 말하고 상대방이 알아서 계산하게 하였다. 옛 어른들이 아홉수가 나쁘다고 말씀하는 걸 자주 들었다. 그 말이 딱 들어맞는다고 생각한 것이, 꼭 나이 앞의 숫자가 바뀔 때면 여간 부담스러운 게 아니다. 스무 살 될 때는 몰랐는데 서른 살이 되니까 부담이 오기 시작했다. 왠지 서른 살이라는 나이가 내겐 안 어울리는 것 같고 아주 거북스러웠다.

이제는 47년생이라고 말하는 것도 부담스러워졌다. 그래도 서른 살 즈음에는 47년이 계산하기 쉬웠다. 하지만 지금은 얼른 계산을 못 하는 아주 오래된 그런 해가 되어 있기 때문이다. 게다가 20세기에서 21세기가 되니 더욱 어려워졌다. 지하철을 공짜로 타고 다니기 시작한지도 벌써 4년째이고 보면 그럴 법도 하다.

나이 계산조차 하기 힘들 정도로 아스라이 멀어져가는 47년을 바라보노라면 이게 늙어가는 것인가? 실감나기도 한다. 내겐 안 올 것 같던 회갑이 지나가는가 싶더니 어느새 보이지도 않게 멀리 가 버렸다. 그리고 70이라는 부담스러운 숫자가 바로 앞에서 히죽대고 있으니 어찌 실감이 안 나랴! 마치 초고속 열차 KTX를 타는 기분이라고나 할까? KTX는 탈 기회도 별로 없지만, 기회가 있어도 안 타게 되는 이유가 창밖 풍경을 감상할 수가 없게 빨리 지나가기 때문이다. 지금 내가 꼭 그 짝이다 싶다.

모두 나를 보고는 젊어 보인다고들 한다. 물론 나도 다른 사람들에게 그런 소릴 곧잘 하듯 남들도 나에게 인사치레로 얘기해주는 것이다. 그걸 뻔히 알면서도 속으로는 '당연하지. 지금도 무엇이든 할 수 있는데 누가 날 보고 늙었다고 할 수 있단 말인가?'라고 객기를 부리곤 한다.

누구나 다 그렇듯이 나 역시 아직은 늙었다는 것을 인정하고 싶지 않다. 그도 그럴 것이 요즘 90세 이상 사는 추세이니까 잘만 버텨내면 20년 이상을 더 살아야 하지 않겠는가? 그렇다 치면 아직은 늙은이 행세를 해서는 안 되지 않겠는가 하는 억지를 부리는 것이다.

사실 나보다 나이가 많은 분을 만나 이야기해보면 '내가 당신 나이만 됐어도 여한이 없겠다'라고 한다. 나는 내 나이가 늙었다고 생각하지만 나보다 앞서가는 분은 내 나이 때가 젊었을 때이다. 나도 나보다 어린 나이의 사람을 만나면 똑같은 생각을 하지 않았던가 말이다.

언제부터인가 거리를 나서면 젊은 사람보다는 나보다 나이가 많은 노인들이 눈에 들어온다. 얼마 전까지는 아무렇지도 않게 다녔던 거리에서 유독 노인들이 눈에 띄는 것이다. 그러고는 깨끗한 차림에 꼿꼿하고 정정한 노인을 보면 나도 저렇게 늙어갔으면 좋겠다고 생각하게 된다. 반대로 꼬부라지고 병으로 고생하는 노인을 보면 저렇게 안 되도록 열심히 운동해야 한다고 다짐을 하며 다니게 된다.

또 많은 사람이 추하지 않게 늙고 싶어 한다. 나 역시 똑같은 마음이다. 그러나 뜻대로 되지는 않을지도 모른다. 과연 어떻게 늙는 것이 추하지 않게 늙는 것일까? 나이가 들수록 비례해서 신체는 점점 쇠약해지고, 힘이 빠져 행동은 굼뜨게 될 것이다. 또 총기는 떨어져 마음대로 생각하고 일을 할 수가 없게 될 것이다. 생각 또한 빠르게 돌아가지 않아 젊었을 때보다 점점 느려진다. 일생을 살아온 자기만의 환경 속에서 생기는 습관, 버릇이 굳어져 완고해질 수도 있다. 그런 것들을 극복하려면 행동을 조금은 느리게 한 템포 늦춰야 한다. 여유와 너그러움으로 베풀고, 침묵할 줄도 알고, 물끄러미

바라볼 줄도 알아야 할 것이다. 이런 것들은 스스로 알아서 해야 한다. 늙어서 총기가 흐려짐에 따른 실수를 다소 줄일 수 있는 방편일 수도 있겠다는 생각 때문이다. 결코 젊어 보인다고, 아직은 늙지 않았다고, 큰소리치며 버틸 수 있는 상황은 아니다.

젊어지려 발버둥을 치고 안 늙은 척해봐야 나만 더 피곤해질 뿐이다. 진시황도 해결 못 한 생로병사의 순리를 내가 어떻게 거스를 수 있겠는가? 긴 세월 살아오면서 내가 억지를 부려서 이룩된 것이 있었던가? 욕심일 뿐이다. 욕심은 또 다른 번뇌와 갈등을 일으키게 되고 추해질 뿐이다.

늙어가고, 저승사자가 오는 것은 내 의지와는 전혀 상관없는 일이다. 늙어 감은 세월이, 저승사자가 오는 것은 저승사자 맘대로인데 내가 어찌 관여할 수 있겠는가? 나뭇잎도 가을이 되면 성장을 멈추고 노랗게 물 들며 겨울을 준비하지 않는가? 잘 물든 단풍이 봄꽃보다 더 아름다운 것처럼 잘 늙어가면 그 또한 복일 것이다.

내가 65세가 되던 첫날 부여로 달려갔었다. 왜냐하면 전 해에 사진을 찍으려고 백제문화단지를 갔더니 입장료가 만원이란다. 어디를 구경하러 갔을 때 입장료를 내려면 어쩐지 뺏기는 것 같아 찜찜하다. 거기다 거금 만 원을 내려니 무척 아까운 생각이 들었다. 또 내년이면 무료로 들어갈 수 있다는 생각이 들다 보니 더욱 돈이 아까워지는 거였다. 결국 입장을 포기하고 돌아서면서 내년에 무료입장이 되는 날 다시 오리라 굳게 맹세(?)했기 때문이었다. 주민증을 보여 주며 무료로 들어갈 때 기분은 으스댈 만큼 좋았다.

요즈음은 지하철 공짜로 타는 것을 당연하게 생각하며 타고 다니지만, 65세가 된 후에도 한동안 지하철을 탈 때 돈을 내고 다녔다. 자주 타는 것도 아니다 보니 이 정도야 내가 내고 다닐 수 있다는 생각과 공짜로 타고 다니기가 미안해서다. 그러다가 대전역에서 사진 전시회를 열게 되어 매일 가다 보니 한 번 공짜로 타보고 싶었다. 주민증을 유리판 위에 올려놓으니 딸가닥하고 토큰이 떨어지는 게 아닌가? 신기하기도 하고 고맙다는 생각이 들었다. 적자가 난다면서도 이렇게 공짜로 태워 주다니 참으로 고맙기 그지없는 일이다. 한 가지 고약한 것은 살그머니 그냥 주면 좋겠는데 안내 목소리가 하도 커서 온 동네 소문을 다 내니 좀 그렇다. 지금은 그것도 아무렇지도 않지만 처음엔 그랬다. 누가 만들어놨는지 참 잘 만들어놨다.

또 있다. 대전교육청 평생학습관에서 성악 과정이 있는 것을 알았다. 그것도 공짜로…. 중학교 2학년 때 음악 선생님이 그 당시에는 유명했던 송진혁이라는 테너였다. 그 선생님이 명동에 있는 국립극장에서 오페라 공연이 있다며 표를 주었다. 오페라가 뭔지도 모르면서 갔다가 노랫소리에 홀딱 반하여 성악을 하리라 마음을 먹었었다. 그 뒤로 예술가의 길에서 고집이 없어 포기했지만, 지금까지 줄기차게 노래를 부르고 있다. 나이 먹어 늙는 것보다 목소리가 망가지는 것을 더 안타까워하며 살았다. 그러다가 늘그막에 정식으로 성악 공부를 하려니 잘 안되기는 해도 마음이 즐거우니 이 또한 얼마나 고마운 일인가? '일주일만 젊었더라면…' 하는 아쉬움이 있지만 그러면 어떠랴 지금이라도 할 수 있음이 또한 감사하다.

요즘은 시민대학이나 구청마다 평생학습원이 있어 맘만 먹으면 해보고 싶었던 것을 배워서 해볼 수 있다. 무엇보다도 평생학습원의 인연으로 글쓰기 공부도 하여 지금 글을 쓰고 있다. 일주일에 한 번씩 좋은 회원들과 만나 서로 정담을 나누니 이 또한 기쁘고 고마운 일이다.

그러면서 느낀 것이 모든 것을 그대로 받아들이자. 늙으면 늙어가는 대로, 쇠약해지면 쇠약해져 가는 대로, 강물이 유유히 흘러 바다가 되듯이 그렇게 나도 모든 것을 포용할 수 있는 바다가 되자.

아스라이 멀어져만 가는 47년을 아쉬워 말고, KTX처럼 회갑이 홱 사라져도, 가는 대로 내버려 두고 나는 나대로 강물처럼 흘러 바다로 가리라.

내 고향 '기쁜 바위'

　남한강이 여주에 오면 이름을 잠시 바꾸는데 여강驪江이라 한다. 남한강은 정선, 영월 땅 뼝대를 휘돌고 제천 충주 땅을 지나 여주 땅에 들어서면서 강다운 위엄을 갖춘다. 그 여강이 첫 번째 휘돌아 가는 여울목에 나의 고향 흔바위가 있다. 정식명칭은 경기도 여주시 점동면 흔암리欣岩里이다. 글자 그대로 '기쁜 바위'이다.

　어른들 말씀에 의하면 동네 앞에 흰바위가 있어서 '흰바위', '흔바위'라고도 불렸다고 한다. 어렸을 때 나는 바위가 흔해서 흔바위가 아닌가 하고 생각했었다. 왜냐하면 그때까지 바위가 하얀 것을 못 봤기 때문에 믿기질 않았다. 어차피 말로만 전해 내려오는 마을 이름을 글자로 쓰자니 여러 가지로 쓰이는 것 같다. 어쨌거나 그걸 한문으로 쓰는데 흰색을 나타내는 많은 한문 글자가 있는데도 기쁠 흔 자를 썼다는 게 내겐 무척 마음에 든다. '하얀 바위'도 '흔한 바위'도 아닌 '기쁜 바위'였던 것이다.

　남한강이 여강으로 이름을 바꾸고 첫 번째 여울목을 휘돌면서 '기쁜 바위'를 만들었다. 먼저 윗비녕(바위벼랑)을 만들고 아랫비녕을 만들어 그 사이에 흔바위를 품었다. 강물 속에는 멍석 바위, 말등 바위를 숨겨놨으며 윗비녕에는 고깔바위, 아랫비녕엔 벽장 바위를 만들어놨다. 멍석바위는 배를 타고 보면 깊은 물 속에 시커멓고 펑퍼짐한 바위를 볼 수 있었다.

　또 말등 바위는 윗비녕 강물 속에 있는데 친구들과 수영을 할 때면 그 바위에 서보는 게 유행이고 자랑이었다. 바위가 둥근데다 물속에 있어 잘못

서면 미끄러져 물속으로 쏙 들어갈 수 있어 매우 겁이 났던 기억이 새롭다. 벽장 바위는 커다란 바위가 불쑥 튀어나오고 그 밑에 벽장문처럼 생긴 두 조각의 바위가 맞물려 있어 진짜 벽장 같다. 옛날 어떤 장수가 자신의 갑옷과 투구 그리고 칼을 넣어 놓고 닫아 놨다고 한다. 후세에 자기보다 더 훌륭한 장수가 나타나면 벽장문이 열려 모든 걸 갖게 될 것이라는 전설이 있었다. 너새니얼 호손(Nathanier Hawthorne(1804~1854))의 단편 소설 '큰 바위 얼굴'처럼 내가 그 장수가 됐으면 좋겠다는 생각에 자주 그곳을 찾곤 했었다. 하지만 육군 병장으로 제대한 나로서는 언감생심일 수밖에 없다. 그래도 한번 찾아보고 싶다.

나의 고향 흔바위의 역사는 상상을 초월할 만큼 아주 깊다. 왜냐하면 동네 뒷산에서 우리나라에서 처음으로 발굴된 청동기시대 취락지인 동시에 가장 오래된 탄화미가 발굴된 선사유적지가 발견됐기 때문이다. 선사시대부터 있었던 마을이란 얘기다. 어려서 뒷동산에 가면 돌 화살촉 같은 걸 많이 주워서 갖고 놀았다. 그땐 그게 신기했을 뿐 그렇게 귀한 건지 몰라 친구들과 아니면, 형제끼리 주워 와서 서로 자랑하며 갖고 놀았다. 현재는 경기도 기념물 제155호로 지정하여 그때의 생활상을 재현해놓은 귀중한 청동기시대 유적지가 되었다.

또 있다. 우리 동네만의 대단한 긍지를 가지고 있는 게 있다. 그건 쌀이다. 지금도 여주 쌀 하면 알아준다. 옛날에 임금한테 진상할 만큼 좋은 쌀이 나는 곳이다. 그 좋은 여주 쌀 중에서도 나의 고향에서 나오는 쌀이 으뜸이라는 것이다. 그것은 그냥 허풍이 아니라 나름대로 근거가 있다. 나의 고향은 깊은 골짜기는 아니어도 안골, 건넛골, 윗골 등 작은골들이 마을 주위를 감싸고 있어서 구레논이 많았다. 평야 지대에서는 벼를 벨 때쯤이면 물을 다 빼 버리지만, 구레논은 항상 물이 있다. 그래서 쉬구덩이(샘이 솟는 수렁)가 많고 갯벌처럼 거의 다리가 다 빠질 정도다. 게다가 청동기시대부터 벼농사를 지어 왔다고 하니 논들이 비옥해졌는지도 모르겠다. 밥을 하면 밥알이 투명하고 찰지며 기름을 바른 것처럼 윤기가 좔좔 흘렀다. 어른들 말씀이 우리나라에서 여주 쌀이 최고고 그중에서도 흔바위 쌀이 최고라고 늘 자랑하는 말을 많이 들었다.

어렸을 때 방아를 찧어서 햅쌀을 갖고 오면 생활백과사전에 밥 짓는 법을 보고 냄비에다 밥을 지어 왜간장(진간장)으로 비벼 먹곤 했었다. 그 맛은 참으로 좋아서 지금도 잊지 못하는데 고향을 떠난 후 그 쌀밥을 먹을 수가 없었다. 어느 날 고향에 갔다가 친구가 농사지은 햅쌀을 주어서 집에 와서 밥을 했는데 옛날 맛이 나는 게 아닌가! 아! 바로 이 맛이야! 나도 모르게 탄성을 질렀다. 그뒤로 한동안 그 쌀을 사다가 먹곤 했었다. 밥맛이 좋으면 어떤 반찬하고 먹어도 맛있게 먹을 수 있다.

또 하나 잊지 못할 어릴 때 추억은 정월대보름에 벌어지는 '쌍룡거 줄다리기'이다. 1989년에 대통령상을 받은 민속놀이로 지금도 고향 친구들을 만나면 어릴 때 줄다리기 추억을 얘기하며 웃곤 한다.

사실 나는 고향에서 산 것은 짧다. 아주 어려서는 기억이 없고 초등학교 들어갈 무렵에는 할아버지 댁에서 한 3년 있었다. 초등학교 3학년 때 고향으로 돌아와서부터 고향에서 살게 되었다. 6학년 졸업하고 중고등학교는 서울로 유학을 하였다. 물론 방학 때는 고향 집으로 왔지만 그땐 타향 같은 고향이었다. 군대 갔다 와서는 서울로 이사를 하여 아예 고향을 떠나게 되었다.

막상 세월이 많이 흐른 뒤 가본 고향은 내 마음속의 고향과는 달라도 너무 달라 울음이 왈칵 나왔다. 홍수로 인해 동네는 송두리째 웃골로 옮겨 앉았다. 건넛골은 모두 파헤쳐져 새로운 큰 동네가 들어서서 알아볼 수가 없다. 우리 천수답이 있던 안골도 난도질당하여 집들이 들어섰다. 친구들은 물론이고 이제는 아는 사람조차 없는 곳이 되어버렸다. 그냥 마음 깊은 곳에 고이 간직해두고 가끔 꺼내 보는 빛바랜 앨범 역할도 못 할 만큼 상전벽해가 따로 없었다. 10년이면 강산도 변한다고 했지만, 고향뿐만이 아니라 어렸을 적 추억을 찾아가는 것은 슬픈 일이다.

누구나 고향은 있고 나와 비슷한 생각을 할 것이다. 나에게 고향은 그리움과 추억을 아스라하게 떠올려 주고 언제나 가고 싶고 포근히 안기고 싶은 곳이다. 낯선 타향에서도 꿋꿋이 잘 살아갈 수 있는 것도 고향이 내 마음에 자리 잡고 있기 때문이라 생각한다. 그런 고향이 지금 가면 개발이라는 이름으로 옛 모습을 찾을 수가 없다.

그래도 내 마음속에는 언제나 흔바위가 고향으로 남아 기쁨을 주고 있다. 왜냐하면 나의 마음속엔 어렸을 때 코흘리개 촌놈의 추억이 고스란히 남아 있기 때문이다. 그 순수한 동그란 마음으로 뛰놀던 그때를 어찌 잊을 수 있겠는가?

개구쟁이 시절에

어렸을 때 내겐 동갑내기 사촌 형이 있었다. 사촌 형과는 초등학교 2학년까지 할아버지 댁에서 함께 한문도 배우고 학교에 입학하여 다녔었다. 그러다가 3학년 때 나는 아버지가 사시는 곳으로 전학을 왔기 때문에 유년기의 형과의 동고동락이 끝이 났다. 또 사촌 형은 마흔 살이 되던 해에 갑자기 하늘나라로 가서 별이 되었다. 그때 우리는 항상 같이 붙어 다니며 갖은 개구쟁이 노릇을 도맡아 하고 다녔다.

01

할아버지는 한약방을 하시며 인근 동네에 젊은이들한테 한문을 가르쳐 주고 계셨다. 우리도 초등학교 들어가기 전에 천자문과 명심보감을 배우기도 하였다.

초등학교 2학년 때이다. 우리 동네에는 나와 사촌 형 말고 동갑내기가 한 명 더 있었는데 주막집 아들 병식이었다.

우리는 함께 학교에 가고 함께 집에 오고 같이 놀고 늘 붙어 다녔다. 그러던 어느 날 병식이가 어디서 났는지 담배 한 개비와 성냥을 갖고 오면서 담배를 피워 보잔다. 동네에서 피우다 들키면 혼날 테니까 셋은 둑 너머 개울가로 가서 피우자고 의기투합을 하고 뛰어갔다.

셋은 그냥 담배에다 불을 붙이면 될 것을 마른 풀을 뜯어 거기다가 불을 붙였다. 그러나 봄바람에 바싹 마른 풀잎이 우리 생각대로 타 줄 리가 만무했다.

갑자기 불꽃이 확 이는 것이 아닌가? 예기치 못한 상황에 놀라 사촌 형은 그만 불이 붙은 풀을 던지고 말았다. 그와 동시에 불이 둑을 타고 번진다. 발로 비벼 끄려 하니 불똥이 튀는 대로 불이 붙으며 걷잡을 수 없게 번져 나가는 것이 아닌가?

"야! 튀어!"

누구랄 것도 없이 삼십육계 줄행랑을 치기 시작했다. 우리는 집에 와서 글을 읽고 있는 형들에게 알렸더니 모두 뛰쳐나가며 소나무 가지를 잘라 불을 껐는데 이미 둑과 개울가가 많이 탄 뒤였다.

한 형이

"봄 불은 여우 불이라 굉장히 위험한데 그 정도로 탄 것이 다행이다."

또 다른 형이 "너희들이 불을 놨지?"

"아니야 우리가 신작로에서 노는데 둑에서 연기가 나더라고"

결국 60여 년 동안 우리 셋만 아는 위험한 불장난이었다.

02

사촌 형과 병식이하고 학교를 파해 집으로 돌아오는 길이었다. 3월인데도 날씨가 추웠다. 우리는 길로 안 가고 이 논 저 논에 얼음 언 곳을 찾아다니며 미끄럼도 타고 장난도 치며 집으로 가고 있었다.

이번에는 사촌 형이 한마디 한다.

"얘들아, 추우면 춥다고 해. 나한테 성냥 있으니까 불 놔 줄게"

그럴 때 안 춰도 춥다고 해야 하는 것이 개구쟁이들의 정석이다. 병식이와 나는 즉시

"어 그래? 그럼 불 놓고 불 좀 쬐고 가자"

책보를 내팽개쳐 놓고 셋은 며칠 전에 악몽도 잊은 채 또 불을 놓고 있었다. 그러나 그날 역시 불은 우리가 생각한 대로 타 주질 않고 후루룩 번져 나간다.

우리는 혼비백산하여 또 도망가기 시작하는데, 앗! 책보를 놓고 튀고 있는 게 아닌가! 얼른 되돌아가 책보를 움켜쥐고는 걸음아 나 살려라. 삼십육계 줄행랑을 쳐 단숨에 오리가 넘는 길을 달려 집으로 왔다. 신작로로 뛰면 들킬 것 같아 둑 밑으로 도망을 쳤다. 학교가 있는 면 소재지는 우리 동네와 오리쯤 떨어져 있는데 한 개울을 우리 동네는 상류에 있고 면 소재지는 하류 쪽에 있다.

그날 저녁 셋이서 놀고 있는데 면 소재지에 사시는 아저씨 한 분이 할아버지 방으로 들어가는 것이 아닌가! '아! 저 아저씨가 아까 우리를 본 게 틀림없어. 일단 또 숨어야 한다.' 우리는 놀라서 윗말로 도망을 쳤다. 한참을 불안에 떨다 살금살금 집에 와 여쭈어볼 수도 없고 할아버지 눈치만 살폈다. 다행히 할아버지께서 아무 말씀도 안 하신다. 불 난 것 때문에 오신 게 아니었나 보다.

다음날 학교에 가다 보니 둑이 시커멓게 탄 것이 보였다. 그걸 보면서 킥킥대며 들키지 않은 것에 대해 안도하고 있었다.

이 또한 60여 년이 지난 지금까지 우리 셋만 알고 있다. 지금 생각해보면 개울둑이나 논두렁 밭두렁은 쥐불놀이라 해서 일부러 태워 줘야 하는 곳이다. 또 산이 아니었기에 어른들도 범인을 꼭 찾으려 하지 않았었는지도 모를 일이다.

03

할아버지 댁엔 집 주위에 밤나무가 있어 밤이 많이 열렸다. 아람이 불기 전에 막 익어 가는 밤을 따서 까먹으면 부드럽고 무척 맛이 있다. 그 밤을 잘 깎을 수 있는 것이 대나무를 깎아 만드는 대나무칼이다. 낫이나 식칼처럼 날카롭지 않아 손 베일 염려도 없고 좋다. 게다가 덜 익은 연약한 밤알을 상처 없이 속껍질을 깨끗하게 깎아 먹을 수가 있다.

그때는 대나무가 그리 흔하지 않아 형하고 집안을 샅샅이 뒤졌지만 있을 턱이 없다. 그러다가 광 문을 여니까 지난 장날 할아버지가 새로 사 온 갈퀴가 바람벽에 걸려 있는 것이 아닌가? 그 갈퀴를 발견하고 눈이 마주친 두 눈은 반짝 빛이 났다. 지금은 플라스틱이나 철사로 갈퀴를 만들지만, 그때 갈퀴는 다 대나무로 만들었다.

"야! 여기 대나무가 있다."

"그런데 이건 새 갈퀴라 자르면 혼날 텐데."

"여러 갠데 하나쯤 없어도 괜찮아."

"우리가 얘기 안 하면 누가 그랬는지 모르실 거야."

누구랄 것도 없이 갈퀴를 잘랐을 때 혼나지 않을 방법을 우리 맘대로 귀결 짓고는 대나무 칼을 만들고 있었다. 그러나 그것이 얼마나 갈까? 밤을 따서 열심히 깎아 먹으면서 그간의 회포(?)를 풀고 있는데 할아버지가 부르신다. 달려가니 할아버지가 갈퀴를 들고

"어느 놈이 이 갈퀴를 잘랐냐?"

호통을 치는데 우리는 기어들어 가는 목소리로

"할아버지, 우리는 모르는데요."

순간 할아버지 입가에 야릇한 미소를 띠시며

"음, 두 놈이 다 범인이구나!"

그때 우리 손엔 대나무 칼이 그냥 들려 있었다.

우매한 조카를 용서하소서

"형님, 앞으로 5년만 더 모실 테니 5년만 더 사세요."
작은아버지가 당신의 형님인 나의 아버지 미수米壽 때 하신 말씀이다.
그때는 건강이 별로 안 좋으셔서 건강하게 사시라는 염려에서 하셨던 말씀이다. 그러셨던 작은아버지가 형님은 아직 건강하게 살고 계시는데 그 5년 뒤인 며칠 전 먼저 가셨다.
평생을 교육자로 사셨던 작은아버지께서는 돌아가시는 것조차 약속을 지키신 셈이다. 안 지키셔도 됐을 그 5년의 약속을 지키시다니, 영전에 향을 피우며 이런저런 작은아버지에 관한 생각을 하니 눈물이 났다.
나는 초등학교 들어가기 전부터 한학을 하시고 글방을 열어 동네 젊은 이들에게 한문을 가르치시던 할아버지께 천자문을 배웠다. 작은아버지께서 할아버지를 모시고 사셔서 작은아버지 댁에서 초등학교 2학년까지 다녔다. 2학년 때인가? 작은아버지께서 그 당시 미국의 원조물인 우윳가루를 뜨거운 물에 타서 주시면서 생일을 축하한다고 하신다. 내 생일날인 걸 나도 모르고 있었다. 그때 일이 아직도 기억 속에 생생한 것을 보면 어린 내겐 무척 감동이었던 게다.
사실 그때의 작은아버지는 삼촌이란 다정한 호칭의 동의어란 걸 뒤늦게 알 정도로 그저 어렵고 엄한 어른으로만 알고 있었다. 그런 작은아버지가 다정하게 우유를 건네시어서 지금 돌이켜 보면 감동이라기보다는 이상하게 보였는지도 모른다. 이젠 내 생일을 기억해주시고, 이벤트를 해주신 것에 대해 감사한 마음뿐이다. 그 뒤로 언제나 작은아버지를 다정다감한 삼촌으로 따르고 모셨었다.

작은아버지는 외아들이 미국에 이민 간 관계로 집안 대소사엔 내가 많이 모시고 다녔다. 아버지와 작은아버지 형제분을 뒷좌석에 모시고 가면서 두 분이 하시는 옛날이야기를 듣는 것도 꽤나 재미있었다. 또, 나 자신도 이렇게나마 두 분을 만날 수 있도록 해 드리는 게 보람이요 도리를 하는 것으로 생각했었다.

할아버지는 슬하에 아드님 5형제에 따님을 한 분 두셨다. 그 6남매 중에 위로 세 분은 돌아가시고 아버지와 고모 그리고 작은아버지만 생존해 계셨다. 고모는 자식들 따라 미국에 사시고 결국 아버지와 작은아버지 형제만 생존해 계셨다.

아버지는 대전에 작은아버지는 이천 장호원에 사셔서 자주 만날 수는 없고 수시로 전화로 연락을 하면서 서로의 건강을 확인하며 그리워하셨다.

"이제 너하고 나만 남았다. 건강해야 한다."

전화하시면 꼭 안 빠뜨리고 당부하는 대화다.

아흔을 훌쩍 넘기신 아버지는 이제 거동도 잘 못 하시고 기억력도 떨어져 금방 한 얘기도 잊어버리시곤 한다. 증손자들이 오면 누가 누군지 모르실 정도로 요즘 것은 다 잊어버리시면서도 작은아버지에 대한 기억은 하나도 잊지 않으셨다.

건강하신 줄만 알았던 작은아버지께서 갑자기 뇌출혈로 쓰러지시고 혼수상태가 왔을 때였다. 동생에 대한 유난한 애틋함에 충격을 받으실까 봐 아버지께 말씀을 안 드렸다. 동생한테서 전화가 안 오고 아버지께서 전화해도 안 받으니까 어떻게 된 것이냐고 자꾸 물으신다. 처음에는 "전화가 고장 났나 봐요."라며 계속 말씀을 안 드렸다.

기억력이 없으신 중에도 문득문득 동생이 생각날 때마다 전화하시고 안

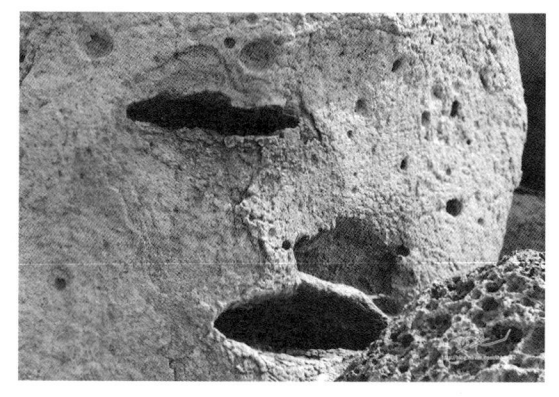

되면 "네 삼촌이 전화가 안 되는데 전화번호 좀 알려 달라. 어떻게 된 건지 무슨 소식 못 들었냐?"

걱정의 도가 자꾸 높아만 가신다. 결국 아버지께 지금 작은아버지 상태를 말씀드렸더니 이번에는 같이 가보자고 하신다. 이 또한 형님을 알아보지도 못하고 중환자실에 누워있는 동생을 보면 이겨내실지 걱정이 앞섰다. 차일피일하고 있던 어느 날 어쩌다 아버지 핸드폰을 보게 되었다. 거기에는 온통 동생 전화 번호만 찍혀있는 것이 아닌가. '내가 형제분의 마지막 만남을 막고 있구나.' 하는 생각이 번쩍 드는 것이다. 이러는 것이 아니다 싶어 모시고 가려는데 작은아버지께서 운명하셨다는 연락을 먼저 받고 말았다.

"잘 가거라. 내가 먼저 가야 하는데 네가 먼저 갔구나. 내 곧 뒤따라가마."

동생 영전에서 오열하시는 아버지를 보니 내가 형제분의 마지막 상봉을 막았다는 죄책감이 한없이 나를 옥죄어온다.

게다가 사촌 동생의 말이 돌아가시기 전날 숨을 몰아쉬시며 힘들어하셨단다. 그래서 "큰아버지는 몸이 불편하셔서 못 오시니까 기다리지 마시고 그냥 가세요. 아버지."라고 귀에다 대고 말씀을 드렸더니 작은아버지께서는 숨을 거두셨다고 하는 게 아닌가? 그 말을 듣고 작은아버지께서는 한 달 동안 형님을 애타게 기다리고 계셨던 것을 깨닫게 되었다. 나는 그만 작은아버지 영전에 엎드려 통곡하고 말았다.

"작은아버지 이 우매한 조카를 용서하소서."

건강검진 받던 날

올해는 2년에 한 번씩 하는 건강검진을 받는 해이다. 몇 년 전만 해도 건강검진 받는 해가 되면 연초에 가서 후딱 받곤 했다. 그런데 올해는 연초에 안내장을 받고 해야지 생각하면서도 차일피일하고 있었다. 왜냐하면 70년을 넘겨 써먹은 몸뚱이인데 이젠 어디가 고장이 나도 날 것만 같은 불안감이 슬며시 마음속을 파고든 때문이다.

그러니까 지난 8월 중순쯤이었다. 내가 계속 검진받는 병원에서 전화가 왔다. 예약을 잡아 주겠단다. 순간 '그래, 이참에 못 이기는 척하고 받아볼까?'라는 생각이 들었다. 예약하면서 올해는 위내시경과 함께 대장내시경도 해볼 양으로 신청했다.

예약한 날 검진을 받으러 병원으로 갔다. 검진은 기다리지 않고 금방 끝났다. 피 뽑고 시력, 치과, 키, 몸무게, 청력, 대소변 시료 채취, 그리고 X-Ray 촬영 그게 다였다. 옛날 다른 곳에서 받을 땐 체지방 검사, 초음파 검사, 심전도검사 등 몇 가지를 더 했던 기억이 난다. '의료 기술이 발달해 그것만 갖고도 다 알 수 있는가 보다.' 하면서도 마음 한구석엔 형식적인 검진은 아닐까 의심이 되기도 했다.

이 병원에 검진받으러 갈 때마다 느끼는 것이 하나 있다. 국제검진센터라 그런지 검진받는 사람보다 안내하는 사람이 더 많다는 생각이 들 정도로 서비스가 대단하다는 것이다.

우선 차가 정문을 통과할 때부터 주차 안내가 이루어진다. 대여섯 명이 쭉서서 안내하는데 오히려 안전에 부담이 될 정도다. 현관문을 열고 들어서니 접수대에 갈 필요도 없이 안내원이 길을 막는다. 태블릿을 들고 대신 접수도 해주고 번호표도 뽑아 준다. 나는 시키는 대로 의자에 앉아 잠시 기다리는 일밖에 할 게 없다.

상담원과 상담 후 2층에 올라가니 또 서너 명이 달려든다. 평소에도 지나친 친절은 별로 생각했던 내겐 여간 부담스러운 게 아니다. 내가 직접 할 수 있는 것은 내가 하면서 약간의 도움만 주면 좋을 텐데, 한 발 한 발 옮길 때마다 안내를 받다 보니 때론 성가시고 부담스럽고 바보가 된 느낌이다.

검사를 받는 곳마다 내 손목에 찬 번호표를 갖다 대기만 하면 내 이름이 뜬다. 하지만 컴퓨터의 좋은 점은 거기까지인가 보다. 최종적으로 의사 앞에 앉았는데 어디 불편한 곳이 있느냐고 물어본다. 내가 무슨 병이 있고 무슨 약을 먹고 있는지는 이미 예약할 때 다 얘기해줬다. 당일 상담원에게도 재차 알려준 것이다. 또 검진표에도 나의 불편한 것들을 체크해 줬는데 그 데이터는 없는가 보다. 나에 대한 그간의 검사추적이 데이터로 바로바로 연결 내지는 공유가 안 된다는 것 아닌가?

또 작년에는 수치가 이랬는데 올해는 더 좋아졌다든가 더 나빠졌으니 조심하라든가, 어떤 나의 데이터를 갖고 얘기를 해주면 얼마나 좋을까? 하지만 의사 앞 컴퓨터에는 그간의 나의 검진 기록은 없는가 보다. 한군데서 계속 검진을 받으면 나에 대한 데이터가 다 있을 테니까 좋을 것이라는 나의 기대는 여지없이 깨졌다.

병원의 친절이란 내방자가 판단할 겨를도 없이 안내를 척척 해주는 것이 다가 아니란 생각이다. 검진 결과에 대한 좀 더 과학적인 데이터와 판단으로 자세하게 설명해주는 것을 나는 바랐었다. 검진받는 사람 처지를 생각해서 서비스하는 것이 진정한 서비스가 아닐까 하는 생각을 하며 검진을 마쳤다. 어쨌거나 종합적인 결과는 나중에 우편으로 보내 준다고 하니까 최종 진단 때는 내 기대대로 될 수 있기를 바랄 수밖에⋯.

　다시 접수대에서 내일 내시경을 받기 위한 조치사항에 대한 설명을 듣고 속을 비워내는 약을 받아들고 집으로 왔다. 나는 밤새 장 청소를 하고, 다음날 내시경을 하기 위해 어제와 똑같은 친절을 받으며 내시경실로 들어갔다. 내시경을 한다니까 주위에 지인들이 수면내시경을 하라고 권했었다. 그러나 나는 위내시경을 받을 때마다 그냥 한 경험이 있고, 왠지 마취하는 것이 마음에 안 들어 그냥 하기로 했다. 위내시경 검사를 하고 바로 이어서 대장 내시경 검사를 한다. 나의 대장 속이 화면에 그대로 보인다. '아, 내 대장 속이 저렇게 생겼구나!' 나는 호기심이 발동되면서 '수면내시경 안 하길 잘 했구나.' 하는 생각이 들었다.

　가끔 꾹꾹 찌르는 듯한 통증이 생겨 아직 멀었냐고 물으니 장이 늘어져서 잘 안 들어간다며 계속 찔러댄다. 그렇게 족히 4~50분 동안 했나 보다.

　나도 모르는 내 속을 샅샅이 훑어보던 의사가 이제 빼내는 중이라며 왜 수면내시경을 안 했냐고 묻는다. 그러면서 수면내시경을 안 하면 자기가 부담이 많이 된다고 한다. 순간 이게 무슨 말인가? 왜 부담이 갈까? 물론 전혀 부담이 안 갈 수는 없겠지만 내 앞에서 말할 정도로 부담이 간다면 뭔가 잘못되었다는 느낌이 확 온다.

　꼭 그런 것은 아니겠지만, 수면내시경을 하면 좀 더 마음이 편하다는 것은, 수면내시경을 할 때와 그냥 할 때 마음가짐이 다르다는 이야기가 아닌가? 두 경우 의사의 마음가짐이 다르다는 것은, 시술을 받는 나에게는 불안하게 하는 것이 아닐 수 없다. 그만큼 수면내시경이 위험할 수 있다는 말과 통할 수도 있기 때문이다.

　가끔 신문에 보도되는 내시경 사고가 떠올랐다. 조금이라도 마음이 흐트러지면 안 되는 직업 중 하나가 의료 종사자들일 것이다. 그래서 병원에 갔다 오면 감사한 마음을 갖곤 하였는데 순간적으로 별생각이 다 스친다.

그러나 겉으로는 태연하게

"잠재워 놓고 내 속 다 뒤져서 훔쳐 가면 어떻게 해요. 덕분에 나도 모르는 내 속을 들여다볼 수 있어 좋은 구경을 했습니다."

라고 말했더니 의사는 마음이 좀 풀리는지 한바탕 웃는다.

끝나고 나오면서

"「열 길 물속은 알아도 한 길 사람 속은 모른다.」라는 속담은 이젠 틀린 말인 것 같습니다. 이렇게 속속들이 한 길 사람 속을 다 들여다보니 말입니다."

나는 가볍게 농담을 하며 무사히 나올 수 있어 다행이란 생각과 함께 검진 결과가 좋게 나오기를 기대해본다.

난향蘭香을 못 맡는 사람

"여보 난이 드디어 꽃망울을 터트렸어요."

아침에 먼저 일어난 아내가 거실에 있는 난을 보며 나를 깨운다. 일어나려던 참이라 일어나 나와 보니 정말 꽃망울을 터트렸다.

지난 연말부터 3송이의 꽃망울을 이고 열심히 꽃대를 밀어 올리더니 오늘 아침에 드디어 맨 아래 송이가 터진 것이다. 우리 집에서 난 꽃이 피었던 것이 얼마만이던가? 그것도 신년 초에 꽃이 피다니 감격의 눈으로 꽃을 바라본다. 꽃잎 두 개를 아래로 펼치고 아직은 수줍은 듯 조금만 벌어져 있다. 그러나 난꽃은 언제 보아도 선녀가 다소곳이 고개를 숙인 양 고고하고 우아하여 함부로 범접할 수 없는 그런 위엄마저 느껴진다.

우리 집에서 난 꽃이 다시 핀 것은 4년은 족히 됐나 보다. 아버지가 키울 때 매년 꽃을 보았었는데, 어찌 된 일인지 내가 키우면서부터 꽃이 피지 않았다. 아버지 돌아가시기 몇 해 전부터 내가 물을 주고 가꾸기 시작했다. 그러나 화초엔 문외한인 내가 난을 키운다는 것은 나 자신도 어불성설이라 생각하고 처음엔 그냥 죽이지 않으면 다행이라 여겼었다. 그런데 한 해 두 해 꽃이 안 피니까 마음이 초조해지고 오기까지 생겼다. 왜 안 피는 걸까? 필경 4년 전에 동생이 와서 분갈이한데다가 잘 키워 주던 손길이 아니고 낯선 손길에 적응하느라고 난도 무척 힘들었을 터이다. 나도 그런 느낌을 받고 나름으로 정성을 다해 물을 주고 거름을 주면서 정성을 쏟았는데도, 난은 꽃대를 올리지 않았다. 어쩌랴, 나로서는 기다리는 수밖에….

사실 난에 대하여 아는 지식이라고는 언젠가 난을 키우는 지인한테 들은 이야기가 전부다. 어떤 사람이 난을 키우는데 아무리 해도 난이 잘 크지않자 화를 내면서 뽑아 버렸단다. 그랬더니 나무 밑에 버려진 난이 잘 자라더란다. 그 사람이 그제야 깨닫고 난을 잘 키우기 시작했다는 이야기다. 물을 너무 자주 많이 주어서 난이 안 컸다. 난은 물 주는 것만 터득하면 키울 수 있다고 한다는 것이다. 그 말만 믿고 물을 되도록 적게 주면서 키웠다. 아버지 살아계실 때 어깨 너머라도 조금 배워둘걸…. 공연히 난에 미안한 마음마저 들면서 나름 몇 해 마음고생을 했다.

그러던 난이 작년 말부터 꽃대를 내밀더니 새해 들어서면서 꽃망울을 터트렸으니 정말 뛸 듯 기뻤다. 이런 경사가 정초부터 생기다니 올햬 조짐이 좋다. 무엇보다도 내가 드디어 난한테 인정을 받았다는 생각에 더욱 기분이 좋다. 그동안 나름 마음고생 했던 것이 한순간에 사라진다. 말은 안 했어도 아버지가 잘 키우시던 걸 죽일까 봐 얼마나 노심초사했던가? 아버지 계실 땐 내가 해서 안 되는 것은 모두 아버지가 해결하였다. 그러다 아버지가 돌아가신 뒤로 내가 알아서 하는 게 서툴고 뭔가 잘못되지 않을까 무척 불안한 마음이었다. 특히 화초에 관한 한 더욱 그랬다.

나는 아버지가 화초를 좋아하셔서 어려서부터 화초 속에서 자랐다. 봄이면 울타리에 노란 개나리를 시작으로 목련, 튤립, 히아신스, 수선화가 앞다투어 화단을 장식했고, 가을이면 국화가 뜨락에서 만발했다. 하지만 아버지가 출근하시면 뒷일은 모두 내 담당이었다. 1Km 정도 거리에 있는 강에서 물을 길어다가 매일 물을 주어야 한다. 그러다 행여 조금이라도 늦게 물을 주면 화초가 시들고 만약에 아버지가 그 시든 것을 보셨다 하면 호된 꾸중을 들어야 했다. 봄이면 추위 때문에 화분을 들여놨다 내놨다 하는 것이 그 당시로서는 힘이 들어 보통 하기 싫은 일이 아니었다. 그러니 내가 화초를 좋아할 리가 없었.

세월이 흘러 아버지가 집에 계시고 내가 직장을 다니면서부터는 아버지가

다 하셔서 나는 화초에 전혀 관심을 쏟지 않았었다. 다만 화사하게 꽃이 피면 감상이나 하곤 했다. 화단이나 화분에 심어진 철쭉이나 군자란 등 다른 화초는 물만 잘 주고 가끔 거름이나 주면 되겠지만, 난을 키운다는 것은 내겐 거의 불가능한 일이라 생각했다.

그런데 드디어 난이 꽃대를 올리기 시작하는 것 아닌가? 그것도 2개의 화분에서 동시에 꽃대가 올라온 것이다. 속으로 아버지에게 말씀드렸다.

"아버지 이제야 제가 해냈습니다."

뭔가 아버지가 내주신 숙제를 다 해낸 것 같은 기분이 들어 무척 기쁘다.

"여보 와서 향 좀 맡아봐요. 오랜만에 맡아보는 난향이 정말 좋아요"

"그래?"

하며 가까이 코를 갖다 대본다. 그러나 아무리 코를 바짝 갖다 대봐도 아무런 향도 내 코엔 들어오지 않는다. 화분을 돌려가며 맡아도 보고 혹시 너무 바짝 대서 안 나나 싶어 좀 떨어져서 맡아보기도 하지만 역시 내겐 향이 느껴지지 않는다. 내 모습을 바라보던 아내가 웃으며

"아, 이렇게 향이 진한데 왜 못 맡아요?"

은근히 짜증이 난다.

"안 맡아지는 향을 내가 어떡해."

난이 피었다는 기쁨에 내가 난 향을 못 맡는다는 것을 깜빡했다. 이번뿐만이 아니고 전부터 난향을 못 맡았다. 다른 꽃 향은 다 맡는데 유독 난향만 나를 거부한다. 전에는 그런가보다 별로 신경을 안 썼었는데 이번에는 나를 거부하는 난이 야속하다. 내가 꽃을 피우기 위해 얼마나 공을 들였는데 여전히 거부하다니….

'나는 왜 난향을 못 맡을까?' 그렇다고 다른 냄새를 못 맡는 것도 아닌데 유독 난향만 못 맡는다. 아내가 주방으로 간 틈을 타 열심히 킁킁거려 보지만 소용없다. 하긴 자기에 대해 그렇게 무심 했던 내가 난으로서는 괘

씸했었는지도 모른다. 아버지가 돌아가시던 해엔 어떤 난들을 들여놔야 하는지 몰라서 몇 화분을 얼려 죽이기도 했던 내가 아니던가? 이제 겨우 꽃 몇 송이 피게 해 놓고 큰소리치는 내가 마뜩잖을 수도 있겠다. 생각이 여기까지 들다 보니 조금은 위안이 되기도 한다. 내년 아니 후년에라도 열심히 난을 키우다 보면 향을 맡을 날이 오겠지. 스스로 위로해본다.

그래 잊으며 살자

"여보, 오늘 언니네 집에 가야지요."
"처형 네?"
"또 잊어버렸나 봐요. 먼저 만났을 때 오늘 점심 같이하기로 했잖아요."
아, 그렇구나! 지난번에 처형 집에서 남매들이 모여 점심 먹기로 약속을 해놓고 깜빡 잊고 있었다. 아내가 있으니까 믿으라 하고 기록을 안 해둔 결과다.
 기억 상실증은 나이에 비례하는가. 이런 식의 대화가 우리 부부간에 점점 많아진다. 요즘 그 기억력이 나를 괴롭히고 있다. 하도 약속을 자주 놓쳐 처음엔 달력에다 일일이 적어 놓았었다. 그러다 최근엔 핸드폰 달력에 약속이나 할 일들을 기록해두고 있다.
 나이가 들면서 나를 주눅 들게 하는 게 자꾸 늘어나 안타깝다. 기억 상실증은 그중에서 으뜸이다. 다행히 그날은 겹친 약속이 없어 가면 됐지만, 약속이 겹치거나 아예 잊어버려 약속을 어길 때면 여간 당혹스러운 게 아니다. 약속이야 핸드폰에 일정을 저장해두고 아침마다 체크를 해서 해결을 하면 된다. 그런데 누구를 만나면 전에 만났을 때 생각이 안 나 연결이 안 되니 대화가 어렵다.
 얼마 전에는 직장 다닐 때 같이 근무했던 후배를 만났는데 이름이 갑자기 생각이 안 나는 거다. 결국 이름은 모른 채 인사를 나누고 대화를 나누다 보니까 한참 만에 이름이 떠오르는 게 아닌가? 이름이 생각 안 나는 경우가 점점 많아진다. 더욱 곤혹스럽게 하는 것은 그와 있었던 상세한 이야기

들이 떠오르지 않는 거다. 생각해내려 하면 더욱더 깜깜해진다. 그러다가 헤어져 집에 오면서 생각해보면 생생하게 떠오르기도 한다. 퇴직하고 자주 안 만나다 보니까 그러려니 하면서도 야속할 때가 있다.

 이런 식으로 장애 아닌 장애가 느껴지기 시작하니 옛날 만났던 사람들 만나기가 마음 한구석에 부담으로 작용을 하게 될 때도 있다. 이렇게 만나는 사람이 줄어들고 생각의 영역은 나도 모르게 좁아져 가고 매사에 자신이 없어지고…. 아마 이런 현상들이 나이가 들어감에 생기는 자연적인 현상일 수 있겠다. 하지만 내겐 스트레스요 우울하게 만드는 요인이 아닐 수 없다.

 사람이 살면서 어찌 다 기억하고 살까? 때로는 일부러 잊고 때로는 자연스럽게 잊으며 사는 게 순리일 것이다. 그것이 당연하여서 여태껏 아무런 부담 없이 그냥 그럴 수도 있지 했었다. 그러나 요즘은 그것이 나를 주눅 들게 하니 고민이 아닐 수 없다. 아! 이게 늙어가는 것인가? 늙어서 그런 건가? 누구나 다 그런 것이 아닌 나만의 문제는 아닌가? 별생각이 다 들면서 소심하게 만든다.

내가 가장 오래 기억하고 있는 것은 무얼까?

나는 어떤 남자가 멜빵으로 등짐을 지고 가는데 그 위에 올라 앉아있었다. 어느 시골 동네 나무 울타리가 있는 모퉁이를 돌아서니 개울이 흐르고 그 개울을 건너서 잠시 쉬었던 기억이다. 그 상황을 어머니께 여쭈어보니 실제로 북한 괴뢰군들이 밀고 내려온 6.25사변이 터져 피란 나갈 때 그런 일이 있었다고 한다. 나를 보따리 위에 태우고 간 사람은 아범이라고 부르던 외할머니댁 머슴이라고 한다. 1950년 내가 네 살 때이다. 네 살 때 일이니 나도 믿기지 않으나, 어머니께서 확인해주신 내 머릿속에 처음 기억이다. 70여 년을 내 기억 속에 지워지지 않고 지금도 딱 그 부분만 사실인 듯 꿈인 듯 아련히 남아 있다.

자꾸만 잊어버리는 것들이 많아지는 것이 컴퓨터의 기억장치처럼 용량이 가득 차서 더는 들어갈 자리가 없는 것은 아닌가? 하는 생각도 든다. 얼마 전 만났던 고향 친구와 나눈 대화 내용, 책을 읽을 땐 책장을 넘기면 그만이고, 요즈음 새로 배우는 노래 가사도 머릿속에 들어가질 않는다. 집어넣어도 들어가지 않는 것을 보면 필경 가득 차서일 텐데 얼마나 찼기에 들어갈 수 없는 걸까?

남들처럼 치열하게 살아온 것도 아닌데 벌써 다 찼단 말인가? 채우고 채워도 또 채울 수 있을 것 같았는데 그새 뭘 그리 많이 채웠다고 들어가질 않는 걸까? 아마 그건 다 찬 게 아니고 이제는 녹슬고 버거워져 제대로 들어갈 수 없는 것인지도 모른다. 딴은 70년을 넘겨 써먹었으니 그럴 법도 하지 않겠는가?

작년에 디지털카메라를 신형으로 바꾸었다. 그랬더니 사진 한 장이 차지하는 용량이 많이 늘어나 컴퓨터가 감당을 못한다. 한 번 촬영을 나가면 많게는 수 백 장을 찍어 오는데 쓰던 컴퓨터는 용량이 달리고 속도가 느려서 도저히 쓸 수가 없다. 그래서 컴퓨터까지 바꾸고 말았다. 용량이 적고 느려서 쓸모없는 구형 컴퓨터처럼 나도 구형 인간이 되어가는가 보다. 용량이 달리고 느려서 뭘 외우고 기억해 낸다는 게 점점 어려워지는 내 머릿속. 컴퓨터처럼 포맷하던지 교체를 할 수 있으면 좋을 텐데….

자꾸 잊혀가는 기억들, 안타깝고 불편하고 그로 인해 난감해질 때도 많다. 하지만 그 많은 기억을 잊지 않고 있다면 또한 좋은 일은 아니란 생각도 든다.

나이가 들어서 과거의 것들을 하나도 잊어버리지 않고 세상 모든 것 참견하려들면 얼마나 피곤하겠는가? 다른 사람들로부터 잔소리꾼으로 핀잔을 들을지도 모를 일이다.

태어날 때 아무 생각, 기억도 없이 이 세상에 왔듯이 돌아갈 때 또한 모든 것들을 비워내고 가야 하는 것 아닌가 하는 생각 말이다. 아무것도 없는 깨끗이 비어 있는 상태로 태어나 살면서 이것저것 담아 채우다 또다시 깨끗이 비워내야 한다. 그래야 혹시 다음 세상에 다시 태어날 수 있다면 또 아무것도 모르는 순수한 어린애로 태어날 수 있지 않을까? 그러기 위해서는 현세에 있었던 기억을 모두 내버려야 할 것 아닌가?

잊는다는 것은 비움의 한 수단일 수도 있겠다. 잊어버린 만큼의 공간은 비움의 공간이 아닐까 한다. 비워진 공간에 또 다른 기억들이 채워지고 또 비워지고…. 물레방아가 떨어지는 물을 채우고 비우며 돌아가듯 그렇게 채우고 비우고…. 인생도 그런 것인지도 모르겠다.

그래 잊히면 잊히는 대로 기억 속에서 생각나는 것만 기억하며 살자. 잊힌 걸 자꾸 생각해 내려 하면 그 또한 집착이고 번뇌의 시작일지도 모른다. 순리대로 잊으며 비워내고 벗어버리며 홀가분하게 늙어가야 한다. 그래도 치매는 걸리지 말아야 할텐데….

거리두기

내가 살아오면서 만사에 거리를 띄우면 좋을 때가 있다는 것을 처음 안 것은 군대에 가서다. 나는 군대 가기 전까지 삶에 대해 절실함이 없이 살았다. 나이도 나이려니와 부모님 슬하에서 큰 어려움 없이 살았다. 또 군대에 가야 하니까 모든 걸 갔다 와서 해결하리라 생각하고 뒤로 미루었다.

막상 제대 하려니 생각만 많아지고 장래에 대한 뚜렷한 그림이 그려지지 않는 것이다. 제대하면 내 몫의 삶을 살아야 한다는 중압감위에, 이 생각 저 생각이 꼬리에 꼬리를 물며 나도 모르는 사이에 깊은 수렁으로 빠져들고 있었다. 그러나 뾰족한 해결책이 있는 것도 아니다 보니 내 생에서 처음 그렇게 깊은 고민을 했었던 것 같다.

나는 어차피 피할 수 없다면 즐기라는 말처럼 즐기기까지는 아니더라도 군 생활에 잘 적응하며 근무하고 있었다. 제대가 얼마 안 남았을 때는 소위 대대 고참으로 편하게 보내고 있었다. 그러던 내가 이런저런 고민에 빠지다 보니 나도 모르게 웃지도 않고 수심에 싸여 있었다. 어느 날 주임상사가 눈치를 채고 조용히 부른다. 나중에 안 일이지만 주임상사는 군 생활을 오래 했기 때문에 제대할 때쯤 되면 나 같이 고민하는 사병을 많이 보아 왔다고 한다. 그래서 고민에 빠진 나를 주임상사는 얼른 알아차릴 수 있었다.

"이 병장 무슨 고민 있는가?"

처음엔 망설이다가 주임상사가 자꾸 나의 대답을 유도하기에 고민을 털어놨더니

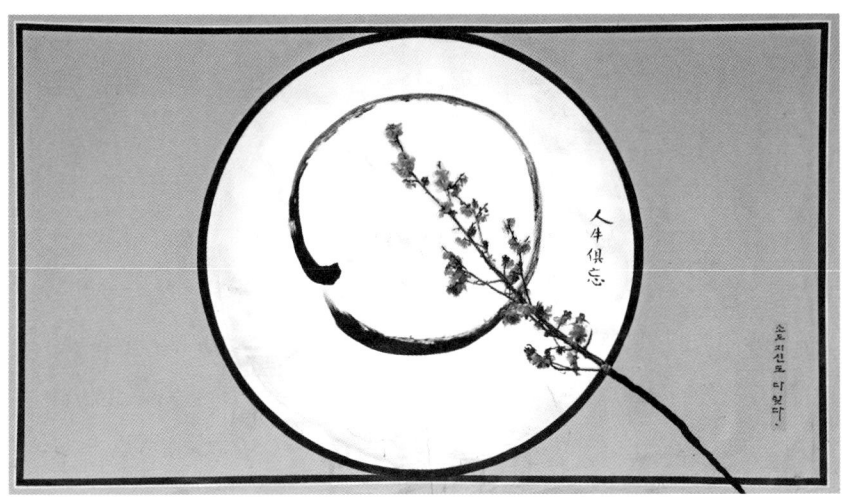

"이 병장, 산속에 들어가면 말야, 산이 보이는가?"라고 묻는다. 산을 제대로 보려면 멀리서 봐야지 산속에 들어가면 나무나 계곡만 보일 뿐이 아니던가?

"잘 안 보입니다."

"그렇지? 산속으로 들어가면 산이 안 보이는 법이야. 모든 것은 가까이 가면 제대로 볼 수가 없지. 장님 코끼리 만지듯 이라는 말이 있잖아. 시각장애인은 안 보이니까 직접 만져봐야 하지만, 볼 수 있는 사람이 너무 가까이 가면 실체를 제대로 볼 수 없는 법이야. 고민도 마찬가지야. 고민 속에 빠져 버리면 그 고민을 제대로 알 수가 없지. 고민이 있으면 그것에 빠져 헤매지 말고 저만큼 홱 집어 던져 놓고 바라봐봐. 그러면 답이 금방 보일 수 있어." 그러면서

"훈련할 때 인솔자가 개인 거리 확보하라고 하잖아. 물론 전쟁터에서 몰려다니면 한꺼번에 죽을 수 있어서 그렇게 하지만, 그 거리 확보를 일상에서 잘하면 무척 살아가는 데 도움이 될 거야." 한다.

그러나 그때는 실체도 없는 것을 확 집어 던져 놓고 바라보라는 말을 처음 들어서인가 얼핏 이해를 못했다. 하지만 그 말은 뇌리에서 떠나지 않고 점점 선명해져 가고 있었다. 나의 고민이라는 것이 현장에서 부닥뜨리며 해결해야 뭔가 결말이 나지 않겠는가? 하는 생각이 드는 것이다. 군대에 매인 몸으로 행동 없이 머릿속에서만 해결책을 찾고 있으니 나올 수 없겠다는 데까지 발전한다. 그렇게 실마리를 잡다 보니까 고민의 실체가 보이기 시작하는 거다. 나는 고민에다가 또 다른 고민거리를 자꾸 생각해내고 그것에 허우적대고 있음이 보이는 게 아닌가. 고민거리를 하나씩 덜어내야 할 판에 고민을 더 만들어 가고 있다니…. 그 어리석음에 정신이 번쩍 들었다.

그 뒤로 어떤 고민이 있을 때는 우선 그 고민으로부터 떨어져 바라보려 노력한다. 그러면 아무리 어려운 고민일지라도 해결의 실마리를 빨리 찾을 수 있다. 또 그 고민이라는 게 떨어져서 바라보면 의외로 별것 아닌 게 많음도 알게 되었다. 고민뿐만 아니라 슬픈 일, 괴로운 일, 반대로 행복과 기쁜 일까지도 항상 습관적으로 거리를 두고 바라본다. 그러면 신기하게도 슬프고 괴로운 고민은 쉽게 해결하게 되고, 행복하고 기쁜 일들은 더욱 크게 다가온다는 것도 알게 되었다.

또한 살아가면서 부닥뜨리는 모든 것들에 대해 거리를 두는 버릇이 생겼다. 특히 인간관계에서 거리두기는 꼭 필요하다. 인간관계에서 거리를 둔다는 말은 서로 간의 예의를 지켜야 한다는 것의 다른 말일 수도 있겠다. 또 상대방을 알아가는 시간일 수도 있겠다. 물론 계산적이지 않나 하는 생각도 해볼 수 있다. 그러나 계산하는 것이 아니라 서로를 알아가면서 가까워진다면, 무턱대고 가까이했다가 갈등을 만드는 것보다 낫지 않겠는가. 심지어는 사랑하는 사람과도, 부부간에도, 부모와 자식 간에도 가끔 거리를 조금 두고 바라보면 다투거나 헤어질 일이 많이 줄어든다.

꿀벌을 키울 때 한쪽 벌통에 여왕벌이 없어지면 다른 통의 벌과 합쳐야 하는데 그냥 합치면 서로 싸워서 다 죽는다. 가운데다 얇은 종이나 신문지로 칸막이를 해 놓고 한 통에 넣어 주면 서로 칸막이를 뜯어 없애면서 친해져 싸움을 안 하고 합칠 수 있다.

또 많은 식물이 자기 씨앗에 깃털을 달고 멀리 날아가게 한다. 그래야 모여 있으므로 해서 생기는 부작용들을 줄이고 더 넓게 퍼져나갈 수 있는 것이다. 곡식을 심을 때도 일정 간격을 두고서 심어야지 너무 보이게 심으면 잘 안 자라고 되레 수확량도 떨어진다. 우리도 동·식물처럼 일정 거리를 두면 오래오래 좋은 관계를 유지할 수 있음이다. 특히 갈등이나 다툼, 오해가 있을 때는 잠시 거리를 두고 생각해보면 쉽게 풀릴 수 있다.

빨리 가까워지고 너무 가까이 있으면 꼭 탈이 난다. 너무 가까이 가면 그의 손톱 밑에 때만 보게 될지도 모를 일이다. 그렇다고 너무 멀리하면 그를 먼지로 볼지도 모른다. 예쁘게 보일 때가 가장 적당한 거리가 아닐까 싶다.

전 세계가 코로나19의 느닷없는 기습에 1년이 넘도록 쇼크에 빠져 있다. 모든 일상이 금지, 폐쇄, 취소, 연기, 중단되면서 일시에 엉망으로 만들어 버렸다. 그로 말미암아 2m 이상 떨어져야 하는 한 번도 경험해 보지 못한 거리두기를 하고 있다.

하지만 우리는 언제나 띄워야 할 관계와 가까이해야 할 관계를 잘하며 살고 있다. 다만 그런 것을 무의식 속에서 이루어지다 보니 무심히 지나치는 것인지도 모르겠다. 그런데 '코로나19'는 가까이하고 싶은 사람들까지 막무가내로 띄워 놓으니까 못 견뎌 하는 것이다. 코로나 때문에 띄워야 하는 것은, 물리적으로 몸만 띄워야지 마음마저 띄우지는 말 일이다. 일상이 일그러트려지고 깨져 엉망이 된 지금은 서로의 마음만은 일부러라도 댕겨서 가까워질 수 있게 하자.

스스럼없이 이루어지던 만남이 그리움이 될 줄 누가 알았겠나? 어쨌거나 코로나19 때문에 막무가내로 띄워야 하는 거리두기는 정말 싫다.

나의 호號 하얀 기쁨

내가 소흔素欣이라는 호號를 만든 것은 고1 때다. 많은 사람이 그렇듯이 나도 그 시절 서서히 시에 관심을 두기 시작하였다. 유명한 시인의 시를 필사해서 즐겨 읽었고 외우기도 하면서 시를 끼적이기 시작했다. 그때 '농원農園'이라는 월간지 독자 문예에 나의 시가 당선되어 실린 적도 있다.

글 쓰는 것에 관심을 가지면서 소설가나 시인 모두 호가 있음을 알게 되었다. 나의 할아버지는 차산此山, 증조할아버지는 산재山齋라는 호를 갖고 계셨다. 그래서 나도 호가 있어야겠다고 생각했지만, 마땅히 지어 줄 만한 스승이 있는 것도 아니었다. 또 '못난 송아지 엉덩이에서 뿔난다.'라는 속담처럼 엉덩이에 뿔이 나는 건 아닌가 하는 생각도 있었다. 하지만 뿔이 날 때 나더라도 한 번 지어 보자 맘을 먹었다. 혼자 이 생각 저 생각 궁리 끝에 스스로 짓기로 하고 지어낸 것이 '소흔素欣'이다. 한문으로 흴 素, 본디 素자에 기쁠 欣자를 쓴다. 한글로 표현하자면 하얀 기쁨, 본디 기쁨이라 할 수 있겠다. 본디란 맨 처음, 순수란 의미도 있다.

처음에는 나의 고향 동네 이름이 흔암리欣岩里=흔바위여서 '흔암'이라고 하려 했었다. '기쁜 바위' 느낌도 괜찮아 보였다. 그런데 기쁠 흔 자는 좋은데 바위 암자가 들어가다 보니 뭔가 무거운 느낌이 들고 감당할 수 없을 것 같은 느낌도 들어 거슬리기 시작했다. 결국 '흔' 자만 쓰고 나머지 한 글자를 찾는 데 한참 걸렸다. 그러다가 문득 시인 김소월의 '소' 자가 생각났다. 고향 이름과 좋아하는 소월에서 한 자씩 따온 것도 마음에 들었다. 그렇게

해서 '素欣'이라는 호가 생겼는데 써먹을 곳이 없었다. 그러다가 엉뚱한 곳에서 진가(?)가 발휘되었다. 군 복무할 때 같은 과에 근무하는 졸병이 주소를 하나 주면서 펜팔(pen pal)을 해보란다. 주소를 보니 경남 진주에 사는 처자다. 우선 멀어서 마음에 들었다. 왜냐하면 안 만나고 펜팔로만 맺는 인연도 재미있을 것 같았기 때문이다.

답장이 오면 다행이고 안 와도 그만이란 생각으로 편지를 써서 보냈다. 겉봉엔 본명 대신 소흔이라고 써서 보냈다. 보낸 지 한 달쯤 해서 답장이 왔다. 뜯어 보니 소흔이라는 이름이 끌려서 답장을 썼다고 한다. 이름에 끌렸다는 걸 보면 내용은 별로였다는 것인지도 모르지만 어쨌거나 반가웠다. 소흔이란 이름이 남에게도 호감을 줄 수 있다는 걸 처음 알았다. 그렇게 시작된 펜팔은 나의 군대 말년을 즐거움 속에 보내게 했다. 진주 남강 가녘에 사는 그녀와의 펜팔은 제대 후에도 2년여 계속되다가 그녀가 시집을 가는 바람에 끝이 났다.

답장이 오든 안 오든 거의 일주일에 한 번 이상 편지를 썼었다. 열열한 연애 편지가 아니다 보니 그때그때 일상의 생각들을 글로 써서 주고받곤 했었다. 지금 생각해보면 나의 글 쓰는 실력이 그 덕분에 좀 나아지지 않았을까 하는 생각도 든다. 아니 글을 쓰고 싶었던 욕구가 나도 모르게 그렇게 편지를 많이 쓰게 했는지도 모른다.

젊어서는 먹고 살기 바빠서 글쓰기를 생각할 겨를도 없었다. 정년퇴직하고 본격적으로 글쓰기 공부를 시작했다. 잘 쓰는 글은 아니지만, 수필과 시를 쓰면서 내가 쓰고자 했던 곳에 쓰고 있는 셈이다. 또 블로그에 사진을 올리면서 사진에다가 넣기도 한다.

옛 어른들의 말 중에 '이름대로 산다'는 말이 있다. 그 말이 맞는다고 생각하는 것이, 나 역시 '素欣'이라는 호를 지은 뒤 '하얀 기쁨', '본래의 기쁨' '순수한 기쁨' 속에 서서히 젖어 들어가고 있었다. 그 영역 안에서 나쁘게 말하면 갇혀 살았고, 좋게 말하면 나 스스로 그렇게 살려고 애써 노력하며 살아왔지 않았나 하는 생각이 들기 때문이다.

무슨 행동이나 생각을 할 때는 순수, 기쁨을 먼저 생각하고 거기에 맞게 살려고 스스로 노력을 했다. 다른 사람이 나를 볼 때 어떻게 볼지는 몰라도 최소한 나는 늘 밝고 맑은 기쁨 속에 살고 싶었다. 특히 사진을 찍을 때 자연의 아름다움을 그대로 표현하려 노력하고 있다. 글을 쓸 때도 자연적이고 내면의 진실을 꺼내 꾸밈없이 쓰려고 하지만, 결코 쉬운 일이 아님을 날이 갈수록 실감하고 있다.

어느 해 가을에 추수가 끝난 텅 빈 들녘에 소여물로 쓰기 위해 하얗게 덩어리로 묶어 놓은 게 눈에 들어왔다. 텅 빈 들녘에 아무렇게나 놓여 있는 하얀 점들. 들녘이 봄내 여름내 키워낸 영글음을 가득 채웠다 비워 낸 것이다. 문득 법주사 회주 스님이셨다가 열반하신 혜정 스님의 법문이 생각났다. '만유(萬有)를 짜내고 정제(精製)한 뒤에 공(空), 즉 세상의 모든 것을 내 것으로 만든 다음에 비워내는 것이 진짜 비움이다'라는 말씀이셨다. 그래 맞아,

가을 들녘처럼 참 채움만이 참 비움이 될 수 있는 것이다. 아직도 제대로 채운 게 없는 주제지만 하얀 기쁨으로라도 가득 채울 수 있다면 좋겠다.

나중에 안 사실이지만 아마추어를 '소인(素人)'이라고 한다. 내가 사진을 하면서 늘 아마추어라고 고집하는 것이 사진은 대학교에서 4년씩 전문적으로 배워야 하는 학문이다. 그걸 어깨너머로 배워서 사진가 행세하기에는 언감생심이란 생각에서다. 또한 글쓰기도 마찬가지다. 지금 와서 돌이켜보면 나의 삶 자체가 素人이었다는 생각도 든다.

옛 선인들은 성명 외에 자(字)와 호(號)를 가졌었다. 임금이 지어 주면 봉호(封號), 사후에 내려 주는 것이 시호(諡號)이다. 자(字)는 남자가 성인이 되었을 때 지어 주는 부명(副名)이다. 호는 아호(雅號)와 당호(堂號)로 나누기도 한다. 아호는 흔히 문인·서예·화가들이 사용하는 우아한 호라는 일컬음이요, 당호는 본래 집의 호를 말함이나, 그 집의 주인을 일컫게도 되어 아호와 같이 쓰이기도 한다.

오늘날에는 굳이 호라고 안 하고 필명이라고도 하고 연예인들은 예명, 또 SNS상에서는 닉네임(별명)을 많이 쓰고 있다. 어떤 것이든 나를 아는 사람이나 모르는 사람에게 자신을 표현하여 첫인상을 결정지을 수 있는 것이다. 따라서 호를 쓰면 나를 남들에게 좋은 첫인상을 심어줄 수 있다.

순수하다는 건 자연 그 자체가 아닐까 한다. 자연 속에 내가 있고 자연이 곧 나임을 깨닫는다. 그렇게 자연 속에서 살다 자연으로 돌아가는 것이 나의 삶이고자 한다.

나이는 내려놓는 것이다

또 한 해가 어김없이 나이 한 살을 어깨 위에 올려놓는다. 어렸을 땐 먹든지 말든지 했던 나이다. 10대 때는 빨리 먹고 싶어 하기도 했었고, 20대에는 나이에 신경 쓸 겨를이 없었다. 30대부터는 성가시어 아예 차버리고 살았다. 그러다 다시 찾으니 70대가 되었다. 그렇게 다시 찾은 나이, 몇 개나 더 올려놓으려고 점점 더 빠르게 거침없이 숫자를 더해 가는지 모르겠다. 그 무게를 이겨내기 위해서라도 올해는 건강을 잘 챙겨야 할 것 같다. 사실 나이의 쌓임은 언제나 똑같은 속도로 이루어지겠지만, 나이에 비례해서 빠른 느낌을 받는 것이 무척 신경이 쓰인다.

어느 지인이 SNS로 보내온 글 내용이다. 어느 사람이 하나님께 따졌다.

"왜 내가 진 십자가는 이렇게 무겁습니까?"

하느님이 그를 요단강가로 데려가

"모든 이가 지고 있는 십자가 무게를 재보게"

했다. 그가 확인해 보니 큰 십자가나 작은 십자가나 무게가 똑같더란다.

하느님이 "나는 너희들에게 똑같은 무게의 십자가를 지워줬는데 네가 더 무겁다고 하는구나."

그 십자가의 무게를 가볍게 하는 방법이 무엇일까? 십자가의 무게가 가볍다 가볍다 자기최면을 걸면 될까? '피할 수 없다면 즐겨라'는 식으로 어차피 내려놓을 수 없는 십자가라면 즐기면서 지고 가면 될까? 사람마다 방법이 다르겠지만 나는 이런 생각을 해본다.

십자가가 무겁다 가볍다 느끼는 것은, 십자가가 내 어깨 위에 있어 아주 무겁게 내 어깨를 짓누르고 있다고 인식하기 때문이다. 거기다 나는 무거운데 남들은 안 무거워하는 것 같다는 것이다. 결국 나는 온 정신을 집중해서 십자가를 의식하고 있는 거다. 그런 인식 즉, 내 어깨의 십자가가 있다, 없다는 생각을 아예 안 할 수 있다면 그 무게를 느끼지 못할 것 아닌가? 하는 생각을 해본다. 그것이 결코 쉬운 얘기는 아닐 것이다.

내가 처음 사진을 배우고 아침 새벽에 계룡산 삼불봉에 올라 일출을 찍어볼 양으로 혼자 오른 적이 있다. 새벽 산속 공기는 맑고 싱그러워 기분이 좋았지만 그런 걸 감상할 겨를이 없었다. 일출을 찍으려면 해뜨기 전에 올라가야 하는데 좀 늦은 것 같았기 때문이다. 그때 내 머릿속엔 오로지 일출을 놓치면 안 된다는 생각만 있어서 쉬지도 않고 부지런히 올라갔다.

그렇게 올라가 무사히 일출을 찍고 잠시 숨을 돌리다 보니, 언제나 여길 오르려면 몇 번씩 쉬고 헉헉댔는데 단숨에 올라왔다는 걸 알게 되었다. 그 땐 신기하단 생각에 웃고 말았다. 그 후로 등산할 때마다 그때 일이 생각나는 것이다. 그래서 산에 오를 땐 누구와 열심히 이야기를 나누며 올라가든지 주위에 경치에 더 마음을 쓰며 올라가게 되었다. 그러면 훨씬 산에 오르기가 쉬워진다.

어떤 스님에게서 '일체유심조一切唯心造'에 대한 이야기를 들었다.

원효대사가 중국으로 유학을 떠났을 때이다. 도중에 그만 날이 저물어 무덤 옆에서 잠을 자게 되었다. 캄캄한 한밤중에 목이 말라 잠결에 물을 찾다가 바가지에 있는 물을 아주 맛있게 마시고 다시 잠이 들었다. 아침에 일어나 보니, 간밤에 마신 물은 해골에 고인 물이었다는 것을 알게 되었다.

원효는 너무 놀랍고 역겨운 나머지 구역질을 하다가 그 순간 '모든 것은 마음이 지어낸다.'라는 깨달음을 얻게 되었다. 해골에 담긴 물은 어제 달게 마실 때나 오늘 구역질이 날 때나 아무것도 달라지지 않았다. 다만, 어제와 오늘 달라진 것은 자신의 마음이라는 것을 깨닫고 '마음이 생겨나므로 모든 것이 생긴다.'라고 읊었다고 한다.

내용은 좀 다를지라도, 내가 해뜨기 전 올라가야 한다는 그 생각 때문에 힘들다고 생각할 겨를이 없이 올라간 것이나, 해골 물인지 몰라서 마신 물처럼, 또 십자가가 내 어깨에 있다는 생각을 없애버리면, 아무리 무거운 십자가라도 무게를 느끼지 않게 될 것이다. 결국 내 생각이 힘들게도 하고 안힘들게도 하는 것이 아닌가?

요즘 보면 많은 사람이 힘들다고 한다. 공부하기 힘들고, 자식 기르기 힘들고, 부모 봉양하기 힘들고, 살기 힘들고…. 온통 힘들다고 아우성친다. 그래서 공부가 힘들어 공부를 소홀히 하고, 자식 키우기가 힘들어 자식 낳기를 싫어하고, 부모 모시기가 힘들어 부모를 안 모시려 한다. 그러나 이 모든 것이 살면서 누구나 당연히 겪어야 하는 삶의 일부가 아니던가? 힘들다고 피하고 말고 할 성질의 것이 아니다. 삶의 길에서 힘들다고 피하고 힘 안 드는 것만 찾는다면 인생을 제대로 살았다고 할 수가 없을 것이다.

우리들의 조상들은 먹을 것이 없어 찢어지게 가난한 가운데서도 그런 당연히 해내야 할 것들이 힘들다 생각하지 않고 묵묵히 해내며 살아왔다. 가끔 외국인들이 찍어 놓은 우리나라의 옛날 사진들이 인터넷이나 SNS를 통해 볼 때가 있다. 지금 보면 어떻게 저렇게 살았을까? 의아해하지만 지금의 눈으로 보니까 못 믿을 뿐이다. 오히려 그때가 지금보다 행복 지수는 높았을 것이다. 물 한 모금이 목마른 자에게는 갈증을 해소해줘 행복이 된다. 하지만 목마르지 않은 자에게는 보잘것없는 물 한 모금밖에 안 되는 것이다.

결국 힘든 것만 머릿속에 있으면 힘든 것이다. 공부를 열심히 해서 훌륭한 사람이 되겠다는 생각, 자식이 태어나면 귀엽고 예쁘고 눈에 넣어도 안 아프다는 생각, 부모님은 효로서 봉양해야 한다는 생각을 더 많이 하면 결코 힘들다는 생각은 안 들 것이 아니겠는가?

아프리카에 누우떼가 악어가 우글거리고 물살이 센 마라강을 건너듯 우리도 무조건 우리의 길을 가야 한다. 누우떼가 그 위험한 마라강을 건너는 것은 힘들다. 어렵다는 차원이 아니다. 그것은 그들만의 절실한 삶인 것이다. 나도 그런 절실함으로 운명에 도전하며 어려움을 극복해야 할 뿐이다. 어려움은 결코 피해서 될 일이 아니고 극복해 내야 하는 것이기 때문이다.

나이 듦이 부담스럽고 어깨가 짓눌린다고 해서 안 먹을 수도 없고 피할 수는 더더욱 없는 것, 그렇다면 나이를 인식하지 말고 운명에 끊임없이 도전하며 헤쳐나가야 하지 않겠는가? 언제나 그렇듯이 올해 나의 목표도 삶에 다가오는 어려움 힘듦을 피하지 말고 정면으로 돌파해 나가는 것이 될 것이다.

대나무는 죽순일 때부터 다 컸을 때의 마디를 갖고 있다고 하지 않는가? 나도 태어나서 죽을 때까지 먹어야 할 나이가 이미 내 어깨 위에 몽땅 올려져 있는 것인지도 모를 일이다. 그래서 해가 갈수록 하나씩 없어진다 생각하면 점점 가벼워지지 않을까? 어려서는 나이를 의식하지 않기 때문에 8~90개나 되는 나이를 전부 올려놓고 살면서도 무거운지 몰랐을 수도 있다. 이제 몇 개 안 남았을 어깨 위에 있는 나이가 무겁다 느끼는 것은 나이를 인식하고 있다는 증거임이 틀림없다.

애인 사이 부부 사이

요즘 코로나19로 한여름 더운 날씨에도 마음대로 나가지도 못하고 집에만 있으려니 갑갑하기만 하다. 어제는 저녁을 먹고 하도 덥기에 동학사 계곡에 가서 발 좀 담그고 피서를 가자고 아내에게 제안했더니 선뜻 가자고 한다. 아내도 이런저런 모임도 못 나가고 좋아하던 자전거도 못 타고 따분하기는 마찬가지여서 서로 마음이 통했나 보다.

계룡산 주차장에 차를 세워 놓고 걸어서 계곡으로 가려니까 매표소에서 밤이라 못 들어간다고 한다. '앗! 이런 낭패가 있나. 모처럼 아내와 산책 좀 하렸더니 그것도 호사라고 못 하게 하는구나!' 코로나19가 원망스러웠다. 그러나 막상 못 들어가게 막는 직원이 하는 말이 꼭 코로나 때문만은 아니라고 한다. 계곡이다 보니 밤길이 위험할 수 있어 통제한다고 한다. 딴은 그럴수도 있겠다. 수긍하며 돌아설 수밖에 없다.

되돌아오는데 이왕 왔으니 주차장 주위라도 한 바퀴 돌고 가자고 아내가 말해 그러기로 했다. 동학사 주차장 주변은 카페촌이라 항상 북적대는 곳인데 코로나 때문인 듯 사람이 별로 없어 횅하다. 가게마다 텅 빈 홀에 휘황한 불빛이 오늘따라 을씨년스럽다. 저러다 모두 망하는 것은 아닐까 걱정이다. 무척 힘들겠다는 생각에 안타까운 마음이 앞선다.

걷다 보니 곳곳에 커피점, 빙수점이 유혹한다. 그럴듯하게 꾸민 어느 카페 앞을 지날 때 잠시 쉬어 가고 싶어

"더운데 여기 들어가 냉커피 한잔하고 갑시다."

"그냥 가요."

조금 더 걷다가

"여기 들어가 빙수 한 그릇 시원하게 먹고 갑시다."

"그냥 가요."

내 딴엔 덥기도 하거니와 우리라도 들어가 한 잔 팔아 주고 싶은 마음도 있었다. 하지만 더 중요한 것은 오랜만에 멋진 카페에 들어가 분위기를 좀 잡아보려 했는데 한마디로 거절이다. 그렇게 몇 군데 지나치다 끝내 카페에는 못들어가고 산책만 하고 말았다.

집으로 오는 길에 "이런데 오면 애인 사이가 돼야지 계속 부부 사이로만 있을 거야?"

"……"

아내는 말없이 미소만 짓고 있다.

사실 아내를 아내로만 살게 한 것이 내 탓일 거다. 아내는 내게 시집와서 모든 시간을 들여 부모님 모시고 아이들 키우고 적은 월급으로 살아내었다.

그렇게 녹록한 것이 아니었을 시집살이 내 어찌 모르랴.

젊어서는 외식 한 번 못한 그런 주변머리 없는 부부였다. 외식하려면 아버지 어머니 아이들 모두 같이 가야 하는데 경제적 부담도 만만치 않았다. 그렇다고 둘이서만 가자니 위아래로 다 걸린다. 이래저래 아내는 늘 재료를 사다가 집에서 해 먹자는 주의였다. 그럴라치면 나는 못 이기는 척 포기하곤 했다. 지금 생각해보면 그때 한 번이라도 과감하게 나가자고 해야 했었다. 나의 못남에 아쉬움이 있지만 그땐 돈이 먼저였으니 어쩌랴.

그러다가 어느 날 가만히 생각해보니 우리 나이가 50이 넘어서고 있는 것이 아닌가? 이대로 늙어 갈 것인가? 갑자기 이건 아니다 싶었다. 그런 생각을 하며 아내를 바라보니 아내가 무척 지쳐 있어 보이는 게 아닌가?

마침 주민 센터에서 사물놀이를 가르친다며 배우고 싶다고 해서 눈치 보지말고 무조건 가서 배우라고 했다. 아내는 배우고는 싶은데 완고한 부모님 눈치가 보였었나 보다. 내가 취미로 사진을 찍으러 다니면서 아내도 뭔가 취미를 갖게 하고 싶었던 차이기도 했다. 오로지 집안 살림에만 모든 시간을 소비하며 살았던 아내가 열심히 연습하는 걸 보며 참으로 잘 됐다고 생각했었다.

이왕이면 같은 취미를 갖고자 전에도 몇 번 사진을 같이 찍으러 다니자고 했었다. 아내는 언제나 '노'였다. 그도 그럴 것이 관심 없는 것도 있겠지만, 결론은 돈이었다. 혼자 하는 것도 경제적으로 지출이 많은데, 그걸 둘이 하면 돈이 두 배로 들어갈 것이라는 계산이 앞서기 때문이다.

부부가 같은 취미를 가지면 좋다는 걸 알고는 있었다. 그것이 어려운 부부에겐 또한 어려운 일일 수밖에 없다. 둘이 같은 취미를 못 갖게 되니까 아쉬움이 많았다. 같이 할 수 있는 것이 없을까 궁리 끝에 찾아낸 것이 여행이었다. 그러나 여행도 돈을 많이 들이면 안 된다. 아내가 부담 없이 따라나설 수 있도록 해야 한다. 최소의 경비로 여행을 할 수 있는 방안을 머릿속으로 용의주도(?)하게 짰다.

　그때 고물 엑셀 자가용을 갖고 있었다. 중고를 사서 십수 년을 탔더니 수명이 다 되었나 자꾸 고장이 났다. 새 차로 바꿀 계획을 세우면서 둘이 여행할 수 있는 최적의 차가 어떤 차일까 찾았다. 그렇게 찾은 차가 의자를 쭉 펴면 차 안에서도 잠잘 수 있는 7인승 RV차였다. 게다가 가스 차라 연료비도 절약할 수 있어서 최적의 차다 싶었다. 또 옛날 등산 다닐 때 쓰던 버너나 코펠을 꺼내 보니 아직 쓸 만해 그대로 쓰면 되었다. 어느 날 휴가를 내서 어머니 보고 진지해 드시라고 하고 내가 사진 찍으러 다니면서 봐 둔 곳으로 무작정 떠났다.

　그렇게 한두 번 시도하니까 떠나기가 좀 쉬워져 몇 번 남해로 동해로 강원도로 단둘에서 여행을 다녔다. 반찬은 집에서 싸가고 밥은 해 먹고 잠은 차에서 잤다. 잠자리가 좀 불편은 해도 가스값만 있으면 되니까 경비가 별로 들지 않아 좋았다. 어쩌면 아내는 경비가 적게 든다는 말에 따라나섰는지는 몰라도 막상 나서보니 꽤나 좋았던 것 같다. 그때 아내의 즐거워하던 모습은 지금도 눈에 선하다. 어머니가 연로하셔서 거동이 불편해지면서부터 다시 중단할 수밖에 없었지만 지금 생각해도 탁월한 선택을 했었다고 자화자찬을 해본다.

　한 번은 여수 돌산 어느 바닷가에 차를 세우고 잠을 자게 되었다. 아침에 일어나니 저만치에 또 한 대의 승합차가 서 있었다. 우리보다 나이가 많아 보이는 내외분이 차에서 나온다. 인사를 하고 대화를 나누다 보니 정년퇴직을 하고 내외가 가끔 이렇게 여행을 다닌다고 한다. 그분들은 우리보다 한 수 위였다.

　차 안을 보니 12인승 승합차에다 뒤에 의자를 없애고 합판을 깔았다. 합판 밑에는 살림살이 도구를 넣고 위에서 잠을 자면서 다닌다. 헤어진 후 아내보고 우리도 정년퇴직하면 저렇게 다니자고 약속을 철석같이 했었다. 하지만 정작 퇴직한 지 한참 됐는데도 그 약속을 제대로 못 지키고 있다. 그때는 지금처럼 캐러밴(caravan)이니 글램핑(Glamping)이니 하는 것이 대중화되지 않았을 때여서 그 정도면 부러울 정도로 훌륭했다.

이제는 부모님도 다 돌아가시고 아이들도 출가하였다. 결국 큰 집에 단 둘이 있게 되었는데도 아내 노릇은 변하질 않는다. 그렇다고 경제적으로 나아진 것도 없고, 또 습관이 들어 쉽게 바뀌지 않아서 그럴 것이다. 그걸 인정하면서도 가끔은 애인처럼 데이트하고 싶은 마음에 야속하기도 하다.

부부 사이, 애인 사이. 뭐가 다른 걸까? 부부 사이와 애인 사이를 구분하는 것 자체가 우스운 이야기가 아닐까 싶기도 하다. 사랑하는 연인들이 애인 사이이고 그 사랑의 열매를 맺어 결혼하게 되면 부부 사이가 아니겠는가?

누구나 청소년기에 이성을 만나면 가슴이 설레게 마련이다. 그러다 연모의 정이 느껴지기 시작하면 늘 옆에 있고 싶고 안 보면 보고 싶어진다. 끝내는 눈멀고 귀먹어 오직 한 사람 밖에 아무도 안 보인다. 그 사람의 말 이외에는 그 누구의 말도 안 듣게 되기도 한다. 로미오와 줄리엣처럼 목숨까지도 버릴 수 있는 사이가 애인 사이이다. 사실 우리도 처음 만났을 땐 눈멀고 귀먹을 정도는 아니었지만, 그래도 설레는 가슴으로 만나곤 했었다. 애인 사이가 결실을 보아 결혼한 뒤로는 그냥 부부로만 살아왔다. 애인은 낭만이지만 결혼은 현실이라는 한계를 벗어나지 못했다.

그래도 결혼해서 40년을 훌쩍 넘겨 50년이 가까워진 지금까지 부부로 살고 있다. 그 숱한 어려움 속에서도 같이 살 수 있었던 것은 사랑의 힘 그 이상의 것이 존재하기 때문이 아니겠는가? 이제는 눈빛만 봐도 상대방의 마음을 알아챌 수 있다. 종갓집 장독대에는 몇십 년 묵어 짠맛도 사라지고, 깊은 맛 나는 간장이 있다. 우리의 사랑도 그렇게 곰삭아 이젠 사랑이란 말도 필요 없다. 그깟 커피 한 잔, 빙수 한 그릇 같지 못했다고 해서 그 곰삭은 사랑이 빛을 잃을 일은 결코 아니리라.

숨김의 인생

이발한 지 얼마나 됐다고 흰 머리카락들이 이마 주위를 하얗게 밀고 올라온다. 이럴 때 거울을 보면 까만 머리카락이 한 개도 없다. 하긴 할아버지, 아버지도 하야셨으니 난들 별수 있겠는가. 체념한 지는 오래됐지만 그래도 꼭 흰머리를 숨기고 산다. 이발할 때 숨기고 중간에 두어 번 또 숨겨야 한다.

처음에는 흰머리를 숨길 때와 안 숨길 때 나이의 차이가 20년이었다. 흰머리를 숨기고 나면 10년은 젊어 보였다. 안 숨기면 반대로 10년이 더 늙어 보였다. 그런데 요즘은 그 간격이 양쪽 5년씩 해서 10년으로 반이나 짧아졌다. 나이 들어감에 따라 그 간격이 자꾸 좁아지는 것이다. 물론 전적으로 내 나름의 기준이지만 흰머리를 숨겨야 할 때쯤 외출하면 완전 노인네 취급을 받기 일쑤인 것을 보면 얼추 맞는 것 같다.

내가 흰머리를 숨기기 위해 염색을 시작한 것은 40대 초반부터다. 부모님 모시고 사는 젊은 게 머리를 하얗게 하고 다니면 건방져 보이고 불효라는 생각에 흰머리를 염색으로 숨겼다. 또 직장을 다니고 있을 때라 머리를 허옇게 하고 다니면 빨리 나가라고 할까 봐 흰머리를 숨겨야 했다.

그렇게 흰머리를 숨기기 위해 시작한 염색은 60대 때부터는 늙음을 숨기기 위한 발버둥이 되었다. 백발을 안 숨기면 금방 늙은이 취급을 당할 거 같았다. 나 역시 늙어간다는 것이 싫었다. 왜냐하면 아직 팔팔한데 인정하기 싫었고, 아무런 마음의 준비가 안 되었는데 빨라도 너무 빨리 오는 늙음이 당황스러웠다. 그래서 더 열심히 흰머리를 숨겼다. 그땐 이마 위에 조금만 흰머리카락이 보여도 염색을 해댔다. 아버지도 젊어서는 염색했었는데 옻이 올라 고생하셨었다. 그러나 나는 옻은 안 올랐기 때문에 그나마 다행이었다.

부모님이 돌아가신 후 나도 늙음에 대해 적응해가며 나이에 맞게 살아가는 게 정답이다 싶었다. 부정만 한다고 늙지 않는 것은 아니잖은가? 너무 부정만 하다 보면 나중에는 남들은 다 알고 인정하는데 나만 몰라 인정 못 하는 늙음이 될 수도 있다. 정작 스스로 늙음을 알아차렸을 때는 감당이 안 되어 당황하게 될지도 모른다. 그런 우를 범하지 않기 위해 받아들이기로 했다.

한동안 흰머리를 숨기지 말자고 염색을 안 했었다. 그랬더니 거울에 비친 내 모습이 글자 그대로 호호백발 노인네가 아닌가? 거기다가 머리숱이 적다 보니 초라한 것까지는 아니라도 아무튼 낯설었다. 결국 일흔이 넘어서부터는 나에게 자신의 낯선 모습을 숨기기 위해 염색하고 있다. 남들을 위해서가 아니라 나 자신을 위해서 나를 숨기게 되었다. 남들의 흰 머리는 예술가처럼 참으로 멋있는데 왜 나는 보기 싫은 걸까? 이것이 문제였다.

사실 흰머리를 숨기는 것이나, 외출을 위해 치장하는 것, 또 새 옷을 고를 때도 고민하는 것은 다른 사람이 나를 어떻게 볼까? 때문이다. 그 '어떻게'가 언젠가부터 나이를 덜 들어 보이게 하는 수단이 되었다. 왜 늙음을 숨겨야 할까?

나 스스로 나이 먹는 게 부담스럽고 늙는다는 것을 부정하기 위한 무의식적 발로가 아닐까 싶다. 결국 남들이 나를 어떻게 볼까 하는 것은 핑계에 불과하고 나 스스로 위안을 받기 위한 숨김인지도 모르겠다.

언제부터인가 구레나룻과 눈썹도 하얘지기 시작했다. 늙음이란 불청객이 여기저기 숨겨야 할 것들을 자꾸 만들고 있다. 늙음의 상징인 주름도 눈에 띄게 늘었다. 이것도 또 숨겨야 할까 보다. 마치 적군이 포위해서 공격해오

듯 안팎에서 공격해온다. 세월을 잡아 둘 수 없는 한 공격을 막을 방도는 없을 것 같다.

그래서 못 오게 할 수는 없고 최대한 늦게 오게 할 수는 있지 않을까? 따라서 숨길 수 있는 것들은 숨길 수 있을 때까지는 숨겨야 한다. 언제까지 될지는 몰라도 말이다. 그래도 다행히 안에서 생기는 표시들은 숨기지 않아도 남들이 모른다는 것이다. 관절이 삐걱거린다거나 눈이 침침해지는 현상은 아직은 숨기기가 쉽다.

문제는 숨길 수 있어 숨겨지면 다행인데 숨겨도 숨겨도 자꾸 나타나는 게 문제다. 또 나이가 들면서 숨겨야 할 것들이 자꾸 새로 생겨난다는 것이다. 머지않아 내가 감당할 수 없을 만큼 많아지면 그때는 어떻게 하나? 언제까지 이 숨김의 인생을 살아야 할까?

내가 살면서 숨겨야 할 것이 어찌 흰 머리카락뿐이던가? 생각해보면 평생 살면서 참으로 많은 것을 숨기며 살고 있다고 하는 것을 깨닫는다. 숨기지 않고 살 수는 없는 것일까? 숨기며 산다고 함은 거짓의 다른 표현이다. 또한 숨긴다고 함은 정상적이지 않다는 뜻이다. 따라서 숨기기에는 한계가 있게 마련이다.

　꼬리가 길면 밟힌다고 세상 이치는 한계를 넘어 무리하면 탈이 난다. 또 무리한다고 함은 욕심 때문이 아니겠는가? 욕심을 버리자면서 또 욕심을 부리고 있음을 깨닫는다.

　이쯤에서 숨기는 일을 그만둘까 싶기도 하다.

잊히고 사라지는 것에 건배

"야! 너 왜 안 나왔어?"
"아 참. 너 오늘 서울 온다고 했지?"
"또 잊어버린 거냐?"

지난 토요일 지인의 아들 결혼식이 있어 서울에 갔었다. 오랜만에 서울에 가려니 한동안 못 만난 고향 친구가 문득 보고 싶었다. 미리 전화해서 만나자고 약속을 해 두었다. 그런데 결혼식이 다 끝났는데도 이 친구 나타나질 않는다. 필경 또 잊어버린 거야. 생각하고 전화를 걸어 나눈 대화의 앞부분이다.

친구는 툭하면 잊어버린다. 먼저 동창회 때도 잊어버려 못 나왔다더니 또 잊어버렸단다. 헐레벌떡 달려와서 하는 말

"야! 나 치매 오는가 봐. 자꾸 까먹는 게 점점 많아져서 큰일이야."
"나이 칠십밖에 안 먹었는데 벌써 치매 타령이냐? 까먹고 아예 생각이 안 나면 치매인데 다시 생각나면 건망증이란다. 걱정하지 말고 정신 바짝 차리고 살아"

말은 그리 했어도 이게 남의 얘기가 아니다. 나 역시 그러니까 말이다. 친구에게

"야! 그렇게 잘 잊어버리면 핸드폰에다 일정을 기록해놔."
"핸드폰에?"

친구는 핸드폰을 전화 거는 데 만 쓴다고 한다. 귀찮고 어려워서 배우기

싫다고 한다.
"그럴 거면 핸드폰을 왜 들고 다니냐?"
"세상도 점점 복잡해지는데 그런 것까지 알아야 하냐?"
그게 다 스트레스라고 투덜댄다.
'세상도 점점 복잡해지는데'라는 친구의 말이 귀에 확 들어와 박혀 고속버스를 혼자 타고 오면서 내내 머릿속에서 떠나질 않는다. 사실 요즘 세상만 유난히 복잡한 것이 아니고 세상은 언제나 복잡하다. 그렇게 세상은 항상 복잡한데 나이가 들어감에 따라 감당해내기가 점점 어려워지는 것은 아닐까하는 생각 때문이다.
우리가 얼마나 복잡한 세상을 살아왔는데 새삼 복잡하다는가? 우리가 어렸을 때 현재의 세상을 상상이나 했는가? 그때는 핸드폰은커녕 전화도 없었고 TV, 라디오도 없었던 시절이었다. 컴퓨터의 출현으로 상상을 초월하는 엄청난 속도의 변화를 겪으며 살았다. 그 변화의 소용돌이 속에서도 힘들단 말 한마디 없이 잘 적응하며 살아온 우리가 아니던가?
그 친구는 나보다 학교도 더 다녔고 직장에서 높은 자리에도 오를 만큼 활발한 삶을 살았다고 생각했다. 그런데 핸드폰이 복잡해 못 쓰고 세상이 더 복잡해져 간다고 두려워하고 있다니…. 딴은 하도 복잡한 세상을 살아냈기에 이젠 벗어 버리고 싶은 건지도 모르겠다.
누구나 그렇겠지만 젊어서는 닥치는 대로 정면 돌파하며 살았다. 고난이란 피해 가는 것이 아니라 극복해나가야 한다는 생각으로 살아왔다. 개척정신이나 억척까지는 아니어도 내 앞에 닥치는 일은 무슨 수를 써서라도 해결해내며 살아왔다. 그런데 요즈음 내 생활을 보면 늘 하던 일도 제대로 못 해내고 있다. 또 그 많던 나의 역할들이 하나둘씩 사라져 가고 있다.
집안에서 자식 역할, 아버지 역할, 남편 역할, 조카, 삼촌, 당숙… 또 직장에서 역할들, 사회에서 학교별로 있는 동창 모임, 고향 친구들, 이런저런 모

임에서 역할들. 그 많은 역할을 아무런 부담 없이 해냈었다.

한창 일할 수 있을 거 같았는데 어느 날 정년퇴직이라는 죄목(?)으로 직장에서 쫓겨나면서 나의 역할 중 1/3이 하루아침에 없어져 버렸다. 정년 퇴직하고 출근을 안 하던 첫날 갑자기 내가 할 일이 없어졌다는 자괴감이랄까 그 허탈함이란 순식간에 모든 걸 다 빼앗겨 버린 것 같은 느낌. 아직도 그날 아침의 충격이 생생하다.

또 부모님이 돌아가시자 자식 역할이 없어지고, 자식들이 장성해 독립해 나가니 아버지 역할도 명분만 남았다. 그런가 하면 집안에서도 어른이라 하여 한쪽에 돌려 앉혀놓는다. 그 많던 모임, 동창회도 하나둘씩 아프거나 죽거나 빠져나가며 점점 시들해지고…

그렇게 자의 반 타의 반으로 점점 활동 영역이 줄어들었다. 그러니 생각의 폭이 좁아지고 스스로 판단해서 결정해야 할 것도 줄어들 수밖에 없다. 집에 있는 시간이 많아지고 기껏해야 운동이나 산책을 할 때만 밖으로 나가게 되어 점점 세상사에서 멀어지며 소외되어 간다. 나 스스로는 전혀 인정하고 싶지 않은 현상들이다.

엄마 뱃속에서 나왔을 때는 그저 울기만 하면 다 쳐다봐주고 얼러주고 먹여주고 했었다. 그러나 70이 훌쩍 넘어 버린 지금은 아무리 울고 소리 쳐봐도 아무도 관심을 주지 않는다. 남자의 경우는 더 한 것 같은 게, 자식들도 저희 엄마하고는 자주 전화하면서도 아버지인 내겐 할 말이나 내가 필요할 때만 전화한다.

옛날에 아버지께서 전화요금이 부담될 정도로 조카들 손주들에게 수시로 전화하셨었다. 이제야 그 뜻을 알 것 같다. 아무도 전화를 안 해주니까 당신이 먼저 전화를 해 소식도 듣고 대화를 나누셨던 거다. 나도 아버지처럼 일가친척들에게라도 자주 전화를 해야 할까 보다.

사실 지금까지 내가 해온 역할들은 나를 위한 것이라기보다는 남을 위한 게 대부분이었다. 짐승들이 새끼를 위해 열심히 먹이를 물어다 주듯 말이다. 이제는 다 던져버리고 나를 위하여 살아야 할 때가 아니겠는가? 내가 하고 싶었고 나를 위해 해야 할 것들을 할 수 있는 시간이 많아졌는데 왜 자꾸 작아져 가는 느낌이 드는 걸까?

어린이는 아프며 크고 노인은 아프며 작아진다고 한다. 또 어릴 때는 앞이 아름다워야 하고 늙어서는 뒤가 아름다워야 한다. 그런가 하면 어릴 땐 눈이 맑지만 멀리 못 보고, 늙어서는 눈은 침침하지만 멀리 볼 수 있다는 말도 있다.

김형석 교수는 인생에서 가장 귀한 나이가 65~75세라고 말한다. 또 젊음의 비결을 묻자 '정신이 늙지 않았기 때문'이라고 말한다. 아무리 기억이 사라지고, 역할이 없어져 작아져도 정신만은 바짝 차리고 깨어있어야 한다.

기억은 잊히고 사라져가기 위해 있는 것. 채우면 비워야 하고, 비우면 또 채워질 날이 있겠지. 자꾸 잊어버린다고 두려워 말자. 그 또한 자연이 이치가 아니겠는가? 내게 와서 희로애락을 함께 했던 기억과 역할들. 이제 하나 둘씩 이별할 때인가 보다. 삶의 여정에서 무수히 만나고 헤어지지 않았던가? 익숙해질 법도 한데 그게 잘 안 되는 걸 보면 아직도 미련이 남아 있나 보다. 떠나가는 것들 고맙게 떠나보내자.

그런 의미에서 잊히고 사라지는 것에 대하여 건배!!

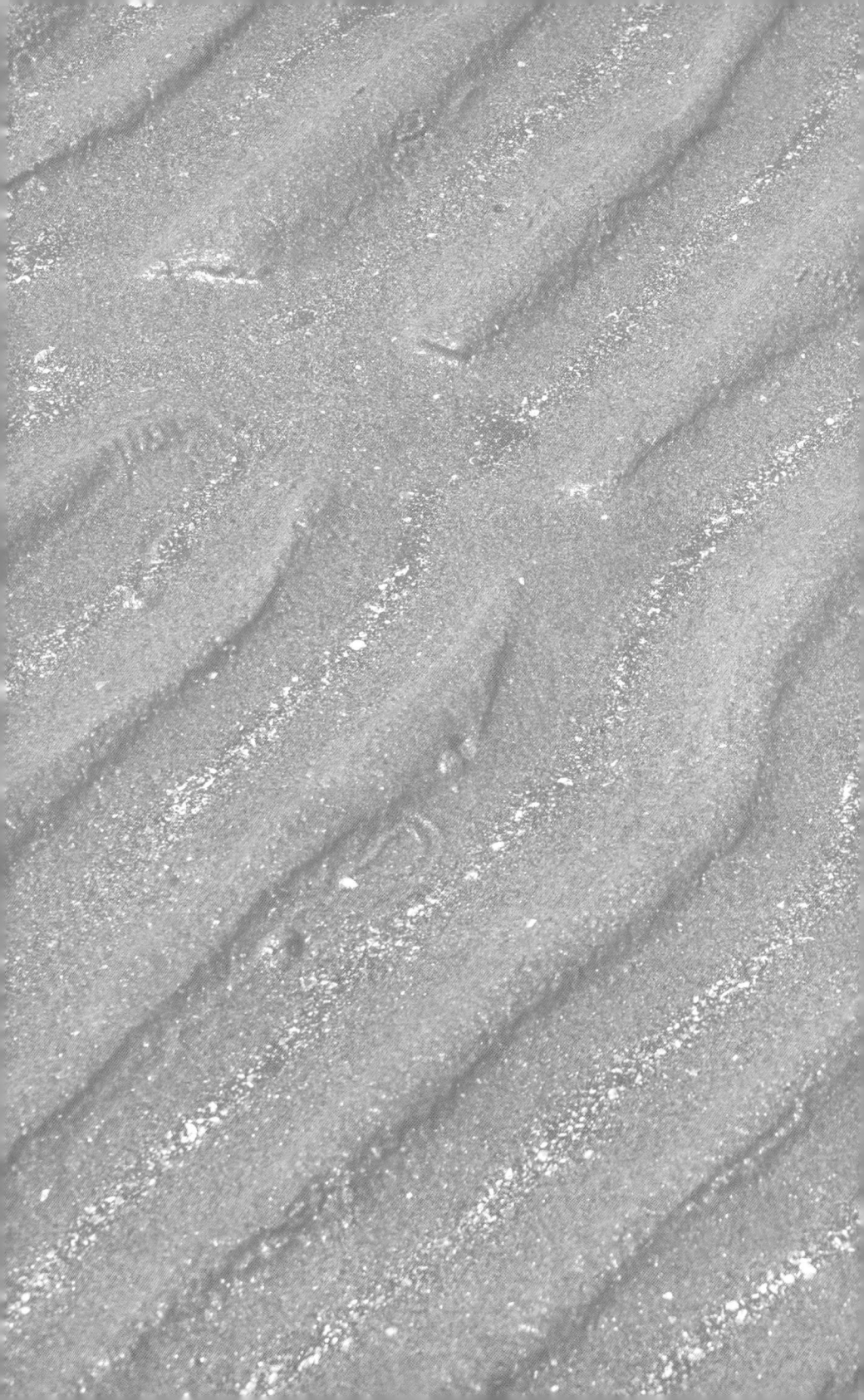

2부 / 산두리 해변에서 볼레로를

자연적이란 것

오늘 텔레비전 '동물의 왕국'에서 비가 많이 와 강물이 불어나 뻘건 흙탕물이 흘러가는데, 코끼리 한 가족이 강을 건너가는 과정을 촬영한 것을 보았다. 물이 불어났으니 당연히 물살이 세져서 건너기가 쉽지 않을 터. 덩치가 큰 어른 코끼리도 힘에 벅차게 강을 건너는데 새끼 세 마리가 글자 그대로 사투를 벌이며 강을 건너고 있다.

그러나 센 물살 때문에 자꾸 떠내려가고 주위에 악어 떼는 우글거리는 데 너무 힘이 들어 코까지 물속에 쏙 묻혔다가 나오기를 몇 번씩 한다. 어른 코끼리들은 다 건너가 아기코끼리들이 떠내려가는 것을 바라보며 울부짖고 있다. 가까스로 세 마리의 아기코끼리가 물가에 도착했는데 이번에는 미끄러워 육지로 올라갈 수가 없다. 거기다가 사력을 다해 건너온 탓에 기진맥진한 상태, 어른 코끼리들이 도와주려 하지만 어떻게 할 수가 없다.

겨우 긴 코로 도우려 하지만 그것이 쉬운 일이 아니었다. 보는 내내 가슴을

졸여 손에 땀이 다 난다. 천신만고 끝에 세 마리가 무사히 육지로 올라왔다. 그러곤 어른 코끼리들과 서로 코를 비벼댄다. 분명 무사히 강을 건넌 기쁨을 나눈다고 생각하고 나도 안도의 숨을 쉰다. 왜 코끼리는 위험을 무릅쓰고 강을 건너는 것일까? 저들이 불어난 강물이 위험하다는 것은 알고 건너는 것일까? 인간의 머리로는 이해하기 힘든 의문투성이다.

그러다가 문득 저 상황에서 인간이라면 어땠을까 하는 데까지 생각이 발전한다. 무사히 건넌 것에 감사하고 저들처럼 기뻐할까? 처음엔 그럴 수도 있겠지만 위험했던 상황에 대해 원인 분석을 하며 갖가지 설전이 오고 갈 것이다. 그래서 실패를 거울삼아 좀 더 발전적인 방법을 찾아내려 할 것이다. 경험에 의한 위험 요소를 미리 파악해 제거하려 지혜를 짜내고 무사히 건너기 위한 도구를 만들어 낼 것이다. 그래서 인간은 발전을 거듭하며 지금까지 진화해 왔을 것이다.

여기까지는 좋은데 요즘 인간들의 행태를 보면 한술 더 떠서 이런 위험한 곳으로 인도한 대장에게 비난의 화살이 날아갈지도 모를 일이다. '왜 제대로 알아보지 못하고 이런 위험한 곳으로 이끌고 와 건너게 했는가?' 라며 문책을 요구할 수도 있다. 끝내는 대장에게 책임을 물어 쫓아낼 수도 있다. 그런 것이 자연스러운 것인가? 어딘가 자연스럽지 못한 것 같아 씁쓸해진다.

나는 동물의 왕국을 시청할 기회만 있으면 즐겨본다. 그럴라치면 자연 속 동물의 세계와 인간의 세계를 비교하게 되고 자연스럽다는 것은 어디까지일까에 대해 생각하게 된다. 동물의 세계가 자연적이라면 인간의 세계는 자연에서 멀어져 가고 있는 것이 아닌가? 요즘 과학의 발전 상황을 보면 우리 인간은 자연으로 돌아갈 수 없는 다리를 건너고 있는 것이 아닌가 걱정스럽다.

사실 인간이 자연에서 멀어지기 시작한 것은 도구를 가지면서부터가 아닌가 싶다. 동물처럼 도구 없이 온몸으로 먹이를 구하다가 능력이 안 되면 도

태되는 철저한 약육강식의 세상에 산다면 지금의 인간 모습은 어떨까? 그러나 인간은 도구를 가지면서 좀 더 쉽게 약육강식의 살벌함에서 여유가 생겼다. 인간보다 강한 동물들을 제압하고 결국 만물의 영장이라는 오만에 빠져들고 말았다.

가진 능력 이상의 능력을 갖추게 되고 그러다 보니 더 많은, 더 발전된 도구를 찾게 되었다. 그 도구로 필요 이상의 것을 얻어 만족함을 넘어 과함으로 넘어가고 있다. 우주를 탐하고 생명의 근원을 파헤쳐 자연의 영역을 자꾸 인위적 영역으로 만들고 있다. 과함이 처음엔 좋은 것 같지만 결국은 그 과함 때문에 인간은 스스로 파멸할지도 모른다는 생각이 든다.

옛날에는 먹고 살기만 해도 만족했지만, 지금은 먹고사는 것만으로는 만족할 수가 없다. 만족은 욕심이 되어 더 큰 만족을 찾게 만들고 있다. 그것이 인간을 자꾸 자연으로부터 멀어지게 하고 있지는 않은가 하는 생각이다.

누군가가 그런 욕구, 욕심을 일깨우고 통제를 했으면 좋으련만 누가 통제를 할 수 있을까? 모든 종교에서 욕심을 버리라고 하듯이 스스로 욕심을 버려야 하는데 그것이 가능하지 않을 것 같다.

왜냐하면 컴퓨터의 발전으로 나타난 온라인 세상의 출현으로, 인간은 스스로 통제하고 멈출 수 있는 한계를 벗어나, 무한 질주의 속력을 내게 된 것이 아닌가 하는 느낌이 들기 때문이다.

어쩌면 인간은 여태까지 그렇게 지혜를 짜내 위기를 극복하며 발전해 왔으니까, 그런 것 또한 극복하며 또 다른 세상으로 도약해 나갈지도 모를 일이다. 코끼리가 새로운 세계로 가려고 생명을 걸고 그 위험한 강물을 건너가듯, 인간 역시 늘 새로운 세상을 추구하는 것이 또 다른 자연의 모습이 아닐까? 설령 그 길이 위험한 길일지라도 인간도 코끼리처럼 끊임없이 가야 하는 운명의 길인지도 모를 일이다.

도토리 줍기

"여보, 우리도 도토리 주우러 가자."
아침을 먹고 있는데 아내가 도토리를 주우러 가잔다.
"올해 도토리가 풍년이니까 몇 년 전에 주워 왔던 곳에 가면 많을 거야."
모처럼 집에서 쉬려 했더니 쉬는 꼴을 못 본다. 그렇다고 내색을 할 수도 없고 승낙을 할 수밖에 없다. 자의 반 타의 반으로 운전대를 잡는다.
추석 전에 일산 사는 처제가 뒷산에서 산책하며 도토리를 많이 주웠다며 택배로 보내줬다. 방앗간에 가서 빻아다가 앙금을 앉혀 우려내 추석에 묵을 쒀 맛있게 먹은 터였다. 처제가 많이 주울 정도니, 도토리가 풍년은 풍년인가보다.
차를 몰고 현장에 도착하여 참나무를 올려다보니 여기는 아직 파란 채로 덜 영글었다. 혹시나 하고 풀숲을 헤치고 안으로 들어가니 몇 개씩 눈에 띈다. 몇 나무를 관찰하여 보니 도토리가 떨어지는 나무가 있고 아직 안 떨어지는 나무가 있다. 올 도토리는 떨어지는 것이고 늦 도토리는 아직 안 떨어지는 것이다.
여기는 사람들이 안 왔다 갔는지 도토리가 떨어지는 나무 밑에 가면 여기저기 꽤 많이 떨어져 있어서 줍는 것이 재미있다. 그렇게 도토리를 열심히 줍고 있는데 저만치서 다람쥐 한 마리가 바위 위에 앞발을 들고 서서 빤히 쳐다본다.
눈이 마주치는 순간 미안한 감정이 든다. 왜냐하면 '이봐요. 왜 우리들의

겨울 양식을 가져가는 거요? 하며 따지는 것 같았기 때문이다. 그리고는 휙 도망을 가는데 그 뒤에다 대고

"미안하다. 내가 워낙 도토리묵을 좋아하거든. 거기다 올해는 풍년이니 조금 나눠 먹자꾸나."

사실 도토리는 사람도 좋아하지만, 다람쥐를 비롯한 산 짐승들이 무척 좋아하는 식량이다. 다람쥐는 도토리고 밤이고 열심히 주워다가 겨울에 먹을 냥으로 땅에 묻어 놓는다고 한다. 그러다 숨겨 놓은 것을 잊어버리면 거기서 싹이 터서 자라게 된다. 다람쥐가 도토리를 땅에 심어 놓은 셈이 되는 거다. 그렇게 다람쥐에게 간 도토리는 종자를 멀리 퍼트리는 순기능이 있는데 사람에게 온 도토리는 완전히 없어지는 것이다. 몽땅 빻아서 가루를 내 묵으로 만들어 먹으니 나쁘게 말하면 씨를 말리는 거다. 여기까지 생각을 하다 보니 다람쥐보다 자연에 죄를 짓는 것 같다.

어려서는 떡메를 들고 다니며 동네 뒷동산을 한 바퀴 털고 나면 두어 말씩 따오곤 했었다. 동네 근처 참나무는 가을이면 하도 두들겨 맞아 밑동이 성한 나무가 없었다. 그때는 그것이 당연하려니 했는데 지금 생각하니 참나무조차 못살게 한 것이다. 요즘은 두드릴 도구도 없을뿐더러 조금은 양심이 남아 있어서 두드려 털지는 않고 그냥 줍기만 한다.

국립공원에서는 그나마 줍는 것도 허용이 안 되는가 보다. 뉴스에 보면 도토리를 주워가면 벌금을 물린다고 한다. 하긴 주워가도 적당히 눈에 보이는 것만 주워 가야 한다. 도시 근처나 사람이 많이 다니는 곳은 낙엽을 쳐들고 샅샅이 뒤져 한 개도 안 남겨 놓고 모조리 주워가니 문제는 문제다. 무엇이든 지나치면 화가 된다는 이치를 깨달아야 하는데 나부터도 그걸 자꾸 잊고 산다.

예부터 '도토리는 들판을 보며 열린다'라는 속담이 있듯이 도토리는 흉년이 들면 더 많이 열린다고 한다. 옛날에는 자연에 기대어 농사를 지었기

때문에 흉년이 많았다. 지금은 기후와는 별로 상관없이 농사를 짓다 보니 매년 풍년이다. 그래서 그런가, 재작년과 작년은 연거푸 도토리가 흉년이더니 올해는 변함없이 농사는 풍년인데도 도토리도 많이 열린 것이다. 참나무가 헷갈렸나 싶지만, 사실은 해거리하는 거다. 척박한 땅에서 자라다 보니 스스로 자신을 보호하는 것이리라. 또 흉년이 든다는 것은 가물었거나 비가 많이 왔다든가 기후가 생육에 적당치 않았단 얘기가 아니겠는가? 그러면 나무가 위기를 느껴 번식을 더 왕성하게 하려는 것이 자연의 순리라고 들었다.

우리가 '참'이라고 하면 진짜, 사실, 진실을 말함이다. 따라서 참나무 하면 나무 중의 나무, 진짜 나무라는 뜻일 것이다. 그만큼 참나무는 쓰임새가 많아 요긴한 나무다. 우선 열매인 도토리를 주워 묵을 쒀 먹으면 별미이다. 지금이야 기호식품이지만 옛날에는 배고픔을 해결해 주는 구황작물 노릇을 톡톡히 했었다. 참나무 줄기는 베어다 버섯을 키우기도 하고 숯을 만들면 적외선이 나와 고기를 구워 먹을 때 맛을 최고로 해준다. 또 숯가마는 찜질방으로 쓴다.

참나무 잎은 아우를 봐야 떨어진다. 즉 겨우내 나무에 붙어 있다 봄에 새싹이 날 때쯤 떨어진다. 그러면 차곡차곡 쌓여 물이 많이 스며들지 못해서 서서히 썩어가면서 갖가지 곤충이 살 수 있는 터전을 만들어 주기도 하고 거름이 된다. 고목이 되어 한쪽이 썩기라도 할라치면 굼벵이, 장수하늘소, 집게벌레 등 곤충이 많이 서식하게 된다.

매번 도토리를 주울라치면 작은 갈등을 겪게 된다. 그렇게 요긴한 진짜 나무 참나무가 좋다고 마구 베어내고 싹쓸이로 도토리를 주워가면 참나무가 멸종하지 않을까 하는 것이다. 역사적으로도 신라 때에는 다른 나무는 연기가 많이 난다고 하여 참숯을 많이 쓰다 보니 숲을 망가뜨려 천년 사직의 종말을 고하는 단초를 제공하였다고 하지 않는가? 우리는 우리만 생각하지 말고 후세도 생각해야 하고 자연도 해치지 않도록 해야 할 것인데 막상 도토리를 보면 앞뒤 잴 것 없이 줍고 싶으니 말이다.

슬그머니 아내에게

"여보 그만 줍고 가자."

"아니 벌써 가? 여기 이렇게 많은데?"

아! 이 갈등….

텃밭이 주는 기쁨

"여보 오늘 김장밭 좀 파줘요."

태풍이 지나가는 틈새에 햇볕이 따가운 데 아내가 김장밭을 파 달라고 한다. 밭이라고 해봐야 울안에 있는 텃밭이지만 막상 삽으로 파려면 땀 좀 흘려야 한다. 아침을 먹고 나갔더니 모기가 저공비행으로 무차별 공격을 해 댄다. 일단 후퇴하여 긴 바지와 긴 소매 옷으로 완전무장하고 다시 나와 거름을 펴고 삽으로 파기 시작한다.

77년 직장 따라 대전으로 내려오면서부터 삽으로 밭을 파서 채소를 직접 심어 먹기 시작했다. 그땐 밭이 삽으로 파서 농사짓기에는 버거운 크기였다. 하지만 한꺼번에 파 엎는 것이 아니다. 이른 봄부터 조금씩 파 엎어 그때그때 파종을 하고 키우기 시작하면 어느새 밭 전체가 싱싱한 채소로 가득하게 된다. 또 그 시절엔 젊었기 때문에 힘든지 모르고 삽질을 해대곤 했었다.

대전 내려와 20여 년을 살던 집이 재개발이라는 이름으로 쫓겨나야 했다. 어쩔 수 없이 유성 도심으로 이사를 했다. 터를 좀 넓은 곳을 골라 샀더니 울안에 공터가 있어서 텃밭으로 일궜다. 비록 작은 공간이지만 우리 식구 채소 가꾸어 먹는 데는 손색이 없다.

힘들어도 꼭 채소를 직접 가꾸어 먹으려 한다. 봄에 밭 갈고, 씨 뿌려 여름에 잘 가꾸어, 가을에 거두어들여야, 겨울에 쉴 수 있다. 자연이 인간에게 그렇게 살라고 사계절을 만들어놓은 깊은 뜻이 거기에 있는 것이리라. 또 그렇게 사는 게 인간 본연의 모습이라고 생각했다. 내가 먹고사는 게 다 땅에서 나는 곡식과 채소가 아니던가! 그걸 소홀히 하면 뭔가 죄짓는 것 같고 꼭 농부처럼은 아니어도 농사일을 해보며 살아야 그 고마움을 잊지 않고 살 수 있을 것 같았다.

그건 어려서부터 농촌에서 자라서인가 싶기도 하다. 중학교를 서울로 유학하고 뒤이어 식구가 아예 서울로 삶의 터전을 옮기는 바람에 농촌과는 멀어지고 말았다. 그러나 나의 마음은 서울이란 곳에 정이 안 들고 더욱 시골로 향하고 있었다. 어떻게 하면 시골에 가서 살까? 그 생각만 하며 호시탐탐 기회를 엿보며 살았지만, 현실은 녹녹하게 내 뜻대로 되지 않았다.

그러다가 서른이 되었을 때 대전으로 직장을 옮기게 되었다. 마침 직장도 도심이 아니라 산속에 있어 내 맘에 꼭 드는 직장이었다. 부모님께 대전으로 이사하자고 말씀드리니 쾌히 승낙하신다. 그리하여 대전 변두리에 밭을 사서 집을 새로 짓고 도농의 생활을 하게 되었다. 그때부터 나의 채소밭을 가꾸는 농부(?)가 시작되었다. 80년대에는 봄이면 직장에서 모내기 지원을 나가곤 했다. 나는 언제나 선착순으로 달려 나갔었다. 어려서 농사 지은 경험이 모내기를 비롯한 농사일에 거리낌이 없게했다.

한 삽 한 삽 파 엎으면서 흙이 아주 부드러워졌음을 느낀다. 처음에 이곳으로 이사 와서 밭을 팔 때는 진흙땅이라 어찌나 딱딱한지 한 삽 길이가 안 들어갔다. 그러던 밭이 매년 봄에 파종할 때와 여름에 김장 갈 때 두 번씩 삽으로 파 엎다 보니 흙이 부드러워진 것이다. 또 비료보다는 퇴비를 많이 쓰니까 더욱 부드러워졌다.

밭 흙이 부드러워짐은 먼저 살던 곳에서도 체험한 것이다. 전 주인이 비료로만 밭을 일궜는지 땅이 딱딱했다. 어려서 경험대로 퇴비를 만들었다. 여름이면 밭 주위 두렁에 풀을 깎아 인분과 섞어가면서 뒤집기를 몇 번 해두면 다음 해 봄에는 아주 훌륭한 퇴비가 되었다. 그걸 밭에 내다 펴서 파 엎기를 몇 년 하니까 밭이 부드러워져 발로 밟지 않아도 삽이 잘 들어갈 정도가 되었다. '아! 그래서 옛날에 퇴비를 만들라고 그렇게 계몽했었구나.' 하고 생각했다.

아무리 작은 밭을 파 엎는 것도 삽질은 삽질인가 보다. 그것도 한여름 뙤약볕 아래라 땀이 비 오듯 한다. 인간사 모든 일이 다 급히 하면 안 되지만 특히 삽질은 급하게 해서는 안 된다. 꾹 밟아 천천히 한 삽 한 삽 파 엎어야 한다. 그래야 오래도록 삽질을 할 수 있다. 그렇지 않고 급하게 하면 얼마 못 가서 허리가 아파져 오게 마련이다.

그렇게 깊게 파 엎어서 배추를 심으면 아주 건강하게 잘 자란다. 그 무공해 배추로 김장을 하여 겨우내 맛있게 먹을 생각을 하면 즐겁다. 그 즐거움 때문에 힘들고 땀이 많이 나도 밭을 삽으로 파 엎는 이유다.

먹거리에서 중국산이 어떻고 농약이 어떻고 이런 것이 모두 남의 얘기이다. 텃밭 조금 갖고 있으면서 이렇게 조그만 수고로 직접 가꾸고 키워서 먹으면 절대 안전한 먹거리를 해결할 수 있다는 것이 얼마나 좋은가? 거름이 풍부하고 밭 흙이 부드러우면 배추가 스트레스를 안 받고 잘 자란다. 튼실하게 자라다 보면 병충해도 덜 생긴다.

사실 요즘은 아파트에도 베란다나 옥상에다 화분 같은 것을 갖다 놓고 가꾸어 먹는 사람이 많은 걸로 알고 있다. 채소를 키워 돈으로 바꾸려니까 많이 심는 것이지 자급자족하기 위한 거라면 굳이 큰 밭이나 텃밭이 필요한 건 아니다. 고추 몇 그루, 쌈 채소 몇 가지를 한두 포기씩 심어 놓으면 충분하다. 중요한 것은 실천이고 의지일 것이다.

한 삽 파 엎을 때마다 흙덩이 속에서 지렁이가 놀라서 꿈틀대며 난리를 친다. 오늘은 완전히 지렁이들 수난의 날이다. 그러나 어쩔 수가 없다. 햇볕을 받으면 금방 죽으니까 미안한 마음에 밖으로 나온 지렁이들은 이내 흙을 덮어준다. 삽에 잘리는 놈도 있다. 잘린 지렁이는 따로따로 하나의 개체가 되어 산다고 하니 다행이다 싶어 그나마 조금은 덜 미안해진다. 내가 이사 왔을 때는 없었던 지렁이가 몇 년 지나니까 생기기 시작하여 지금은 무척 많다. 그만큼 밭이 건강해졌다는 증거다.

또 어떤 곳은 큼직한 감자가 툭 튀어나온다. 봄에 감자를 수확할 때 빼먹은 감자가 나오는 것이다. 이렇게 큰 감자가 나오면 공짜로 횡재한 것 같아 이 또 한밭을 파는 즐거움 중의 하나이다.

며칠 전 TV에서 친환경 유기농법으로 가꾼 채소는 없다는 뉴스를 본 적이 있다. 적게든 많게든 농약과 비료를 주고 가꾼다는 것이다. 내가 해봐도 그게 그렇게 쉽지 않다. 더군다나 작물을 키워서 내다 팔아야 하는 처지에선 더욱 어려울 것이다. 왜냐하면 나처럼 울안 텃밭도 아니고 대량으로 키우는데 언제 벌레 잡고 하겠는가? 또 그렇게 키웠다 해도 벌레 먹어 숭숭 구멍이 뚫린 채소는 아무도 안 사 간다. 그것이 무공해 채소라는 것을 알면서도 말이다. 그러니 당연히 농약을 주고 가꿀 수밖에 없는 것이다.

문제는 농약을 주되 농약병에 적혀 있는 사용법을 얼마나 충실히 지키느냐이다. 지난번에 이만큼을 탔더니 벌레가 안 죽었다며 희석비율을 무시하고 마구 원액을 많이 넣어서 뿌린다. 또 약을 주고 난 다음 일정 기간이 지나서 수확하게 돼 있는데 그것도 무시하고 수확을 해서 내다 파는 것이다.

그러나 내가 농사지어 내가 먹으면 그런 위험에서 벗어날 수가 있다. 어린 배추 모를 사다 심어 놓고 나면 배추벌레가 극성을 부린다. 요놈은 꼭 고갱이에 숨어들어 파먹는다. 고갱이를 파 먹힌 배추는 기형이 되어서 벌레 잡는 게 조금만 늦어도 낭패를 보게 된다. 농약을 뿌리면 되겠지만 매일 아침 나무젓가락을 들고 일일이 잡아줘야 한다. 가만히 들여다보면 주위에 까만 똥이 있게 마련이어서 찾아보면 꼭 고갱이에 들어앉아 있다. 또 달팽이들의 극성도 심하다. 부지런히 잡아 줘야 한다. 그러나 진딧물이 끼면 농약으로 해결할 수밖에 없다. 진딧물은 어린 배춧잎에 많이 끼니까 초기에 약을 주면 배추를 수확할 때까지 기간이 길어서 그래도 안전할 것이다.

퇴비를 많이 쓰고 비료를 줄이면 땅이 건강해지고 그곳에서 크는 작물도 따라서 건강해져 병충해가 줄어든다. 그렇게 하는 것이 상책인데 그러기 위해서는 미리미리 퇴비를 준비해야 하고 밭을 깊게 파서 땅속에 충분히 산소가 공급되게 해야 한다.

농사는 할 일 없을 때 짓는 것이 절대 아니다. 그 어느 직업보다 부지런하지 않으면 안 된다. 주말이라고 쉬고 여름이라고 휴가 가는 그런 사고로는 절대 농사를 못 짓는다. 또 농사도 살아있는 생물을 키우는 것이라 많이 짓든 적게 짓든 여간 정성을 들이지 않으면 안 된다. 또 계절을 잘 읽어 때를 놓치지 않는 부지런함이 요구되는 것이다.

모든 곡식은 주인 발소리를 들으며 자란다고 하지 않던가! 땅은 주인이 얼마나 정성을 들이느냐에 따라 내어 주는 것이 다르다. 그만큼 농사일은 부지런함과 노력 그리고 정성을 다해 키우면 절대로 배신하지 않는다는 것이다.

이런저런 생각을 하며 밭을 파다 보니 어느새 다 팠다. 땀은 비 오듯 하고 모기 때문에 노출된 신체 부위에는 여기저기 가렵다. 하지만 기분은 최고다. 우선 땀을 오랜만에 많이 흘렸더니 몸이 개운해진 것 같다. 농사일과 같이 노동하고 흘리는 땀은 운동이나 등산으로 흘리는 땀과는 차원이 다르다고 늘 생각한다. 후자가 나쁘다는 것은 아니지만, 전자는 보람과 해냈다는 성취감 거기다가 채소가 잘 자랄 것이라는 기대감이 더욱 기분 좋게 한다.

이건 모두 네 탓이야

요즘 나는 파리와 전쟁을 하고 있다. 그것도 눈에도 잘 안 보일 만큼 작은 초파리다. 키가 1밀리도 안 되는 것들이 내 눈앞에서 왼쪽으로 휘리릭 오른쪽으로 휘리릭, 아니면 위아래로 날아다니며 나의 인내심을 시험하고 있다. 한마디로 제 맘대로 날아다니며 가뜩이나 더위로 짜증 나는데 약을 박박 올리고 있다. 요것들은 하도 작아서 눈에 보이는가 싶으면 이내 없어진다. 불빛 방향에 따라 환하거나 하얀 벽 앞에서는 잘 보이는 데 순간 어둡거나 검은 계통의 배경이 되면 안 보인다. 그래서 추적이 쉽지 않다. 집을 비울 때 모기약을 뿌리고 나가 보지만 소용이 없다.

아파트 15층으로 이사 와서 보니 생각보다 높았다. 계단으로 걸어서 오르기도 쉽지 않았다. 그래서 생각한 것이 이 정도 높으면 파리나 모기가 없을 줄 알았다. 설마 그 조그만 파리 모기가 이 높은 데까지 날아오를 수 있을까 했었는데 그게 아니다. 실수로 방충망이 조금만 열려있어도 귀신같이 알고 들어온다. 그러나 철저히 단속해도 어디로 들어오는지 밤에 자려고 드러누우면 귓가에 왱~하는 소리가 들리기 일쑤다. 모기는 전자모기향을 피우면 일단 물리지 않고 잘 수 있다.

그러나 초파리는 정말 골칫덩어리다. 큰 파리라면 파리채로 날아가든 앉아있든 잘 보이니까 해결하기가 쉽다. 눈에 잘 보이지도 않는 초파리들은 보였다 하면 순간 안 보이니 잡을 도리가 없다. 큰 파리처럼 앉아있을 때도 있으련만 그걸 찾아내기도 쉽지 않다. 찾는다고 해도 파리채로는 어림도 없을 것 같은 것이, 파리채에 숭숭 뚫린 구멍이 초파리보다 커서 다 빠져나갈 것 같다. 그나마 파리채를 갖고 오면 그새 어디로 갔는지 안 보인다. 결국 손으로 잡아야 하는데 중국영화에 나오는 소림사 무사들 정도의 실력이 필요할 것 같다. 날아다닐 때마다 양손을 부딪쳐 손뼉을 쳐보지만 하도 작아 잡혔다가도 날아가기 일쑤이다.

올해는 봄부터 몇 마리씩 보이더니 여름이 되니까 더 많아져 신경이 무척 쓰인다. 몇 마리씩 보일 때는 까짓거 하며 무시했다. 그러나 점점 많아져 자꾸 눈앞에서 아른거리니 보통 신경 쓰이는 게 아니다. 도대체 얘네들은 뚜렷한 거처가 없다. 주방, 거실, 화장실, 안방, 건넛방 가릴 것 없이 온 집안에 다 있다. 아니 어떨 때는 나만 쫓아다니는 게 아닌가 싶기도 하다. 내가 가는 곳마다 눈앞에서 보였다 안 보였다 '나 잡아 봐라.' 약을 올리니 말이다. 지금 이 글을 쓰고 있는데도 한 마리가 나의 시선을 자꾸 흩으러 놓고 나는 호시탐탐 잡을 기회만 노리고 있다. 이러니 글 쓰는 데 집중이 될 리가 없다.

처음에는 이걸 어떻게 해야 하나 걱정을 많이 했는데 차츰 요령이 생긴다. 눈앞에 파리가 보인다 싶으면 반사적으로 손뼉을 친다. 시야에 들어오는 순간 앞뒤 잴 것도, 눈치코치 볼 것도 없이, 인정사정 두지 말고 손뼉이든 박수든 파리 쪽을 향해 냅다 쳐야 한다. 처음에는 확률은 떨어져 매번 헛손뼉만 쳤다. 눈앞에 날아다니는 놈을 잡으려다 안경도 떨어트리고 물이 있는 컵에 앉아있으면 물도 엎지르고 시행착오도 많았다.

그 짓을 하도 하다 보니까 잡는 확률이 높아졌다. 소림사 무사도 이렇게 연습하지 않았을까 싶다. 어제는 대여섯 마리나 잡은 것 같다. 손뼉을 치는 요령도 터득했다. 손을 쫙 펴서 부딪쳤을 때 공간이 없도록 하고 최대한 힘껏 치고 친 다음에는 확인 사살로 손바닥을 비벼 댄다. 저네들이 계속 도전하니까 나도 점점 교활해져 가고 있는 느낌이다.

도대체 애네들의 고향이 어딘지 알고 싶은데 알 도리가 없다. 밖에서 날아 들어 오는지 아니면 집안에서 생기는 건지 알 수가 없다. 주택과 달리 아파트에 서는 일반 쓰레기는 물론이요 음식물 쓰레기도 집 안에 있어야 한다. 화분도 집 안에 있어야 하고, 빨래도 집 안에서 말려야 한다. 모든 게 집 안에 있게 되니 요것이 문제이다.

특히 음식물 쓰레기는 여름에는 조금만 늦어도 부패하게 되고 열어 보면 으레 초파리가 몇 마리씩 날아오른다. 그래서 매일 버리게 되니까 거기서 생긴다기보다는 냄새를 맡고 밖에서 들어오는 것 같다. 방충망의 구멍들이 초파리보다 커서 못 들어오게 막지 못한다는 게 또한 문제다. 또 하나는 모든 화분이 집 안에 있으니 거름 주다 보면 거기서 생기는 것 같기도 하지만 모르겠다.

나는 모기보다 파리를 더 싫어한다. 왜냐하면 몸에 붙어서 슬금슬금 기어 다니면 정말 싫다. 그래서 어쩌다 낮잠이라도 자려고 누웠다가 파리가 덤비면 낮잠을 포기하고 파리약을 냅다 뿌려 잡고 만다. 전에 주택에 살 때도 파리는 집안에 한 마리만 있어도 꼭 잡고야 말았다. 그래도 그때는 초파리 때문에 애를 먹인 적은 없었다. 큰 파리만 있어서 잡기가 수월했는데 이 초파리는 처음 경험이라 난감하기 짝이 없다.

어렸을 때 외할머니댁에 가면 식초를 만드느라 식초병을 요나 담요로 씌워 방에다 놔둘 때가 있었다. 그럴 땐 아예 안 갔었다. 외할머니보고 저것 좀 내다놓으라고 하면 '초파리가 생겨야 식초가 잘 만들어지는 거야.' 하며 되레 나를 나무라셨었다. 식초를 잘 만들기 위해 초파리의 귀찮음은 아무것도 아니셨던 거다. 그러나 지금은 식초를 만드는 것도 아니고 초파리와 동거를 해야 할 이유가 없다. 집 안에 음식물 쓰레기를 놔둬야 하는 것에 대한 대가라기엔 너무 억울하다. 비극이 따로 없다.

TV에서 아프리카 초원의 사자들을 클로즈업할 때 보면 코나 눈 주위에 파리가 많다. 그러나 쫓지 않는다. 함께 더불어 사는 걸까? 쫓아도 자꾸 덤비니까 대책이 없어 포기한 걸까? 어느 쪽이든 그걸 보는 나는 마치 내 몸에 파리가 스멀스멀 기어 다니는 것 같아 소름이 돋을 때도 있다. 그러면서도 자연적이라면 전자가 아니겠는가 생각했다.

그런데 나는 왜 초파리와 전쟁을 하는 걸까? 나는 귀찮고 짜증이 나는 것뿐 이지만 파리는 목숨을 잃는 것이다. 이것이 자연적일까? 순리일까? 아니면 강자의 횡포일까? 나는 자연적으로 순리대로 살고 싶다. 아무리 하찮은 게 파리목숨이라지만 함부로 뺏고 싶지 않다. 초파리가 그걸 알고 집 안으로 안 들어왔으면 좋겠다. 이왕 들어 왔으면 초파리는 초파리대로 살고 나한테는 안 덤볐으면 좋으련만 그게 안 되니 이건 모두 초파리 탓이랄 수밖에 없지 않겠는가?

야속한 석굴암 부처님

내가 석굴암을 처음 찾았을 때는 40대였다. 부산 작은 누님댁에 갔다가 돌아오는 길에 문득 석굴암 신라의 미소가 보고 싶었다. 귀소하는 길에 잠시 들러보면 되니까 더욱 쉽게 마음을 내게 되었다. 학창 시절에 수학여행을 경주로 가질 않아 경주에 올 기회가 없었다. 그렇다고 일부러 시간 내서 가 보기엔 너무 멀었고 살기에 바빠 엄두도 못 내었었다.

그때 석굴암 부처님을 보고 단박에 반하고 말았다. '신라의 미소'라고 하는 말은 익히 알고 있었지만, 지은 듯 만 듯, 보일 듯 말 듯 그 은은한 미소를 내 눈으로 직접 보았던 거다. 얼마나 신비롭던지 나갔다가 발길이 안 떨어져 다시 돌아와 한참 넋을 잃고 바라봤다. 아니 세상의 이런 아름다운 미소가 있었다니 저절로 경외심이 생겼다. 보면 볼수록 신비로움은 자비로움으로 나를 환희에 빠지게 하는 것이었다. 지금도 그때의 신비로운 충격이 그대로 생생하다.

그 뒤로 마음속 그리움으로만 간직한 채 지내다가 3년 전에 고향 친구들과 다시 찾았다. 그러나 오랜만에 바라보는 석굴암 부처님은 나에게 그 미소를 볼 수 있는 자비로움을 주지 않았다. 그땐 친구들과 수다 떠느라고 깊이 생각할 겨를도 없었고 내가 잘못 봤나보다 하고 말았다. 그 후로 점점 그 신비로운 자비의 미소가 궁금해지기 시작했다. 어째서 처음에 봤을 땐 보고 느꼈던 그 자비의 미소가 안 보였을까? 조용히 가서 부처님께 따져 보리라 마음먹으면서도 쉽게 못 갔었다. 사진 찍으러 경주 근처에 갔을 때도 일행이 있다 보니 쉽지 않았다.

며칠 전 농구의 황제 허재가 TV에 출연한 것을 우연히 보게 되었다. 학창 시절 농구 때문에 수학여행 경험을 못 해본 허재가 뒤늦게 경주에서 여행 체험하는 것을 보여 주는 것이다. 처음엔 볼 게 없어서 고르다 보게 됐는데 점점 빠져들었다. 평생 농구밖에 몰라 농구의 황제라는 별명까지 듣게 되었지만, 농구 외엔 잘하는 게 없는 그의 모습에서 경기할 때의 악바리 같은 근성은 어디 가고 그저 서툰 동작에 어눌하게 보이는 그의 말과 행동이 나의 마음을 잡아당겼다.

그의 태도는 너무 순진하다고 할까? 아니 자기 삶의 목표에 열정과 노력으로 멋지게 성공하고 난 사람의 당당한 여유로움이 보였다. 경주 여행을 즐기는 그의 모습을 보면서 특별히 목표랄 것도 없이 그저 평범하게만 살아온 나의 모습과 비교가 되는 거는 어쩔 수 없나 보다. 나도 젊어서는 뭔가 이루어 내려 고민도 하고 나름의 노력을 안 한 것은 아니지만 허재만큼은 못했다는 생각에 그가 더욱 멋져 보인다.

이런저런 생각을 하며 보고 있는데 아내가 난 첨성대는 못 가 봤다고 한다. 그간 아내와 전국을 참 많이 돌아다녔는데 첨성대를 못 봤다고 하는 말에 그 자리에서 내일 가자고 의기투합한다. 다음날 득달같이 경주로 달려갔다. 사실 나는 첨성대보다는 석굴암 부처님과 해결해야 할 숙제가 있어서 더 쉽게 출발 할 수 있었다. 이번에는 확실하게 보고 말리라 다짐을 하면서 아침 6시에 출발했다.

첨성대부터 보기 위해 내비게이션에 첨성대를 찍고 갔다. 옛날 같지 않고 첨성대 주변에 꽃밭을 조성해놨다. 상사화, 자주 꿩의비름, 꽃범의 꼬리, 나무수국, 뉴기니아 봉선화, 해바라기 등 갖가지 꽃이 피어 있는데 왠지 첨성대와는 안 어울리는 것 같아 따로 노는 느낌이다. 첨성대에 가까이 가니 배롱나무꽃이 한창 피었는데 다른 꽃과 달리 첨성대와 잘 어울린다. 배롱나무는 나중에 가본 대릉원, 황성공원, 동궁과 월지 등 경주 전역에 많이 심겨 있어서 고색창연한 경주 유적지와 잘 어울린다는 느낌을 받았다.

첨성대를 보고 옆에 있는 대릉원으로 갔다. 나도 대릉원은 처음이다. 천마총까지 걸어가며 눈에 보이는 것은 능이 아니고 산인 것 같다. 여러 경로를 통해서 익히 보아 왔던 천마총 내부를 직접 봤다. 말 장식까지 금으로 만들다니 그 옛날에 이렇게 화려하게 살았다는 게 믿기지 않았다. 그보다 더 놀랍게 느낀 것은 그런 유물들이 오랜 세월 고스란히 묻혀 있었다는 게 무척 신기했다. 다시 나와 걷는데 커다란 능의 녹색 곡선과 파란 하늘의 새털구름이 어찌나 멋있던지 입이 다물어지지 않는다. 거기다가 배롱나무의 빨간 꽃들이 어우러져 더욱 나를 설레게 한다.

대릉원을 나와서 점심을 먹고 불국사를 거쳐 석굴암으로 향했다. 주차장에 차를 세우고 걸어가는 길이 초가을의 정취가 물씬 풍기는 게 나를 또 설레게 한다. 석굴암으로 향하는 나의 마음은 두 번째 와서 미소를 못 본 것에 아쉬움 때문에 걸음이 빨라진다. 그렇게 부처님 앞에 서서 우선 사진을 찍으려 하니 못 찍게 한다. 그래도 몰래 한 컷 내 카메라에 모셔 놓고 부처님을 바라본다.

안타깝게 그날도 부처님의 미소는 안 보였다. 내가 찍지 말라는 것을 몰래 찍어서 화가 나셨나? 내 눈이 잘못 되었나? 한참 서서 별생각 다 하면서 앉아서도 보고 좌·우측으로 옮겨가며 각도를 다르게 해서 봐도 안 보인다. 백제의 미소로 일컫는 서산마애삼존불의 미소는 햇빛이 비치는 각도에 따라 다르게 보인다. 신라의 미소도 그렇지 싶은 생각이었다.

뒷사람들이 기다려서 더는 못 보고 일단 밖으로 나왔다. 멀리 동해를 물끄러미 바라보며 생각에 잠긴다. 그러다 내가 온갖 욕심과 어리석음에 끄달리다보니 범부凡夫가 되어 부처님의 미소를 볼 자격을 잃었는지도 모르겠다는 생각이 들어 와락 슬퍼진다.

　다시 돌아서 들어간다. 처음에 왔을 때는 미소에 반해서 환희의 마음으로 다시 들어갔었는데 이번에는 미소를 찾으려는 애절한 마음으로 다시 들어가 본다. 거기 지키고 있는 사람이 사진 찍으러 다시 들어 왔나 싶어 노려보는 시선을 온몸에 받으며 부처님께 제발 보게 해달라고 맘속으로 애걸해 본다. 그러나 역시 부처님의 근엄한 얼굴은 펴지지 않는다. 그리고 호통을 치신다.

　"네 놈도 조명발도 엉망인 곳에서 유리 벽에 갇혀 숨도 제대로 못 쉬는 신세가 되어 봐라. 웃을 수 있나. 그리고 내 앞에 와서 절은 안 하고 사진만 찍으려는 놈에겐 나의 미소를 보여 줄 수가 없느니라"

다비식과 산사의 하룻밤

매년 봄이면 선암사의 선암매를 보러 온다. 요즘은 취재 때문에 더 자주 온다. 오는 목적은 달라도 선암사에 오면 푸석해진 마음이 조금은 산뜻해지는 것 같아 좋다.

선암사 뒷깐에 가면 정호승 시인의 '선암사'라는 시가 적혀 있다. 「눈물이 나면 기차를 타고 선암사로 가라. 선암사 해우소(뒷깐)로 가서 실컷 울어라 …」 어느 수필가의 말대로 정호승 시인은 선암사 뒷깐에서 부처를 만났는지도 모르지만, 그 뒷깐은 깊어서 앉기조차 쉽지 않다.

태고종 종정이셨던 혜초 대종사가 열반하셔서 영결식과 다비식을 취재하기 위하여 선암사에서 하룻밤을 묵게 되었다.

나 혼자 선암사에 갈 때는 멀찍이 있는 공용주차장에 차를 세워 두고 계곡 물소리와 숲속 새소리, 바람 소리를 들으며 걸어서 간다. 그렇게 걸어 승선교를 지나 강선대에 이를 때쯤에는 저절로 지치고 찌든 속세의 것들이 조금은 덜어내진다. 오늘은 스님 차로 같이 온 덕분에 절까지 무사통과한다. 무우전에 가서 혜초 대종사 영전에 분향하고 종무소에 들러 방을 정하고 여정을 푼다. 방에 들어 문을 여니 담 너머로 뒷산이 보인다.

바로 공양간으로 가서 저녁 공양을 한다. 절에서 밥 얻어먹는 것은 때에만 가면 언제나 가능하다. 절밥은 무척 단순하다. 접시 하나에 김치를 비롯한 몇 가지 나물과 밥 그리고 국이 전부다. 취향에 따라 비벼 먹으려면 고추장을 추가하면 된다. 그런데도 먹어보면 신기하게도 참 맛있다. 그래서 절에 갈 일이 있으면 절밥을 즐겨 먹는다.

저녁 공양을 마치고 절을 한 바퀴 돌면서 분향소를 포함한 절간의 표정들을 카메라에 담는다. '코로나19' 때문에 신도들의 분향을 막아서 스님들만 분향한다. 전국 각지에서 온 조화가 무우전 안팎에 가득하다. 대웅전 앞에는 내일 영결식을 위한 준비가 한창이다. 그런데 소낙비가 갑자기 쏟아지기 시작하는 게 아닌가? 혼비백산하여 숙소로 들어온다. TV도 없고 라디오도 없고 일행 셋이서 얼굴만 쳐다본다. 잠깐의 적막이 흐르면서 낯선 분위기에 적응 시간을 갖는다. 몇 번 이곳에서 묵은 적이 있어 나름 익숙하련만 선암사에서 하룻밤은 늘 고즈넉한 설렘이 있다.

그러다 문득 문밖에서 나를 부르는 소리를 들었다. 창호지로 된 여닫이 문을 여니 세차게 쏟아지는 빗줄기가 반긴다. 아! 이게 얼마 만에 들어보는 반가운 소리인가? 소낙비는 마당, 장독, 화단, 담장, 지붕 가리지 않고 물방울을 튕기면서 통통 뛰어다닌다. 처마에서는 낙숫물이 봉당 밑에 물을 흥건히 모아 놓고 첨벙첨벙 놀고 있다. 얼마나 정겹고 아름다운 풍경인가? 그 정겨움에 한참을 우두커니 듣는다. 스님이 비 들이친다며 문 닫으라고 하는 바람에 정신이 되돌아온다. 그래도 빼꼼히 열고 계속 바라본다. 비만 오면 당연히 듣던 이 소리를 잊고 살았다. 3년 전에 아파트로 이사 온 뒤로 깜빡 잊고 살았다. 주택을 떠나 오면서 잊어버린 게 또 있었구나.

그러고 보니 아파트로 이사 온 후로는 비만 오면 창문을 닫기에 바빴다. 처마도 없고 챙도 없는 아파트는 비만 오면 비가 들이쳐 문을 꼭꼭 닫아야 했다. 그러니 빗소리를 듣기는커녕 비 오는 걸 귀찮아하고 있었다. 낙숫물 소리는 언감생심이었다. TV에 나온 어떤 이는 빗소리를 들으려 일부러 양철 지붕으로 집을 지었다는 말에 부러워하면서도 빗소리를 잊어버렸다는 것을 몰랐다.

 빗소리를 듣는 행복도 잠시뿐 이내 비는 그치고 파란 하늘이 언뜻언뜻 구름 사이로 보인다. 다시 밖으로 나온다. 언제나 소낙비가 온 뒤에는 공기가 맑고 시원해서 좋다. 게다가 산사에서랴! 물방울이 똑똑 떨어지는 나뭇잎들의 싱그러움 속에 심호흡도 해보며 푹 빠져본다. 저녁 예불이 끝난 산사는 적막하다. 어느덧 어둠이 찬 공기를 몰고 오며 무게를 더 한다. 산사의 하루를 마감할 시간이다.

 내일은 새벽 3시에 일어나야 하니까 일부러라도 일찍 자야한다. 방에 들어오니 벌써 일행은 잠이 들었다. 나도 불을 끄고 조용히 눈을 감는다. 그런데 이건 또 무슨 소리인가? 문밖에서 귀뚜라미가 함께 노래하잖다. 귀뚜라미 소리. 그래 맞아. 이때쯤이면 이슥한 밤 창문 열고 요 녀석들과 같이 놀

앉었지. 이 또한 잊고 살았다. 오늘 잊어버린 것 되찾는 날인가 보다. 3년 만에 귀뚜라미 소리를 자장가 삼아 잠을 청해 본다. 그러나 귀뚜라미는 옛 날에는 잘도 놀아 주더니 벌써 자냐며 함께 노래하며 놀자고 계속 꼬드긴다.

"야! 나 내일 일찍 일어나야 한단 말이야."

그렇게 한참을 뒤척이다 겨우 잠이 들었나 싶었는데 '타~악 타~악' 밤의 적막을 깨우는 목탁 소리가 어렴풋이 들려온다. 기계적으로 일어나려는데 스님이 지금 나가봐야 그러니까 그냥 더 자자고 하신다. 스님도 목탁 소리에 잠을 깨서 억지로 잠을 더 자려 애쓰고 있는 듯하다. 하긴 오늘은 도량석(道場釋) 취재를 온 게 아니고 다비식 취재를 왔으니까라는 핑곗거리가 떠오르니 꾀가 난다. 다시 잠을 청하려는데 때론 멀게 때로는 가깝게 들리는 도량석의 목탁 소리가 슬픈 듯 청아하다.

'깨어나라. 간밤에 꾸었던 꿈은 부질없다네. 한 생각 깨침이 진리의 새날을 밝히나니 깨우쳐라 깨쳐라' 라며 내 머릿속을 말똥말똥하게 한다.

사실 산사에서 잘 때에는 도량석 하시는 스님을 쫓아다니며 사진을 찍곤 했다. 맑은 새벽 공기도 공기지만 아무 때나 찍을 수 있는 것이 아니기에 늘 그랬었다. 그런데 오늘은 계획을 바꿔 잠자리에서 소리를 듣고 있으려니까 새롭기도 하거니와 피안의 세계로 한없이 빠져든다. 집에서 한밤중에 잠을 깨면 잡생각으로 잠을 못 이루기 일쑤인데 점점 정신이 맑아지고 마음은 한없이 평화롭다.

목탁 소리가 멀어지며 사라지더니 법고 소리가 들린다. 강약과 빠르기를 조화시키며 두드리는 북소리는 땅 위에 온갖 중생을 깨우고, 구름을 닮은 운판(雲版)은 날아다니는 중생을, 고기를 닮은 목어(木魚)는 물속에 사는 중생을, 쇠 북은 땅속의 중생을 깨우는 소리이다.

마지막으로 범종의 깊은 울림은 가없는 자비의 선율로 온 산에 깊이 울려 퍼져 하얀 기쁨으로 새벽을 가득 채운다. 이번에는 목탁 소리와 어우러

지는 스님들의 아침 예불 소리가 다시 잠들 짬을 안 준다. 산사의 새벽은 이렇게 장엄하게 밝아온다. 그러니 어찌 삿된 일이 일어날 수 있으며 청정하지 않으리오. 절간의 아침 공양은 5시 반쯤이다. 도량석도 아침 예불도 참석 안 한 죄로 아침 공양을 건너뛴다. 어제 들어올 때 간식으로 사 온 우유와 빵 한 개로 아침 공양을 대신하고 밖으로 나온다. 산등성을 넘는 운해를 바라보며 심호흡을 하고 냉수 한 모금 받아 마시며 나의 뱃속을 깨운다. 청정한 산사의 아침 정기가 온몸 구석구석 채워져 바로 신선이 된 듯 날아갈 것 같다.

그렇게 심호흡을 하며 승선교까지 산책을 나선다. 계곡은 어제 내린 비로 연녹색의 물안개가 자욱하여 몽환적이다. 계곡 물소리는 얼마나 낭랑하고 맑은지 빈 소년합창단은 댈 것도 아니다. 동쪽 산등성이로 해가 떠오르니 언제 그랬냐는 듯 하늘이 청명하다. 그 파란 하늘에 어느 명필가의 일필휘지인가 새털구름이 멋지다.

상좌들이 둘러서서 횃불을 들고 "스님 불 들어갑니다."라고 고하고 장작더미 밑에 불을 넣음으로써 다비식은 시작된다. 자연에서 왔다 자연으로 돌아가는 길에 삶과 죽음의 걸림이 어디 있으랴. 취재를 마치고 오리 숲속을 나오며 혜초 대종사 열반송涅槃頌을 다시 읽어본다.

올 때 와도 오는 바가 없고, 갈 때 가도 가는 바가 없더라. 오고 가고 본래 그 자연이더라. 진실이 자연의 뜻과 같더라.

幻來從幻去(환래종환거) / 허깨비로 와서 허깨비를 좇아가니
來去幻中人(래거환중인) / 오고 가는 것이 허깨비 사람으로
幻中非幻者(환중비환자) / 허깨비 가운데 허깨비 아닌 것이
是我本來身(시아본래신) / 이것이 나의 본래 몸이라.

선운사의 가을 노래

 지난여름은 봄부터 쳐들어온 '코로나19'와 긴 장마, 태풍으로 요란했다. 그렇게 일그러진 채로 여름이 떠나고 가을이 시작되는 요즘 선운사는 빨갛게 물들어 가고 있다. 선운사의 가을이 꽃무릇(석산/石蒜)으로부터 시작되기 때문이다. 푸르던 나뭇잎이 색깔을 바꿀 무렵, 태양이 제빛을 여위어 갈 때쯤, 여름을 활활 태우던 가슴이 시려올 때쯤 위로하듯 꽃무릇은 피어난다.
 꽃무릇의 잎은 사랑하는 이가 무정하게 떠난 것처럼 꽃이 피기 전에 떠나간다. 기다림에 애가 타서인가 녹아서 아무런 흔적도 남기지 않고 사라진다. 꽃무릇은 그 텅 빈 자리에서 불현듯 그리움의 기다란 꽃대 하나 올린

다. 이루지 못한 사랑의 슬픈 추억처럼, 잃어버린 기억의 편린처럼, 빠알간 그리움으로 꽃을 피운다. 그래서 꽃무릇을 보면 화려함 속에서도 그리움의 노랫소리가 들리는 듯하다. 그 그리움의 노래가 듣고 싶어 매년 선운사를 찾는다. 올해도 가을비가 추적거리던 9월 어느 날 선운사를 찾았다. 이제 막 피어나 가을비에 젖은 꽃무릇의 노래는 더욱 애절하게 들려와 내 마음도 덩달아 촉촉해진다.

꽃무릇과 상사화는 엄밀히 따지면 다른 꽃이다. 그러나 같은 수선화과(水仙花科)로 꽃과 잎이 서로 만나지 못하는 것이 같다. 모양도 비슷하고 피는 시기도 비슷해서인가 통상 꽃무릇도 상사화(화엽불견초/花葉不見草)라 한다. 또 꽃무릇은 '가을가재무릇', 상사화는 '개가재무릇'이라고도 해 '무릇'이라는 같은 별칭도 갖고 있다. 상사화는 월동한 후에 잎이 나와 봄내 있다가 여름이 되면 잎이 없어진다. 꽃은 여름 끝자락인 8월 하순~9월 초순에 핀다.

꽃무릇은 꽃이 지고 나면 바로 잎이 나오고 잎이 나온 채로 월동을 한다. 겨우내 봄내 무성하던 잎은 여름이 되면 상사화처럼 사라진다. 그리고 가을이 시작될 무렵인 9월 하순에 꽃을 피운다. 이렇게 상사화와 꽃무릇은 비슷하면서도 다르다. 꽃 모양도 색깔도 자세히 보면 다르다. 꽃무릇은 빨간색이지만 상사화는 흰색, 노란색, 적황색 등 다양하고, 출생지, 발견된 장소, 색깔에 따라 이름이 다르게 지어진다.

올해는 '코로나19'의 습격으로 축제도 없는 모양이다. 그래도 워낙 유명한 곳이라 평일인데도 사람이 많다. 나는 선운사의 꽃무릇을 보러 갈 때는 으레 아침 일찍 간다. 해 뜨기 전 그곳에 도착하면 아침 햇살로 영롱한 꽃술 끝에 맺혀있는 빨간 이슬방울을 볼 수 있다. 아침 안개라도 끼어 있을라치면 금상첨화다. 희미한 안개 속에 직선으로 쏟아지는 빛내림. 그 햇살을 받아 영롱히 반짝이는 이슬방울들. 이슬에 채여 신발이 다 젖어도 '무릉도원이 바로 여기구나!' 절로 탄성이 나올 수밖에 없다. 이런 비경을 보는 것은 일찍 서둘러 온 자만이 누릴 수 있는 특권이다. 그러나 오늘은 비 때문에 그런 호사는 다음으로 미룬다. 그렇지만 어떠랴. 꽃술 끝에 이슬 대신 빨간 빗물이 송알송알 눈물인 듯 아름답지 않은가? 꽃무릇의 또 다른 모습을 볼 수 있지 않은가 말이다. 그것으로 족하다.

 선운사의 꽃무릇은 고목들이 우거진 숲속에서 피어난다. 그래서 고목과 어우러짐이 또한 좋다. 유난히 길었던 지난여름 장마의 흔적들이 이끼로 피어나 고목은 더욱 고풍스럽다. 그 고목을 가운데 두고 피어난 꽃무릇은 강강술래 놀이를 하며 함께 춤을 추고 있다. 또 개울가 물살이 할퀴고 간 자리에는 뿌리들이 서로 엉켜 드러나 있다. 그 앙상한 뿌리들 사이에도 꽃무릇은 피어나 고목의 아픔을 위로해 주고 있다. 어떤 나무는 상처가 커서 견디지 못하고 쓰러져 시들어 가고 있는데, 그 밑에서도 꽃무릇은 피어나 빨간 선혈처럼 안타깝게 한다.

 성급한 나뭇잎들은 벌써 떨어져 이끼 핀 돌 위에서 가을비를 맞고 있다. 흐르는 물에 떠내려가다가 작은 여울이라도 만날라치면 뱅글뱅글 놀기도 하며 가을을 재촉하고 있다.

 선운사의 가을 절정은 뭐니 뭐니 해도 단풍이다. 꽃무릇이 질 때쯤이면 노을에 물든 저녁 하늘처럼 온통 붉다. 울긋불긋 단풍이 절정을 이루면 등산객, 관광객마저 단풍이 들어 얼굴들이 불콰해진다. 선운사의 단풍 색깔은 내가 본 다른 곳의 단풍 색깔보다 더 진하고 화려하다.

 선운사의 단풍은 절로 들어가는 입구 은행나무들의 단풍으로부터 시작한다. 파란 하늘을 배경으로 샛노란 은행나무를 바라보면 보는 이들의 마음을 사로잡는 데 충분하다. 그렇게 은행나무 단풍은 초입부터 선운사 단풍의 진가를 뽐내며 한몫 단단히 한다.

 일주문을 지나면서 선운천을 따라 어우러지는 단풍은 가히 으뜸이다. 투명한 가을 햇살을 받으며 잔잔한 선운천에 잠긴 단풍은 절정을 이뤄 정말 예술이다. 사진을 배우고 첫 번째 사진을 찍으러 왔을 때 그 예술적 풍광에 넋을 잃고 말았었다. 선운사를 지나 도솔암까지, 아니 내친김에 선운산 꼭대기까지 선운산 단풍은 황홀경 그 자체다.

  단풍 구경도 아침 일찍 가서 물안개라도 피어오른다면 이 또한 부지런한 자만이 누릴 수 있는 특권이다. 아침 일찍 가면 구경꾼들이 많지 않아 더 좋다. 그러나 오후 햇살에 역광으로 보는 단풍도 놓치기에는 너무 아깝다. 나에게 선운사의 가을은 언제라도 기분 좋은 하루를 보낼 수 있는 곳이다.

  빨간 꽃무릇들의 그리움의 노래, 단풍에 취해 불콰해진 얼굴로 제 흥에 겨워 흥얼흥얼 부르는 콧노래, 내 나름 가을을 멋지게 보내는 방법 중 으뜸이다. 매년 가을이 오면 선운사를 풀 방구리에 쥐 드나들 듯 할 수밖에 없는 것은 결코 내 죄가 아니다.

소낙비 소고

홍천 선산엘 급히 갈 일이 있어 태풍이 온다는 데도 갔었다. 폭풍전야라 그런지 군데군데 뭉게구름이 피어오르고 파란 하늘에 하얀 구름이 변화무쌍하여 운전 중에도 힐끔힐끔 쳐다보는 재미가 쏠쏠하다.

뭉게구름은 우리나라에선 장마철이나 한여름에 많이 나타난다. 십여 년 전 꿈에 갔을 땐 뭉게구름만 보고 왔었다. 그러고 보니 몇 번 안 나가 봤지만, 해외여행 때마다 뭉게구름을 참 많이 봤고 사진으로 찍어 왔었다. 코발트 빛 하늘에 피어오르는 뭉게구름은 바라만 봐도 기분이 좋아진다. 어려선 솜털구름, 조개구름, 양떼구름…. 종류도 많았고 그렇게 많이 보았었는데 요즈음은 보기가 힘들다. 뿌옇게 연무가 끼던지 황사, 미세먼지 때문에 푸른 하늘 보기도 쉽지 않다.

홍천에 도착하여 일을 보는데 시커먼 구름이 몰려오는가 싶더니, 이내 소낙비가 쏟아진다. 비를 잠시 피하니까 바로 그치고 파란 하늘이 보인다. 일을 거의 마쳤는데 또 한바탕 소나기가 요란을 떤다. 앞이 안 보이게 온 세상을 다 떠내려 보낼 듯 쏟아지더니 또 그친다.

생각보다 일이 일찍 끝나 돌아오는 길에 소낙비로 불어난 계류를 찍어볼까하고 계곡엘 들렀다. 물이 제법 많이 불어났는데 흙탕물이라 별로여서 돌아선다. 오는 길에 내가 선산에 오면 가끔 들르는 높은 고갯길 위에 올라서니 계곡마다 운해가 피어나는 광경이 멋지다. 차를 세우고 카메라를 꺼내 한참 찍어댄다. 그러고는 고속도로에 들어섰는데 또다시 소낙비가 퍼붓는다.

 이번엔 천둥번개까지 요란하다. 문득 어려서 외할머니가 늘 소나기 삼 형제란 말씀을 해 주셨던 생각이 났다. 소나기는 한번 오면 세 번에 걸쳐 쏟아진다는 말이다. 그때는 소나기만 쏟아지면 외할머니 말씀이 옳은가 그른가, 몇 번 쏟아지는지 자주 세어보았었다. 맞을 때도 있고 안 맞을 때도 있지만 맞는 확률이 높았다. 그러다 성인이 되면서부터 소나기 삼 형제에 대해 별로 관심을 두질 않았었는데 오늘 소나기 삼형제를 만난 것이다. 돌아오면서 소나기에 얽힌 생각들이 주마등처럼 지나간다.
 그중 가장 신기한 것은 소나기가 오고 나면 가끔 마당에 미꾸라지가 꿈틀대며 나타난다는 것이다. 미꾸라지가 비를 타고 날아가다가 떨어졌다는 둥, 땅속을 뚫고 다니다가 땅이 물러지니까 나왔다는 둥 우리끼리 별소리를 다 했었지만, 아직도 모르는 현상이다.
 또 천둥번개를 치면 절대 벽에 기대거나 만지지 말라고 했다. 번개가 번쩍하면 하나, 둘, 셋을 천천히 세고 나서 천둥을 치면 괜찮다고 했다. 그땐 그냥 호기심으로 세어보곤 했는데 셋을 셀 때까지 천둥이 안 친다는 것은 먼 곳에서 천둥번개가 쳐서 그런 거고 그만큼 안전하다는 얘기이다. 번개의 전류가 습기 많은 벽을 타고 흐를 수도 있다는 걸 나중에 배워서 알게 되었다.

또 있다. 어머니와 들에 나가 밭을 맨다든지 일을 하다가도 서낭당 쪽에서 검은 구름이 몰려오면 집을 향해 뛰어야 했다. 빨리 가서 장독대 덮고 빨래 걷으라고 하셨기 때문이다. 예나 지금이나 소낙비구름은 대개 남서쪽에서 몰려온다. 그때 서낭당이 남서쪽에 있었는데 그쪽에서 먹구름이 몰려오면 소낙비 올 확률이 매우 높다는 걸 어머니는 알고 계셨던 거다. 비 보다 내가 먼저 집에 도착해야 한다는 절체절명의 순간이 그때다.

가을엔 더하다. 가을걷이한 것들을 여기저기 말리느라고 멍석 깔아 널어놨기 때문이다. 지금 생각하면 재미있는 추억이지만 그땐 정말 짜증 나는 상황이었다. 그땐 바깥마당에 멍석을 깔고 벼를 말리곤 했다. 7~8장을 깔고 말리는데 갑자기 소낙비가 쏟아지면 온 식구가 뛰어들어와 비설거지를 해야 했다.

소나기는 주로 남서쪽에서 오지만 어떨 때는 북쪽에서 올 때가 있다. 북쪽으로부터 오는 소나기가 가장 무섭다. 물론 어른들로부터 이야기를 들어 알고는 있었지만 직접 경험했기 때문에 무섭다고 말을 하는 거다. 여주 여강가에 살던 나는 가끔 뱃사공 몰래 내가 노를 저어 강을 건너가기도 하고 강에서 놀았다. 하루는 노를 저어 강을 건너가는데 느닷없이 북쪽 하늘에 새까맣게 구름이 몰려오는 게 아닌가. 먹물도 그렇게 까맣지는 않을 것 같을 정도다. 신기하기도 했지만, 얼핏 어른들의 북쪽에서 몰려오는 소나기가 무섭다는 말이 떠오르며 빨리 돌아가야겠다고 생각을 하고 노를 젓기 시작했다. 그때 번쩍하더니 우르르 꽝꽝하는 엄청난 굉음의 천둥번개가 동시에 나를 무섭게 하기 시작한다. 번개가 찌찌 직하고 강물로 들어가는가 싶었는데 순간 온몸에 힘이 빠지고 주저 앉고 말았다. 가까스로 정신을 차리고 배를 강가에 대고는 집으로 뛰어가는데, 천둥번개는 계속 꽝꽝거리고 어떻게 집으로 왔는지 하여튼 살아서 집에 왔었던 기억이 있다.

또 한 번은 큰 매형이 동생하고 여름에 와서 강 건너에다 텐트를 치고 야영을 했다. 그때 또 북쪽으로부터 시커먼 구름이 몰려오는 것이었다. 집에서 걱정이 되어 강 건너를 바라보고 있는데 번개가 찌지직하며 매형 텐트 쪽으로 치는 게 아닌가? 비가 그쳐 가보고 놀랐다. 텐트 친 곳이 이태리포플러 숲이었는데 벼락이 처음 맞은 나무는 꼭대기 부분이 잘려 100m 정도 나가떨어져 있었다. 두 번째 나무가 정통으로 맞았는데 전기톱으로 갈라놓은 것처럼 일직선으로 파여 뿌리를 따라 땅으로 들어갔다. 세 번째 나무는 밑둥치 부분에 맞았는데 약간 파여 나갔다. 그리고 그 직선 끝에 매형 텐트가 있었다. 돌풍이 불어 텐트가 넘어지는 바람에 다시 치려고 하다가 벼락이 치더란다. 다리에 힘이 쫙 빠지고 그 자리에 주저앉고 말았는데, 다시 정신을 차리고 근처에 있는 집으로 대피를 했었다. 그때의 기억이 아직도 생생할 정도로 특별한 경험이었다.

사실 한동안 먹고 사는데 바쁘고 문명의 발달 때문인가 자연 현상들에 관해 관심을 두지 못하고 살았다. 이제 나이 먹고 삶의 현장에서 비켜나 있다 보니 어렸을 때 보고 느끼고 경험했던 그런 자연 현상들이 다시 보인다. 다시 자연을 보고 느끼고 경험하며 자연에 동화되고 싶은 마음이 드는 것은, 이제 자연으로 돌아갈 때가 되었기 때문일지도 모르겠다.

오랜만에 세 번째 막내 소나기를 만나니 반갑고 다시 자연 속에 들어 온 것 같아 기분이 좋았다. 3시간 반 여를 달려 집에 오니 대전에는 비가 한 방울도 안 왔단다.

아! 구둔역

 고단함도 오래 삭히면 아름다운 추억이 된다고 했던가? 나이가 들수록 지나간 것들이 더 보고 싶고 그리워져 추억의 장소를 찾아보는 일이 점점 잦아진다. 돌아보며 웃음도 지어 보고 다시는 만날 수 없다는 생각에 애수에 젖기도 한다. 고향인 여주에 가면 이곳저곳 어릴 적 추억이 깃든 장소가 많다. 서울 가면 옛날에 살던 곳, 직장이 있던 곳, 나름의 추억이 있는 장소들이 있다. 또 강원도 홍천 선산에 가면 내가 군 복무를 했던 곳이 가까이 있어 찾게 된다.
 언제나 옛날 모습 그대로 있으면 좋으련만 어느 날 가보면 없어지고 바뀌고 한다. 세월이 흐르면 변하고 없어지기도 하는 것이 당연한 건지도 모를 일이다. 그러려니 하면서도 추억의 장소가 달라졌다든지 아예 없어졌을 때는 추억이 송두리째 없어진 것처럼 아쉬움과 허탈감에 빠지게 한다.
 얼마 전 고향에 살던 선배의 부음을 접하고 문상을 하러 갔었다. 돌아오는 길에 고향 사람들이 하나둘 저세상으로 떠나감에 마음이 울적하여 구둔역을 찾았다.
 내 생애 두 번째 찾아가는 구둔역은 양평군 지평면을 지나가는 중앙선 간이역 중 하나였다. 할아버지 댁이 있던 여주 북내면 당우리에서 30리 길이다. 시골 신작로를 달려가다 보면 조그만 산골동네 언덕 위에 있다. 어렸을 때 무척 가보고 싶었던 구둔역은 그리 멀지 않은 곳에 있지만 그 당시에는 가보지 못하고 환갑이 넘어서야 가보았다. 그래서 더욱 선명하게 간직되어

있어 가끔 꺼내 보는 추억의 장소 중에 하나다.

내가 구둔역을 마음속에 보물처럼 생각하는 것은 어렸을 때 기억 때문이다. 그 당시 서울로 유학한 사촌 형은 방학 때면 기차 타고 구둔역에서 내려 30여리 길을 걸어서 오곤 했다. 또 방학이 끝나면 구둔역에서 기차를 타고 서울로 갔다. 그럴 때면 나도 형처럼 기적소리가 들려오는 산모퉁이를 돌아 구둔역에 가서 기차를 타보고 싶었다. 그때 나는 기차를 타보기는커녕 구경도 제대로 못 했었다. 그저 동경만 할 뿐 가볼 생각은 엄두도 못 내었다.

또래와 한참 재미있게 놀다가도 산 너머에서 기적소리가 들려오면 귀를 쫑긋 세우고 듣는 것이 내가 할 수 있는 전부였다. 철길이 어디에 있는지는 몰라도 저 멀리서 아련히 들리는 기적소리가 나를 부르는 것처럼 느껴졌다. 지금 생각해보면 보고 싶은 어머니의 목소리로 들렸는지도 모르겠다. 그때 나는 부모님과 떨어져 글방을 하시던 할아버지 댁에서 천자문을 배우고 있었다. 그래서 어린 마음 한구석에는 어머니에 대한 그리움이 늘 있었다.

때로는 먼 듯 작게 때로는 가까운 듯 크게 들려오던 신기한 기적소리. 형이 서울 가는 날 기적소리에 귀를 기울이다가 멀게 들리면

"형 오늘은 구둔역이 멀리 있나 봐. 기적소리가 작게 들려."

하면 으레 군밤이 날아오지만 나는 구둔역이 멀어지면 형이 더 많이 걸어가서 고생할까 봐서 걱정돼서 한 소리였다.

사촌 형이 떠난 날은 온종일 기적소리에 귀를 기울이며 혹시 저 기차를 타고 가나? 기차를 타고 가는 기분이 어떨까? 굉장히 근사할 거야. 기차를 타고 서울 가는 사촌 형이 그렇게 부러울 수가 없었다.

중학교부터 나도 서울로 유학을 하였지만, 시외버스를 이용하는 바람에 기차 타야 할 일이 없었다. 그러다 중3 때 인천 자유공원에 소풍을 가게 되어 기차를 처음 탔다. 지금도 기차보다는 고속버스나 시외버스를 더 이용하는 편이다.

그런 구둔역을 예순이 넘어서야 겨우 가보았던 거다. 정년퇴직하고 나니 시간이 많아 큰집에 대소사가 있을 때면 자주 갔다. 어느 날 할아버지 기일에 갔는데 너무 일찍 갔다. 그래서 여기저기 주위를 돌아다니며 코 흘릴 적 추억을 더듬는데 문득 기적소리가 또 나를 부르는 게 아닌가! 맞아 저 기적소리. 얼마 만에 듣는 소리인가? 옛날처럼 증기기관차의 멋진 기적소리는 아니어도 뿌―웅 디젤기관차의 기적소리가 아주 가깝게 들린다. 마치 그립던 옛 님이 부르는 듯 그렇게 반가울 수가 없다. '그래 오늘은 너의 부름에 응하리라.' 바로 차를 몰아 구둔역으로 향했다. 사촌 형은 힘들게 걸어 다녔을 길을 나는 승용차를 타고 갔다.

구둔역을 그때까지 한 번도 가보지 않은 것은 이유가 있다. 구둔역은 큰집에서 우리 집 가는 길과는 정반대 쪽에 있어 일부러 가기 전에는 갈 일이 없었다. 게다가 그동안 가끔 큰집에 가도 그 기적소리를 듣지 못할 정도로 잊고 살았다.

처음 가본 구둔역은 비록 기차가 정차를 안 하고 지나치기 일쑤였지만 간이역다웠다. 전국적으로 많은 간이역이 근대 문화유산으로 지정돼 있듯이 여기도 지정돼 있었다. 옛날처럼 증기기관차가 다니는 것은 아니지만 중앙선이다 보니 기차가 많이 지나간다. '어렸을 적에 그렇게 와보고 싶었던 구둔역이 여기구나' 추억에 잠겨 한참을 서서 지나가는 기차를 바라본다. 사촌 형처럼 기차를 타보지는 못했어도 지나가는 열차마다 가고픈 마음을 실어 보냈다.

10여 년 만에 다시 찾은 구둔역은 중앙선을 직선화하면서 철길을 옮기는 바람에 기차는커녕 철길마저 끊겨 있었다. 마지막 가쁜 숨을 몰아쉬며 스러져가는 구둔역. 아! 여기까지…! 왈칵 서글픔이 몰려와 몸서리가 쳐진다.

들어 가보니 철길이라고는 역 구내에만 남아 있고 모두 잘려 나갔다. 한쪽에 움직이지 않는 열차 두 량만이 덩그러니 서 있다. 관리를 안 해서인가 페인트가 군데군데 벗겨지고 낡아가고 있다. 역무실로 쓰던 곳이 카페로 변했다. 대합실이었던 곳은 쓸모없는 열차시간표, 영화촬영지, 근대문화 유산 등록, 왔다 간 이들의 흔적까지 찬란했던 추억이 벽면에 덕지덕지 붙어 유산이 되어가고 있다.

역 구내 곳곳에 관광객을 끌기 위한 이벤트 시설들을 만들어놓았다. 관광객도 꽤 있는 듯하다. 연인끼리 또 친구들과 찾아온 젊은이가 서너 팀 있다. 한 바퀴 돌아보고 카페에 들어가 본다. 젊은 부부가 주인이다. 우엉차 한 잔 시켜놓고 주인장에게 구둔역에 대한 이런저런 이야기를 듣는다.

2012년에 사형선고를 받고 죽어 가는 구둔역이 안타까워 귀촌하여 살던 젊은 부부가 힘을 합쳐 다시 살리려고 노력 중이란다. 철길을 아예 다 걷어내려는 것을 주민들이 말려서 겨우 역 구내에만 철길을 놔두게 되었다고 한다. 젊은이들이 많이 찾는 줄 알았는데 나이 지긋한 분들도 많이 온다고 주인장이 말한다. 나처럼 추억을 찾아오는 사람이 많은가 보다. 역 분위기를 살리면서 새로운 문화공간으로 탈바꿈을 시도하는 젊은 부부가 가상하단 생각을 했다. 고맙다 인사를 하고 나서니 어둑어둑해지고 부슬비가 후드득 떨어지기 시작한다.

 돌아오는 길에 마지막 남은 추억의 뿌리가 뽑혀 나간 듯 마음이 아려온다. 이렇게 내 마음속에 있는 또 하나의 추억을 지워버려야 하나 보다. 지난날의 기억들이 아직은 생생한데 말이다. 기억 속의 장소를 찾아가면 모두 없어져 늘 아쉬움 속에 되돌아서는 일, 언제까지 해야 할까?

 귀소하는 차창에 부딪히는 세찬 빗줄기 속에 문득 80도 못 넘기고 작년에 하늘나라로 가신 사촌 형 생각이 떠오른다. 사람의 한평생이 그렇게 긴 세월이 아닌 것을….

신두리 해변에서 볼레로를

 전국이 좁다 하고 사진을 찍으러 누비고 다녔다. 특히 정년퇴직하고는 가깝고 멀고가 문제가 아니었다. 그런데도 가본 곳 보다 안 가본 곳이 더 많다. 갔다 와서 금방 잊히는 곳이 있는가 하면 어떤 곳은 또 가보고 싶어지는 곳도 있다. 다시 가보고 싶은 곳은 사진 찍기가 좋아서이거나 그냥 좋아지는 곳도 있다. 그중에 신두리 해변 사구(沙丘/모래언덕)는 둘 다 포함되는 곳 중에 하나다. 갈 때마다 새로운 감성들이 밀려와 나를 벅차게 하기 때문이다.
 처음 신두리를 찾았을 때는 십수 년 전 사진을 찍기 위해서였다. 그때는 우리나라에도 사막이 있고, 사막의 오아시스처럼 사구에 늪이 있어 신기했었다. 그리고 거꾸로 지어진 관리사무소가 인상적이었다. 지금도 그렇지만 신두리 사구 입구에 들어서면 리조트, 펜션, 음식점, 편의점들이 사열하듯 길가에 늘어서 있다. 마치 허허벌판에 덩그러니 술집과 여관만 있는 서부영화의 세트장 같은 느낌이다. 어디선가 모래바람이라도 불라치면 권총 찬 존 웨인이 나타날 것 같았다. 그렇게 바닷가보다는 사구와 늪, 모래바람만 보고 왔었다.
 그러다 신두리 바닷가에 마음을 빼앗기기 시작한 것은 몇 해 전에 고향 친구들과 천리포수목원을 구경하고 함께 신두리 해변을 보러 왔을 때였다. 그때 친구들과 바닷가를 거닐며 하염없이 밀려오는 파도에 매료되기 시작했다. 동해의 파도와는 달라도 너무 달라서 바위를 부숴버릴 듯 밀려오는 시

원함은 없다. 이곳은 그냥 잔잔하게 어린이들이 어깨동무하고 줄지어 모래 위에 우 몰려오는 것 같다. 그런 파도를 물끄러미 바라보다가 친구들보고 느낌을 얘기하니 모두 수긍한다. 그러고는 모두 어깨동무하고 뛰며 한바탕 웃었던 기억이 있다.

  오늘 서산에 취재가 있어서 왔다가 혼자서 신두리 바닷가를 찾았다. 지난 3월에 아내와 왔었는데 또 왔다. 펜션들의 사열을 받으며 거꾸로 지어놓은 관리사무소를 지나 차를 펜션 옆 공간에다 세운다. 먼저 왔을 때 땅주인 영감을 만났었는데 주차를 이렇게 반듯하게 해 놓으면 얼마든지 이용하라고 허락을 받았었다. 그래서 이번에는 당당(?)하게 주차해 놓고 카메라를 둘러메고 바닷가로 내려섰다.

  동네 쪽에서 흘러오는 작은 도랑 위에 외나무다리가 있는데 사람들이 그 좁은 다리를 건너 이쪽저쪽으로 흩어져 가며 남긴 발자국들이 보인다. 그래, 언제나 같은 길을 가는 사람은 없다. 서로 다른 길로 와서 외나무다리 위에서 잠시 만나 같은 길을 걷다가 이내 흩어져 자기만의 다른 길을 찾아간다. 행여 외나무 다리 위에서 만나 같은 길을 가는 사람이 있다면 그가 바로 친구이거나 인생의 동반자일지도 모른다. 나 역시 흩어진 발자국 위에 나의 발자국을 더하며 그들과 상관없이 내가 가고 싶은 방향으로 발걸음을 옮긴다.

바닷가는 강가와 달리 모래가 단단하여 빠지지 않아서 좋다. 언제나 그렇듯이 오늘도 파도는 조잘조잘 소곤대며 밀려오고 있다. 한참을 서서 바라보는데 문득 라벨의 '볼레로'가 들려온다. '볼레로'는 스네어 드럼과 현(絃)들의 피치카토로 들릴 듯 말 듯 시작하여 같은 패턴의 리듬을 두 개의 주제만으로 연주되는 곡이다. 단조로울 것 같지만 가만히 들어보면 어떤 교향곡 못지않은 다양한 악기들로 연주한다. 특히 플롯을 시작으로 관악기는 순서대로 모두 나와 독주를 한다. 그래서 열여덟 번이나 반복되는 리듬의 소리가 다 다르다. 끝날 때는 모든 악기가 동원되어 휘몰아치다가 갑자기 무너지듯 끝난다.

여기 파도도 언제나 똑같이 밀려오는 것 같아도 자세히 보면 다 다르다. 파도가 멀리서 밀려올 땐 아스라이 보일 듯 말 듯 하다가 점점 선명해진다. 그렇게 밀려온 파도는 모래사장을 만나면 철석 엎어지면서 스러진다. 아무리 잔잔하게 밀려오는 파도라도 하나하나는 같은 듯 다르게 밀려와 내 발 앞에서 부서진다. 그래서 '볼레로'처럼 보면 볼수록 아기자기함에 지루할 틈이 없다.

'볼레로'는 라벨이 발레리나의 부탁을 받고 스페인 민요 볼레로를 주제로 작곡했다고 한다. 아마도 여기 신두리 바닷가에 와서 파도를 보고 작곡했으면 더 좋았겠다 싶을 정도로 볼레로와 파도가 절묘하게 일치한다. 단순한 것 같으면서도 지루하지도 않고 보면 볼수록 매료된다.

그렇게 파도 따라 걷다 보니 파도는 또 다른 모습으로 나를 설레게 한다. 하염없이 밀려오는 파도는 소곤소곤 사랑의 밀어들을 속삭여 준다. 젊은 날 설익은 풋과일 같은 첫사랑. 마음속에만 고이고이 간직해두었던 짝사랑의 아쉬움. 이제는 화석이 된 줄 알았던 그 밀어들이 꼬물꼬물 기억의 틈새를 비집는다.

 나도 모르게 벅차오르는 설렘에 깜짝 놀라 괜스레 멋쩍은 웃음을 짓는다. 이렇게 멋쩍을 때는 노래가 최고다. 주위를 돌아보니 아무도 없다. 바다를 향해 목청껏 노래를 불러 본다. 관중이 있으면 못 부르는 나의 노래지만 여기서는 명가수가 된다. 아스라한 그 이름들을 부르듯 마음껏 목청 높여 부르니 마음 또한 후련해진다.

 5월인데도 등에 와닿는 오후 햇볕이 따갑다. 모래사장에는 바닷물이 썰물로 저만큼 물러나면서 물결 모양의 흔적을 남겨 놓았다. 그 흔적의 골마다 잊지말라고 사랑의 화석들을 박아 놓아 보석처럼 반짝인다. 또 모래언덕 길섶에는 해당화가 수줍은 시골 색시처럼 반겨주어 더욱 좋다.

 여기 오면 보이는 모래언덕 위에 하얀 집이 있다. 이 집은 해변에서도 사구에서도 잘 보이는데 참 잘 어울린다. 누군가가 찾아와 주길 꿈꾸는 듯한 그리움이 있어 좋다. 오늘은 그 밑 풀밭에 황소 세 마리가 한가롭게 풀을 뜯고 있어 목가적이기까지 하다.

 나이가 들면 혼자 놀 줄도 알아야 한다고 한다. 신두리 바닷가를 혼자 오니 더욱 좋다. 파도가 들려주는 그 다양한 감성들을 오롯이 느낄 수 있으니까 말이다. 그 다양한 감성들로 새로운 상상의 날개를 펼칠 수 있어 오랜만에 가슴 벅차오름을 느낄 수 있었다. 여름엔 뜨거울 테니 가을이 오면 또 오리라. 그땐 또 어떤 감성을 느낄 수 있으려나?

낚시 유감

나는 원래 낚시를 싫어했다. 고향이 남한강 변이어서 어려서부터 낚시꾼을 많이 보았다. 그럴 때면 낚시꾼들이 온종일 찌만 바라보며 쪼그리고 앉아있는 모습을 보면 갑갑했다. 또 꼼짝하지 않고 앉아서 찌만 바라보고 있어야 한다는 것이 굉장히 비효율적이라고 생각했었다. 그래서 아예 낚시를 안 했다. 최소한 그 일이 있기 전까지는 말이다.

1977년 대전에 직장이 생겨 이사오면서 갑자기 생활권이 바뀌다 보니 친구도 없고, 갈 곳도 없어 퍽 외로움을 느껴야 했다. 만나고 대화를 할 상대라고는 직장동료들 뿐이었다. 그 무렵 직장에서 낚시 바람이 불어 너도나도 낚시하기 시작했다. 그렇지만 난 낚시가 싫어서 어울릴 수가 없었다. 마침 낚시를 싫어하는 동료가 있어 같이 천렵을 가기로 했다. 그물을 하나 사서 둘러메고 만년교 다리 밑으로 갔다. 그러나 처음 던지는 그물이 제대로 펴질 리 만무했다. 그런 실력인데도 고기는 잡혔다. 둘이 시작했는데 다음 주에는 셋이 되고 넷이 되어 한 해 여름을 서너 명이 어울려 천렵 재미에 빠져 보낼 수 있었다.

늦여름쯤 총무과 낚시대회를 간다며 낚시광인 과장이 한 사람도 빠지지 말고 가자고 한다. 지금이야 가기 싫으면 안 가도 되는 모양이지만, 그때는 과원이 함께 움직이기로 하면 빠진다는 것은 언감생심 엄두도 못 낼 때이다. 안 갈 수 도 없고 해서 나는 간단하게 일회용 낚싯대와 미덥지 않아 투망을 갖고 갔다.

아니나 다를까 점심에 매운탕을 끓이기로 했는데 고기는 한 마리도 못 잡았다. 결국 내가 투망으로 매운탕 거리를 잡아서 돌아 와보니 내가 던져 놓은 낚싯대가 없어진 게 아닌가! 동료들에게 물어보니 큰 고기가 물어 순식간에 끌고 갔다는 것이다. 아니 고기가 얼마나 크기에 물고 갔을까 싶기도 하고, 날 얕잡아 보고 약을 올렸다 이거지! 이런 오기가 생기기도 했다. 그러나 사실은 모두 낚시에 빠져 있으니까 외톨이가 된 것 같은 기분이 들기도 했었다. 그렇다고 낚시를 왜 하느냐고 큰소리쳤는데 슬그머니 낚시를 시작할 수는 없었던 참이었다. 핑곗김에 과원들에게 한바탕 허풍을 떨고 그 다음 주에 바로 낚시도구를 장만하여 낚시를 시작했다.

새로 산 낚시 가방을 메고 동료들과 처음 낚시 가는 날 한 동료가 이실직고 한다. 그날 낚시에 미끼를 새로 갈아 끼우고 던졌는데 너무 세게 던져 몽땅 날아가 버렸다고 얘기를 하는 게 아닌가! 그렇게 낚시를 하게 된 동기는 내 의지와는 상관없이 오기와 허풍 그리고 거짓말 때문이었다.

평소의 생각과 달리 낚시를 해보니, 나름대로 재미도 있고 동료들과 어울림이 좋아 한동안 낚시에 빠졌었다. 어디를 갈 때 저수지만 보이면 마음이 설렐만큼 낚시광이 되었다. 그때 대청댐이 생겨 주말이면 동료들과 대청호로 가서 낚시를 즐겼다.

어느 날 금요일 저녁에 퇴근하고 몇이 함께 대청호로 낚시를 갔다. 그 당시 대청호는 생긴 지가 얼마 안 되어 낚시터까지 접근하기가 쉽지 않을 때였다. 그날도 처음 가는 곳을 어둠 속에 더듬거리며 도착해 낚싯대를 펴고 미끼를 찾으니 미끼가 없다. 시내 낚시점에서 구매하고는 버스 기다리며 떠들다가 급히 나오는 바람에 그냥 놔두고 왔다. 일행의 미끼를 한꺼번에 봉지에 넣어 놨으니 누군가가 챙기겠지 하고는 그냥 온 것이다.

다시 그 험한 곳을 나와 버스 타고 갔다 올 수밖에 없었다. 그 고생을 하고 낚시를 하는데 일요일 저녁때까지 모두 입질도 못 보았다. 원래는 토

요일 저녁에 나오려 했는데 입질도 못 보다 보니까 하루 더 있자고 해서 일요일까지 있었던 거다. 2박 3일을 꼬박 잠도 제대로 못 자고 있었으니 몰골들이 거지 중에도 상거지였다. 버스를 타니 다른 곳에서 낚시를 한 사람들 살림망에는 몇 마리씩 붕어, 잉어가 담겨 있는 게 아닌가! 낚시하면서 제일 약이 오를 때가 바로 이럴 때다. 내 살림망은 비어 있는데 남의 살림망엔 고기가 후다닥거릴 때 비애(?)를 느끼게 된다.

  그런 최악의 경험을 하고 나니 오히려 낚시의 묘미가 이런 거구나 하는 생각이 들었다. 이제는 어떤 경우에도 낚시의 즐거움을 제대로 느낄 수 있을 것 같았다. 그 뒤로 낚시는 세월을 낚는다고 하는 말이 실감나기 시작했다. 옛날 낚싯대에 미끼로 나무토막을 매달아 낚시를 했다는 강태공이란 사람의 마음마저 알 것 같았다.

  그렇게 낚시의 즐거움을 알아 갈 무렵 회사 낚시회 주최로 낚시대회가 있어 참가하게 되었다. 언제나 낚시를 하러 갈 때는 월척을 기대하는 설렘과 즐거운 맘으로 새벽을 달려가게 된다. 낚시대회는 끝날 때 계측을 하고 크기에 따라 상을 준다. 그런데 상을 타거나 고기를 많이 잡은 사람은 기분이 좋은데 못 잡은 사람은 기분이 상대적으로 안 좋게 마련이다.

낚시는 등산과 달라서 온종일 앉아있으므로 덜 피곤하다. 그래서인가 돌아오는 버스 안에서는 으레 술판이 벌어지게 된다. 그러나 한 차에 타고 가는 사람들의 술 먹는 마음이 갈라진다. 상을 탄 사람들은 기분 좋아서, 한 마리도 못 잡은 사람은 서운해서 술을 마시게 된다. 그 상반된 술 마시는 마음이 문제를 일으킨다. 상을 탄 사람보고 술을 사라거니 안 산다거니 술김에 옥신각신한다.

끝내는 고성이 오가고 버스 안은 아수라장이 된다. 그럴 때 보면 이들에게 낚시는 세월을 낚는 일이 아니었다. 잡았냐 못 잡았냐, 상을 탔느냐 못 탔느냐에 따라 희비가 엇갈리는 중생들일 따름이다.

몇 번 낚시대회에 참가해 보니 강도가 다를 뿐 매번 거의 같은 상황이 벌어진다. 차츰 그런 것들이 추태로 보이기 시작하면서 낯설고 적응이 안 된다. 그도 그럴 것이 그 당시 등산도 가끔 했었는데 등산을 갔다 오면 모두 즐거운 마음뿐이었다. 등산은 힘은 들어도 모두 함께 산 정상을 밟고 왔다는 동질감이랄까 마음이 다 똑같다. 상 받을 일도 없어 낚시꾼들처럼 기분이 엇갈리지 않는다. 그래서 돌아오는 길도 즐겁게 오는 것이다. 등산과 자꾸 비교되고 낚시에 대해 회의적인 생각이 들기 시작했다.

마음에 틈이 생기니 세월을 낚고 있기에는 그 시간이 너무 지루하고 비생산적이라는 생각이 스멀스멀 다시 생기기 시작한다. 무엇보다도 남의 생명을 재미로 빼앗는다는 것이 마음에 걸렸다. 처음에는 매운탕을 좋아해서 약육강식의 자연법칙에 따라 먹으려고 잡는다고 정당화시켰다. 그러나 그것이 핑계일 뿐이란 걸 나의 양심이 알고 있는 한 점점 불편해져 갔다. 아무리 그렇더라도 남의 생명을 뺏는 것을 즐긴다는 것은 자연 윤리에 어긋나는 일이란 생각이 나를 억누른다. 그래서 먹을 놈 몇 놈만 빼고 놓아 주기도 했다. 하지만 그 또한 나의 즐거움을 위해 남에게 고통을 준다는 것에 썩 내키지 않는 행위일 뿐이었다. 낚시는 내게 결코 푹 빠져들 수 있는 취미가 못 된다는 것을 깨달았다.

남들이 즐기는 낚시마저 폄하할 생각은 없지만, 아무튼 나는 내 의지와 상관 없이 낚시를 시작했고 내 의지로 그만두었다. 지금도 낚시를 그만두길 잘했다고 생각한다. 낚시와 멀어졌기 때문에 사진 찍는 취미를 찾았고 깊이 빠져 지금까지 즐기고 있으니 말이다.

3부 / 그들이 바로 평화

한여름 밤의 축제

내가 그분의 위대한 축제를 보기 위해서는 3년의 세월이 필요했다. 어느 날 인터넷을 검색하다가 우연히 한여름 밤의 축제 사진을 보았다. 마치 아무에게나 보여 줄 수 없는 성스러운 축제장을 훔쳐보는 것 같았다. 긴 인고의 시간을 보내고 각고의 노력과 고통 끝에 껍질을 벗고 나오는 그분의 변신은 축복이요 장엄한 축제였다. 옳거니 나도 한 번 저 장엄한 축제에 초청장을 받고 정식으로 구경하는 기쁨과 영광을 누려보리라.

그 뒤로 여름만 되면 열심히 찾았다. 그러나 그분의 초대장은 내게 그렇게 쉽게 건네지지 않았다. 그러면 그렇지 그 멋진 광경을 아무에게나 호락호락 보여줄 리가 만무하지. 그분만의 축제는 거룩하고 성스러워 은밀한 시간과 장소에서 개최해야 할 것인즉, 어찌 훼방꾼이 있을쏜가? 결국 나는 훼방꾼일 수밖에 없는 주제에 내 맘대로 초대장을 받겠다고 설쳐대고 있었던 거다. 몇 년을 아침에 보면 축제 흔적만 있고 밤에 지켜보면 안 보이고를 반복하면서 초대장 받기를 진심으로 원한다는 간절함을 그분에게 보여야만 했다.

물론 작정하고 살펴보면 찾을 수야 있었겠지만 무리해서 쳐들어가던지 몰래 훔쳐보고 싶지 않고 정식으로 초대장을 받아 구경하고 싶었기 때문에 3년이 걸렸는지도 모른다. 어쨌든 기회 있을 때마다 살펴보다가 지난여름 드디어 땅속에서 7년여의 은둔 생활을 마치고 나와 축제장으로 가는 그분에게서 초대장을 받았다.

그런데 눈이 안 보여 그러는가 엉금엉금 축제장이 아닌 다른 곳으로 간다. 7년의 암흑 속 인고의 시간을 견디어 냈으니 그럴 법도 하거니 생각하여 얼른 축제장이 있는 나무 밑에 갖다 놔주고는 함께 축제를 즐길 준비를 하기 시작했다.

재빨리 카메라를 갖고 나오니 그새 어디론가 사라지고 없지 않은가? 아뿔싸! 이런 변이 있나? 금방 있던 그분이 눈도 없는데 어디로 사라졌단 말인가? 내가 뭘 잘못했기에, 아니, 아직 그걸 볼 자격이 없다는 말인가? 조금 전에 나무에다 내가 옮겨다 준 것을 떠올리며 '아! 내가 실수를 했구나.' 하고 반성을 했다. 가만히 그분이 가는 대로 내버려 둘 걸. 도와준답시고 나무 밑에 갖다 놔준 것이 필경 잘못된 것이다. 자연은 자연대로 그냥 내버려두어야 하거늘 어찌 방정을 떨었단 말인가? 후회막급이다. 주위를 아무리 두리번거려도 보이질 않는다.

그렇다고 마구 뒤질 수도 없는 것이 그러다 풀숲 어딘가에 있을 그분을 나도 모르게 밟기라도 한다면 이건 더 큰 낭패가 아니겠는가! 결국 포기하고 집으로 들어왔다. 그러나 마음속에 남아 있는 아쉬움을 어찌하랴? 잠시 후 손전등을 들고 또 나가보니까 나무 위로 열심히 기어오르며 그분이 다시 초대한다. 밟을까 봐 포기했던 것이 복을 지은 것인가? 다시 촬영 준비를 한다.

촬영 준비를 하면서 그분에게 몇 번이나 고맙다고 인사를 했는지 모른다. 그만큼 마음이 설레었고 기대가 컸다. 실수하지 않기 위해서 시험촬영도 해보고 여러 가지 바쁘게 촬영 준비에 들어갔다.

잠시 후 그분이 기어오르던 동작을 멈추었다. 드디어 성스러운 축제를 펼칠 모양이다. 그렇게 20여 분이 지나니까 등쪽이 불룩하게 솟아오르면서 갈라지기 시작한다. 마치 시계의 시침처럼 움직이는 것은 안 보이는데 분명히 움직이고 있다. 그렇게 속에서 또 다른 그분이 서서히 모습을 드러내는데 말로는 표현할 수 없는 신비로움 그 자체다.

등이 벌어지기 시작한 지 30여 분만에 새로운 몸이 완전히 직각이 될 정도로 분리가 되고 꽁지 쪽만 원래 몸에 박힌 채 서서히 날개가 펴지기 시작한다. 신기한 것은 몸뚱이야 어떻게든 나올 수 있다지만 다리는 마디마디 꺾여있는데 어떻게 빠져나올 수 있었을까? 탈피를 하면서 몸이 다 빠져나오고 꽁지쪽만 조금 남아 있어 껍데기에서 분리되어 떨어질 것 같은데 안 떨어진다. 또 나무에 발톱을 어떻게 고정했기에 껍데기만 남았는데 역시 안 떨어진다. 90도가 넘는 자세로 있으면서 날개가 서서히 펴지기 시작한다. 13분 만에 반쯤 펴더니 몸이 위로 들어 올려 다리로 껍데기를 잡고는 꽁무니를 쏙 뺀다.

그때 어디서 나타났는지 민달팽이란 놈이 위에서 어슬렁어슬렁 기어 내려오는 것이 아닌가? 순간 저 훼방꾼을 못 오게 막을까 말까 고민이 됐다. 그러다 아까 실수한 것이 생각이 나서 내버려 두었더니 그냥 다리 사이로 계속 직진하여 지나간다. 그걸 보면서 참으로 나 자신이 얼마나 우매한지 또 깨닫는다. 나 같으면 '어 이놈 봐라' 하면서 툭 건드려 떨구든지 어떤 방법으로든 훼방을 놓았을 텐데 전혀 관심 없다는 듯 그냥 지나가 버렸기 때문이다.

완전히 몸이 탈피되어 다리로 껍데기를 잡고 있는데도 끄떡없이 붙어 있다. 부지런히 날개가 펴지면서 커지더니 꼬깃꼬깃하던 날개가 다리미로 다린 것처럼 쫙 펴졌다. 금세 이렇게 멋지게 날개를 만들어 내다니… 연녹색의 무늬가 있는 투명한 날개가 신비스럽고 참 아름답다.

11시 52분에 시작된 한여름 밤 위대하고 장엄한 그분의 축제는 1시간 18분만인 1시 10분에 끝났다. 처음 땅에서 나와 기어갈 때는 몸에 흙도 묻고 볼품이 없더니 눈은 까맣고 갈색 몸매에 푸른 투명한 날개가 참으로 아름답다. 짧지만 화려한 그분의 앞날을 예고하는 듯 정말 예쁘다.

인간이 이런 과정을 거쳐서 나쁜 마음을 가진 자가 그 더러운 껍질을 벗어 던지고 인간 본연의 착한 마음으로 바뀔 수 있다면 얼마나 좋을까? 엉뚱한 생각을 잠시 해본다.

　내 생각으로는 그 우화의 과정이 대단한 아픔일 것 같다. 마디마디 다리를 빼내야 하고 등을 찢어 또 다른 몸을 만들어 내는데 어찌 아픔이 없을까? 과연 그분은 아픔의 고통을 참고 견디어 내는 걸까? 아니면 그런 고통이 없는 걸까? 또 한 시간여 만에 매미의 완전한 모습으로 탈바꿈할 수 있다는 것이 참으로 신비롭다. 우리가 조금만 다쳐도 아무는데 며칠이 걸리는데 어찌 저렇게 빨리 바뀔 수가 있을까? 자연의 신비롭고 성스러움이 답을 알 수 없는 물음으로 자꾸 늘어간다.

　오늘의 축제를 벌이기까지 그분은 여치한테 속아 눈을 빼준 뒤로 눈도 없이 7년을 땅속에서 꼬부리고 산다고 한다. 그런 다음에야 땅 밖으로 나와 우화하고 겨우 한여름도 아닌 20여 일을 살면서 열심히 짝짓기해서 알

을 낳아야 하는 아주 바쁜 마지막 생을 살아야 한단다. 수컷은 성악가인데 암컷은 음치란다.

　20일을 위한 축제를 마치고 천천히 나무 위로 올라가는 아름다운 그분을 바라보며 한 가지 가르쳐 주었다. "오늘 당신의 축제를 보게 해준 고마움의 보답으로 한 가지 알려 줄 게 있습니다. 이 칠흑의 밤이 지나고 나면 눈부시게 찬란한 태양이 뜨며 아침이 옵니다. 평생 못 봤던 찬란한 빛이 당신에

3부 그들이 바로 평화　——121

게 무한한 축복을 내려줄 것입니다. 당신은 그 축복을 누릴 충분한 자격이 있습니다. 또 그 햇빛이 비치는 세상은 또 얼마나 아름다운지 당신이 보면 놀랄지도 모르겠습니다. 하지만 그 세상 또한 당신을 환영하고 당신에게 희망을 전해 줄 것입니다. 그 축복과 희망을 마음껏 누리기를 바랍니다."

어린 고양이 4형제

"여보! 빨리 와봐요."

뒤꼍에서 다급한 아내의 부름에 달려가 보니 광에 고양이 한 마리가 죽어 있는 게 아닌가? 그 옆에는 눈망울이 초롱초롱한 새끼 네 마리가 빤히 쳐다보고 있다. 빨간 플라스틱 그릇에 담겨 있는 새끼들은 우리를 보자 애처로운 눈망울로 '아저씨 우리 엄마가 죽었어요. 우리 어떻게 해요?' 라고 말하는 것 같았다.

이런 난감할 데가 있나. 어쨌거나 어미가 죽었으니 죽은 놈은 묻어 줘야겠기에 동구 밖에 나가 외진 풀숲을 깊이 파고 묻어 주었다. 묻고 돌아오는데 옆에서 보던 아내가 말한다.

"아니 모두 막혔는데 어떻게 광으로 들어왔을까?"

그러고 보니 예사롭지 않다. 분명 광에서 새끼를 낳아 키운 것은 아니다. 왜냐하면 광이라고는 하지만 크지도 않고 수시로 들락거리는 곳이라 새끼를 낳았다면 알았을 것인데 전연 몰랐으니 말이다.

그런데 광에 들어와 그것도 사람이 해 놓은 것처럼 그릇에 자전거 닦는 걸레를 깔고 네 놈이 들어앉아 있으니…. 분명 어미가 죽기 전에 새끼들을 여기다 물어다 놓은 것이 분명하다.

자세히 살펴보니 광 창문을 막아 놓은 철망이 다 낡고 망가져서 아내가 기왓장으로 막아 놨다는데 그걸 밀치고 광으로 들어온 것이다. 그 어려움을 무릅쓰고 한 놈 한 놈 물어다가 거기다 놓고 결국 자기는 옆에서 죽은 것이다. 어미가 죽기 전에 우리에게 새끼를 맡겨 놓고 죽은 것 같다. 여기까지 추리를 하다 보니 어미의 그 지극한 사랑이 나를 눈물겹도록 감동케 한다. 사람이나 동물이나 자식을 사랑하는 마음은 지고지순한가 보다.

돌아와서 새끼들을 살펴보려고 만지려 하는데 캭~하고 이빨을 드러내며 경계를 하는 것이 아닌가. 정나미가 똑 떨어진다. 주택에 살다 보니 야생 고양이의 폐해에 수시로 시달리고 있다. 어떨 때는 집 천장에다 새끼를 낳아 난리를 치기도 하고, 쓰레기통을 뒤지다가 쓰러트리고 흩트려 놓기도 한다. 또 마당 잔디밭에 실례를 하는 통에 수시로 치워야 한다. 꼭 죽은 놈이 그 놈인지는 몰라도 야생 고양이들 때문에 골치를 썩이고 있던 터다. 그래서 정이 갈 리 만무한데 딱하고 안 돼 보여서 보살펴 주려 하는데도 어린것이 야성을 드러내다니 이런 고약한 놈들을 봤나.

아내에게 이걸 어찌할 건지 의견을 물으니 뒤에 공원에 갖다 놓으면 누군가가 갖고 갈 것이니 갖다 놓으란다. 어차피 내가 키울 것은 아닌 바에야 그것도 좋을 듯하다. 그 말에 따라 공원 잘 보이는 곳에 갖다 놓고 돌아오는데 뭔가 찝찝하고 많은 생각이 스친다.

'눈은 떴지만 아직은 어리고 바짝 말라 누군가가 거두지 않으면 굶어 죽을지도 몰라. 아무리 보기 싫어도 그것도 생명인데 좀 먹여서 내다 놓을 걸 그랬나? 분명 어미가 죽을 힘을 다해 광에 물어다 놓고 죽은 것은 우리에게 새끼들을 맡겨 놓으려 한 것 같은데…'

마음이 석연찮아 그런지 순간적으로 많은 생각으로 머리가 복잡해진다. 그러다 문득 동물보호소 생각이 떠올랐다.

"그래 맞아, 거기다 갖다주면 될 거야."

예까지 생각이 미치자 나도 모르게 발길이 돌아서져 고양이 4형제를 다시 들고와 아내를 부르니 왜 도로 갖고 왔냐고 추궁한다. 동물보호소에 맡기자고 얘기하니까 좋은 생각이란다. 보낼 때 보내더라도 우선 뭣 좀 먹여

야겠다고 하니까 우유를 갖고 온다. 좀 먹이라 해 놓고 인터넷을 검색해본다. 다행히 가까운 곳에 동물보호소가 있다. 전화하니 안 받는다. 몇 번 시도를 해봐도 안 받는다. 궁리 끝에 동사무소로 걸었더니 자기네가 연락해서 사람을 보내겠단다.

자세히 보니까 얼핏 봤을 때는 몰랐는데 젖도 제대로 못 얻어먹었는지 뼈만 앙상하다. 까칠한 것이 더 약해 보이고 건강 상태가 엉망인 것 같다. 하긴 어미가 죽을 정도면 어미가 병에 걸렸든가 아니면 늙어서 죽을 때가 되어서 죽었을 것이다. 어떻게 죽었든 간에 젖을 제대로 먹일 상황은 아니었을 터이다.

우유를 세 놈은 잘 먹는데 한 놈이 영 안 먹는다. 그래도 둘이서 억지로 먹인다. 인공 젖꼭지라도 있으면 좋으련만 그런 게 없으니 입을 벌리고 숟가락으로 떠서 먹인다. 한참 걸릴 줄 알았는데 동물보호소 직원이 20여 분만에 왔다.

　동물보호소 직원도 보더니 역시 영양상태가 아주 안 좋다고 한다. 동물보호소 직원이 갖고 가는 것을 보면서, 잠시나마 버리려 했음에 새끼들한테 미안하기도 하고 안심도 되어 마음이 홀가분해진다. 옆에서 아내도 나와 눈이 마주치자 싱긋 웃는다.

그들이 바로 평화

10여 년 만에 다시 철원을 찾는다. 철새를 찍기 위해 지인들과 함께 새벽 4시에 유성 월드컵경기장에서 모여 출발한다. 서울까지는 중부고속도로를 타고 잘 갔는데, 한강 다리를 건너서부터는 어떻게 갔는지 모르겠다. 그냥 내비게이션의 아가씨가 일러주는 대로 따라갔기 때문이다.

요즘은 두 여자의 말만 잘 들으면 된다는 말이 있다. 아내와 내비게이션 아가씨의 말이다. 초행길이라도 어디로 어떻게 가는지 모르지만 시키는 대로 가면 분명 목적지가 나오니 신기하다. 옛날에는 지도를 들고도 잘 찾아다녔었다. 그러나 요즘은 지도 갖고는 안 된다. 하도 새 길을 잘 만들어놓으니 아무리 최근 지도라 해도 없는 길이 많다. 특히 서울 근처는 더하다. 옛날 생각으로 찾아가다가는 헤매기에 십상이다. 그러나 내비게이션은 업데이트를 통해 그것을 금방금방 고쳐 놓으니 참 좋은 세상이다. 서울서 포천까지는 고속도로가 생겼고, 철원까지도 길이 잘 정비되어 고속도로 같다. 10여 년 전에 갔던 길로 안 가고 새로 난 길로만 간다.

철원읍으로 간다고 갔는데 도착해보니 동송읍이다. 집에 와서 검색해보니 동송읍, 철원읍, 갈말읍이 서로 붙어 있다. 게다가 동송읍과 철원읍은 한동네를 갈라놓아서 읍사무소가 한동네에 있다.

철원에 가면 곳곳에 철조망과 빨간 삼각형 팻말에 쓰여 있는 '지뢰'라는 두 글자를 흔히 본다. 그리고 길가에 툭 치면 쓰러질 것 같은 시멘트로 만든 구조물들, 길목마다 있는 초소에 군인들이 총을 들고 서 있다. 여기가 북

한과 가까운 곳이라는 걸 실감하게 된다. 요즘 얼토당토않게 불어 닥친 평화 타령에 좀 분위기가 부드러워졌나 싶었는데 꼭 그런 것만은 아닌 것 같다. 그래도 점심을 먹으려고 들른 음식점 주인은 땅값이 많이 올랐다고 한다.

점심을 먹고 일단 이길리 한탄강 철새도래지 관찰소로 간다. 그 전에 왔을 때는 군에 허락을 받고 새를 쫓아 이길 저길 돌아다니며 찍었었다. 하지만 요즘은 탐조를 할 수 있게 한탄강 가녘에 관찰소 4개 동을 지어 놨다. 문을 열고 들어가니 몇 분이 카메라를 펼쳐 놓고 열심히 찍고 있다. 우리 일행도 조용히 카메라를 꺼내 새들에게 정조준해서 초점을 맞춰본다. 그러나 눈도 없고 새들도 그리 많지 않다. 또 내 카메라로 찍기에는 좀 멀다. 그래도 열심히 날아가는 새를 쫓아보지만 어떻게 담아내야 할지 난감하다.

결국 일찍 철수한다. 미리 정해 놓은 숙소로 가면서 직탕폭포를 가보았다. 철원의 나이아가라 폭포라고 할 만큼 수량도 많고 넓은 강을 가로질러 있어서 높지는 않아도 볼만한 폭포다. 그러나 여기도 얼음이 얼어 그림이 안 좋다.

철원읍에서 자고 다음 날 아침에 늦게 나왔는데 산이 가까이 있어 그런지 그때서야 해가 산을 넘어온다. 산을 넘는 아침노을을 바탕에 깔고 기러기 떼가 줄지어 날아가며 그림을 그린다. 고니들은 아직 안 오고 두루미들은 오늘도 저만치서 사진 찍히기를 거부하며 초상권을 지키고 있다.

아침의 한탄강은 부산하다. 일찍 출근한 청둥오리 떼들은 아침 운동이라도 하는 듯 수시로 날아오르며 날갯짓을 해댄다. 또 물 위에 있는 놈들은 세수하는지 연신 물속에 머리를 담갔다 뺐다 하기도 한다. 고니나 두루미와 다르게 잠시도 가만히 있지를 못한다. 그런가 하면 한 무리가 먼지를 일으키며 후루룩 날아오르면 모두 고개를 바짝 곤추세우고 경계 태세에 들어간다. 그런 경우가 수시로 생기는데 그럴 때마다 항상 똑같이 반응한다. 저 놈들도 여기가 살벌한 지역인지 알아 민방공훈련을 하는가 보다.

재미있는 것은 청둥오리들은 날아와서 착지할 때, 물 위나 얼음 위에는 자연스럽게 미끄러지며 내려앉는데, 땅 위에 내려앉을 때는 고꾸라지기 일쑤다. 내려앉을 때의 속도는 빠른데 다리가 짧다 보니 감당이 안 되는가 보다. 두루미는 긴 다리로 겅중겅중 뛰며 잘도 착륙하는데 청둥오리는 그게 안 되는 거다.

착륙할 때마다 고꾸라지며 곤두박질을 치는 모양을 보니 조물주가 실수한 것 같아 웃음이 난다.

그런가 하면 고니의 착륙은 정말 우아하다. 마치 커다란 여객기가 내려오듯 서서히 내려오면서 다리를 앞으로 내밀고 발가락은 쫙 편다. 그러고는 물 위에 수상스키 타듯 물결을 가르며 내려앉는다. 얼음 위에 내릴 때도 똑같은 자세로 미끄러지며 착륙을 한다.

두루미는 날아갈 때 보면 정말 멋있다. 긴 목은 앞으로 긴 다리는 뒤로 수평이 되게 펴며 일직선이 되어 공기 저항을 최소화한다. 줄지어 부드러운 직선을 그으며 날아가는 모습을 보면 어느새 내 마음도 따라 날아가고 있다.

아침 10시쯤 트럭 한 대가 강가로 오더니 새 먹이를 강변에다 뿌린다. 옳 거니 이제 새가 좀 오겠거니 했는데 웬걸 내가 바라던 고니나 두루미는 안 오고 청둥오리들만 모여든다. 그런데 한쪽부터 질서정연하게 먹어 들어온다. 훅 날아와 여기저기 앉아 쪼아 먹을 줄 알았는데 신기하게도 한쪽부터 차근차근 먹어들어 온다. 이것도 자연의 법칙인가보다. 집에서 기르는 닭이나 오리들은 우르르 몰려가 아우성을 치면서 쪼아 먹는데, 저렇게 질서정연하게 행동하다니 감탄사가 절로 나온다. 처음 보는 이런 모습이 참으로 아름다워 보여 사진 찍을 생각도 잊은 채 한참 바라만 본다.

망원렌즈로 찍은 사진을 뷰어로 보는데 이상한 것이 발견된다. 고니가 몇 마리 앞에서 놀고 있는데 한 놈의 목에 링 같은 게 감겨 있는 것이다. 그것도 헐겁게 감긴 게 아니고 꽉 끼어서 그곳이 잘록하게 돼 있다. 그래도 아무렇지 않게 움직이는 걸 보면 괜찮긴 한가 본데 가서 빼내 줄 수도 없고 해서 사진 찍는 내내 신경이 쓰인다. 어쩌다 저런 것을 목에 걸게 되었을까? 그냥 바라만봐야 하는 내 마음이 안타깝다.

이곳에 올 때마다 느끼는 것이 있다. 긴장감이 절정인 곳에 아주 평화로운 두루미를 비롯한 철새를 만날 수 있어 긴장과 평화가 공존한다는 아이러니이다. 철새들이 아무런 거리낌 없이 이 살벌한 곳을 유유히 날아다니는 걸 보면 묘한 감정을 느끼곤 한다. 끼룩거리며 북쪽으로 날아가고 날아오는 것을 보면서 나도 새가 되면 얼마나 평화롭게 살까? 하고 부럽기까지 하다.

파란 하늘을 가르며 날아다니는 새들이 인간에게 '평화는 이런 거다'라고 가르쳐 주는 것 같다. 그 평화로운 대지를 갈라놓고 그것도 모자라 철조망까지 쳐놓고 대치를 하고 있으니 딱한 노릇이다. 그것도 한민족끼리 이 불행이 언제까지 가야 하는지 또한 안타깝다. 고니 목에 걸린 링을 내가 어쩔 수 없듯이 이 또한 내가 어떻게 할 수 없는 걸까? 전에 왔을 때도 그랬는데 여기 와서 북쪽 하늘을 바라보면 파란 하늘로 안 보이고 한숨만 나온다.

아무리 인간이 철조망을 치고 갈라놓아도 새들은 평화를 만들 것도 없고, 갈구하지도 않을 것 같다. 그들이 바로 평화였다. 한나절 관찰소에 앉아 새들을 바라보며 한 수 배운다.

동강할미꽃을 탐하다

나는 몇 년째 새봄이 오면 들꽃을 찾아다니는 재미에 빠져 있다. 개별꽃, 알록제비꽃, 매화말발돌이, 남산제비꽃, 귀룽나무꽃은 작년 홍천 수타사계곡에서 만난 들꽃들이다. 야산에 흔한 꽃들이지만 나는 처음 이름을 알고 자세히 보았다. 이름도 모르고 그냥 무심코 지나치면 안 보이는 꽃들, 마음을 써서 자세히봐야 보이는 꽃이 들꽃이다.

산길을 걸으며 숲속을 자세히 들여다보다가 작고 예쁜 꽃을 만나면 그렇게 반가울 수가 없다. 엎드려서 사진을 찍는데 어떻게 하면 잘 담아낼 수 있을까 하는 생각뿐이다. 그리고 이름을 찾아보고 꽃말이나 생태적인 것을

알아본다. 핸드폰에서 앱을 열고 사진을 찍으면 즉시 이름을 알려 준다. 그렇게 들꽃을 알아가면서 친해질 수 있음이 정말 좋다.

올봄에도 들꽃을 찾아다니려고 한다. 그 시작을 작년에 처음 봤던 동강할미꽃을 보러 가기로 했다. 아침 6시에 아내와 출발해서 고속도로를 달려가다가 제천에서 빠져나온다. 제천을 지나면서 산은 높아지고 계곡은 점점 깊어진다. 공기의 질이 달라졌다는 느낌이 들어 차창을 열고 달린다. 차창으로 들어오는 찬 바람이 전혀 싫지 않다. 봄기운이 완연하다. 가슴이 시원하고 상쾌해지는 게 코로나로부터 해방된 것 같아 더욱 좋다.

평창군 미탄면 백운산 자락 뼝대(절벽의 강원도 사투리) 바위틈에 사는 동강할매는 아직 기침(起枕)하지 않으셨다. 깊은 산중이라 해가 산등성을 넘으려면 시간이 꽤나 필요한 게다. 동강할미꽃은 해님이 깨워줘야 일어나 밤새 오므렸던 꽃잎을 연다. 꽃이 있는 자리는 햇볕이 아직이니 어쩌랴 깨울 수도 없고 기다려야지. 나는 동강할매가 기침하실 때까지 기다릴 양으로 아내를 차 있는 곳으로 보내고 바위에 걸터앉아 동강을 바라본다.

점점이 떠가는 거품들이 그려내는 강물의 흐름이 멋지다. 강 한가운데는 바삐 길을 재촉하며 흐름을 주도하는 도도한 흐름이 있고, 뱅글뱅글 돌며 여유롭게 노는 흐름도 있고, 갈 길을 못 정해 하릴없이 이러지도 저러지도 못해 왔다갔다 하는 흐름도 있다.

한참 흐르는 강물과 놀다 보니 햇볕이 퍼져 꽃들이 다 깨어났다. 동강할미꽃은 강원도 정선, 영월의 동강 가의 뼝대 석회암 바위틈에 뿌리를 박고 산다. 뒷동산 무덤가에 피는 할미꽃보다 좀 투박하다고 할까? 덜 세련돼 보이는 글자 그대로 산골 할머니 같은 꽃이다. 또한 고개를 숙이지 않은 모습은 고고하고 추위를 이겨내는 강인함을 느낄 수 있다. 그리고 이른 봄부터 잎이 나고 꽃을 피우기 위해서인가 하얀 솜털이 많다. 또 밤이면 꽃을 오므렸다가 햇살이 퍼지면 벌어진다. 추위를 견뎌 내며 꽃을 피워내자니 어

3부 그들이 바로 평화 — 133

쩔 수 없는 생존방식일 것이다.

　자연적이다는 것은 모든 것들이 서로 가장 잘 어울리는 곳에 함께 있다는 것이다. 처음 동강할미꽃을 봤을 때 그걸 느낄 수 있었다. 동강, 뼝대, 바위, 꽃샘바람, 보드라운 봄 햇살, 그리고 동강할미꽃의 어우러짐, 이런 것을 어찌 인간이 만들 수 있겠는가?

　또 자연은 절대 공평하다. 잘남도 못남도 없게 어우렁더우렁 함께 살아가게 한다. 자연은 동강할미꽃 한 송이 피워내기 위해 겨우내 동강은 자장가를 불러 주게 했고, 바위는 가슴으로 품어 주게 했을 것이다. 햇살은 한 줄기 따사로움으로 감싸주게 했고, 바람은 제일 먼저 봄소식을 전해 주도록 했으리라. 이 얼마나 정감 넘쳐나는 아름답고 대견스러운 정경인가!

　사진에 그 아름다운 정경을 제대로 담아낼 수 없는 자신이 한없이 작아진다. 그런데 더 작아진 이유가 또 있다. 작년에 처음 이곳에 와서 촬영하는데 지난해에 자랐던 잎이 덤불이 되어 붙어 있었다. 사진 찍는데 지저분해 보여 뜯어내려하니까 옆에서 촬영하던 분이 그러지 말라고 말린다. 그 덤불이 수분을 머금고 있다가 새로 나온 싹에 수분을 공급해준다며 뜯어내면 안 된다고 알려준다. 어찌나 민망하던지 동강할미꽃에 한참 잘못했다고 빌었었다. 동강할미꽃에 관해 공부를 조금 하고는 왔는데 이것은 몰랐다. 미처 깨우치지 못한 배움이 있다면 혼나면서도 배워야 한다.

　동강할미꽃은 전 세계에서 오로지 동강에만 있다. 동강 석회암 뼝대 바위틈에 뿌리를 내리고 꽃대를 구부리지 않은 채 꼿꼿하게 하늘을 바라보고 핀다. 동강할미꽃의 학명(Pulsatilla tongkangensis Y.N. Lee et T.C. Lee)에 서식지인 동강이 표시된 특별한 꽃이며, 정선군의 군화(郡花)이기도 하다. 지난 1997년 식물사진가 김정명 씨가 발견하여 알려졌다. 이후 한국식물연구원 이영노 박사의 연구 결과 동강할미꽃은 동강 지역에서만 발견되는 한국 특산 식물임이 밝혀지면서 지역명인 동강을 붙여 세계 학계에 공식 발표

했다. 동강할미꽃의 꽃말은 청순한 마음, 고백 못한 사랑, 슬픈 추억, 사랑의 배신, 사랑의 굴레, 충성 등 다양하다. 꽃말은 누가 짓는지 내가 보는 느낌과 다르게 좀 슬프다.

 올해는 동강할미꽃 개체 수가 적다. 작년 여름 큰물에 쓸려 떠내려갔나 보다. 동강할미꽃을 고단하게 만드는 것은 무엇일까? 여름에 큰물이나 겨울의 혹한일까? 그보다는 우리나라 기온이 자꾸 올라간다는데 그 영향일 수도 있겠다. 그러나 그런 것은 자연의 현상으로 충분히 단련되고 극복할 수 있을 것이다. 그것보다는 인간에게 발견되면서 받는 고난이 더 큰 스트레스일 것 같다. 특히 나처럼 어설프게 사진 찍는다고 덤불을 걷어내려 드는 몰지각한 사람 말이다. 올해는 특별히 조심한다고 했지만, 동강할미꽃을 많은 사람이 좋아해 축제까지하며 몰려오니 안타깝다. 멸종위기의 우리나라 고유종인데 서로서로 아끼고 조심해서 잘 보존해야겠다. 그런 소망을 가져 보며 촬영을 마치고 돌아섰다.

 주차장에 오니 그새 아내는 동강 가에서 냉이를 많이 캤다. 여기는 추워서 그런지 뿌리가 실해서 좋다고 자랑이다. 정말 뿌리가 살이 통통하니 무척 길고 튼실하다. 그날 집에 돌아와 저녁에 냉잇국을 맛있게 먹을 수 있었던 것은 동강이 내게 덤으로 준 또 하나의 귀한 선물이었다.

이끼 폭포 촬영기

 무건리는 강원도 삼척시 도계읍에 있다. 그곳에 가면 이끼 폭포라는 정말 아름다운 비경이 있어서 사진가라면 꼭 한번 가보고 싶은 곳 중 하나이다. 요즈음은 꽤 알려져 일반 관광객도 많이 찾는다고 한다. 하지만 십수 년 전에는 가기가 만만치 않아 입구까지 갔다가 못 가보고 만 곳이다. 쉽게 생각하고 갔는데 시간과 여건이 여의치 않아 돌아섰었다. 그동안 몇 번 갈 기회를 찾았지만, 태풍으로 이끼가 손상되어 통제되기도 하고 이런저런 사정으로 못 갔었다. 올해 인터넷에 올라오는 사진을 보니까 이끼가 아주 좋다. 또 며칠 전 TV를 보니 그곳에 사람도 살고, 가는 길을 잘 정비해 놓았음을

알게 되었다.

갈만한 회원들에게 전화해서 꼬드긴다. 휴일에 가면 오는 사람들이 많을 것 같아 일부러 평일인 수요일에 가기로 한다. 장마 같지 않은 장마가 지나가고 내리쬐는 태양의 열기가 대단한 지난 7월 중순 새벽 4시에 출발한다.

사실 대전서 무건리를 간다는 것은 꽤나 먼 길이다. 인터넷으로 검색해 보니 우리 집에서 시내를 관통하면서 회원들을 태우고 무건리까지 가는데 286km로 4시간 반이 걸린다. 1박을 하며 가야 하는데 회사 다니는 사람이 있어 당일치기로 새벽 4시에 출발한다. 그렇게 출발하자면 나는 3시 반에 일어나 준비해야 한다. 전날 밤 10시쯤 샤워를 하고 자려고 누웠는데 땀이 비 오듯 한다. 그렇게 자는 둥 마는 둥 설치고 핸드폰 알람 소리에 일어나 부지런히 세수하고 출발한다.

출발하면서 걱정된다. 잠을 설친데다 하루 종일 운전해야 하는데 졸음이 올까 봐서다. 젊었을 때는 몰랐는데 요즘은 잠을 좀 설치면 장거리 운전에 부담이 된다. 어쨌든 출발하여 새벽길을 달려가는데 음성쯤 가니 벌써 해가 뜬다. 경부, 중부를 타고 진천에서 제천 가는 고속도로를 타고 제천, 태백을 거쳐 38번 국도를 따라 삼척 쪽으로 가다가 하고사리에서 들어간다.

그동안 사진 찍으러 전국에 안 가본 곳이 없을 정도로 참 많이도 돌아다녔다. 요즘은 내비게이션이 있어 좀 쉽지만, 내비게이션이 없을 때는 지도책 하나 들고 다녔다. 멀고 가깝고 기간이 길든 짧든 상관없이 돌아다녔다. 퇴직하고는 혼자서도 어디가 좋다 하면 달려가곤 했다. 하지만 70이 넘은 나이에 당일치기로 이곳까지 온다는 것은 내가 생각해도 대단하다. 또 그런 늙은이가 운전하는 차를 아무런 거리낌 없이 타는 회원들도 그렇다. 사진이 뭐기에 하는 생각에 웃음이 난다.

이끼 계곡은 차를 갖고 들어갈 수가 없다. 하고사리에서 한 10여 리 들어가면 차를 세워놓고 걸어가야 한다. 걸어가는 길은 또 십여 리를 산을 넘어

가야한다. 차 다닐 수 있는 길은 있지만 거기 사는 주민들만 들어갈 수 있단다. 차를 세우고 보니 주민인 듯한 분이 트럭을 입구에다 세워놓고 있다. 들어갈 방법에 관해 이야기를 주고받다가 그 차를 얻어 타고 가기로 한다. 트럭 짐칸에 앉아 가는데 비탈이 심하고 어찌나 덜컹거리는지 무척 긴장하며 타고 간다. 길 밑을 보니 까마득하다. 아찔하여 쳐다볼 수가 없다.

문득 십수 년 전에 여기 왔다가 못 들어가고 되돌아섰을 때가 생각이 났다. 되돌아가면서 검룡소를 갈 요량으로 지도를 보니 고사리에서 바로 가는 길이 있기에 들어섰다가 혼난 적이 있다. 길은 지금처럼 좁은 산길로 고랭지 채소밭을 가기 위해 닦아놓은 길로 엉망이었다. 비탈이 어찌나 심한지 차가 멈추면 다시 올라갈 수 없을 것 같았다. 또 갈지자(之)로 어찌나 구부러져 있는지 핸들을 급하게 돌려대야 한다. 그렇게 정신없이 산을 넘어 검룡소 가는 큰길을 만나니 일행들이 그제야 긴장을 풀며 죽는 줄 알았단다. 나도 차를 세워놓고 한참 긴장을 풀어야 했다. 그때 같이 갔던 회원이 지금 짐칸에 함께 앉아있는데 그때 이야기를 해서 둘이 똑같은 생각을 했다며 웃었다. 그때는 그래도 젊어서 가능했지만, 지금은 운전해서 올라가라고 해도 못 갈 것 같다.

그렇게 산 고개를 넘어 한참을 내려가더니 차를 세우며 다 왔단다. 내려서 보니 운전해준 분의 집이 길 아래 있다. 도시 사는 사람들은 병원도 없고, 가게도 없는 산골에서 어떻게 사느냐 하지만 이런 곳에도 사는 사람이 있다. 여기 들어 온 지 7년이 됐다고 한다.

거기서 조금 걸어가니 가판대가 보인다. 나중에 알고 보니 그곳에서 부인과 장사를 하고 있었다. 또 조금 더 가니 무건리 분교 옛터라는 팻말이 보인다. 이 산골에 분교가 있을 만큼 사람이 많이 살았나 보다. 이끼 폭포로 내려가는 길은 데크로 계단도 돼 있고 길에는 야자수 껍질로 만들었다는 깔개가 깔려있어 걸어가기가 편하다.

내려가다 보니 철망을 치는 공사를 몇 명이 하고 있다. 생나무에다 굵은 와이어를 네다섯 줄씩 연결하여 묶는 공사가 한창이다. 그리고 옆에는 철망이 접힌 채로 놓여 있다. 등산객의 안전을 위해 산 짐승 접근을 막으려나 했더니 낙석을 막으려고 철망을 친다고 한다. 그래서 둘러보니 돌멩이가 굴러 떨어질 것 같지는 않아 보인다. 데크 계단 설치하는 것은 자연 훼손을 최소화할 수 있어 좋겠다. 하지만 낙석이 얼마나 많기에 저렇게 생나무에다 와이어를 감으면서까지 공사를 해야 하는가 하는 생각이 든다.

그렇게 도착한 이끼 폭포. 탄성이 절로 나온다. 물론 사진으로 많이 봤지만 막상 내 눈으로 직접 보니 정말 입이 안 다물어진다. 한참 감상한다. 넓게 이끼가 덮인 절벽을 하얀 물줄기가 실낱같이 또는 더 굵게 다양한 물줄기가 이끼 사이를 흐르며 폭포를 이룬다. 땀을 식히려고 물에 손을 담그니 얼음물이 따로 없다.

마치 아름다운 여인의 초록색 한복 치마를 연상시키는 폭포는 화려하지 않으면서도 우아하다. 치마골을 타고 흐르는 듯한 물줄기들의 하모니는 관중을 황홀하게 만든다. 산신령이 만드셨을까? 아니면 천사가 내려와 만들었을까? 태곳적 신비가 이런 것일까? 한참 황홀경에 빠져 바라만 본다. 그리고 그 황홀경을 카메라에 담기 시작한다. 같이 간 회원들도 말이 없이 담아내기에 여념이 없다.

무아지경 속에 2시간이 넘게 사진을 찍었다. 12시쯤 되니까 햇빛이 들기 시작한다. 햇빛이 들면 사진 찍기가 고약스럽다. 아쉬움을 안고 되돌아선다. 오던 길을 되돌아서는데 햇볕의 위력이 장난이 아니다. 나무 그늘만 찾으며 그렇게 걸어서 차를 세워 둔 곳까지 왔는데 2시간은 족히 걸렸나 보다. 그 더운 날씨에도 간혹 이끼 계곡을 찾는 관광객과 마주친다. 가족끼리 친구끼리 아니 혼자 오는 여자도 있다.

내년에 한 번 더 오리라 다짐을 하며 다른 이끼 계곡을 돌아보려던 계획

3부 그들이 바로 평화

을 모두가 다리가 아프고 지쳐서 더는 못 가겠단다 해서 취소했다. 그래도 아쉬우니까 영월 한반도 지형을 보러 간다. 거기도 옛날에는 전망대 밑에 있는 동네에서 절벽을 타고 올라왔었는데 주차장에다 전망대 데크까지 시설을 잘해놨다. 그렇게 해서 집에 오니 저녁 9시가 넘었다. 졸지도 않았고 그렇게 피곤하지도 않다. 역시 사진은 나를 젊게 만드는 매력을 갖고 있다. 자정이 넘어서까지 찍어 온 사진을 컴퓨터 화면으로 보며 다시 한번 그 감동을 맛본다. 그리고 그 감동 속에 잠을 청한다.

4월의 부소담악

옥천 추소리 부소담악에서 배를 타고 사진을 찍을 기회가 주어졌다. 지인이 전화해서 빨리 오란다. 얼마 전 지인이 부소담악을 갔다가 바람이 불어 드론을 띄우지 못해 사진을 못 찍었다고 얘길 하기에 같이 가자고 약속을 해둔 터였다. 앞뒤 가릴 것 없이 만사 제쳐놓고 부랴부랴 달려갔다.

부소담악은 기회 있을 때마다 들르곤 한다. 가까이 있어 찾기가 쉽다는 것도 있지만, 보면 볼수록 아름답다고 느끼게 하는 곳 중에 하나다. 따라서 사진 소재로 매력이 많기 때문이다. 처음 이곳을 찾았을 때는 사진을 처음 배울 때여서 그 진가를 제대로 못 느꼈었다. 그러다 어느 신문에서 부소담악을 소개하는 글과 사진을 보고 찾기 시작하였다.

재작년 여름에도 집에서 낮잠을 즐기려는데 창밖에 구름이 아주 좋은 것이 아닌가? 무심코 구름을 바라보다 문득 부소담악이 생각나서 달려갔다. 그러곤 땀을 비 오듯 쏟아내며 올라가 찍은 적이 있다. 그렇게 힘들게 오르면 S자 모양의 호수 위에 부소담악이 용처럼 길게 떠 있고 그 위로 옥빛 하늘에 뭉게구름이 둥실둥실…. 상상만으로도 기분이 좋아진다. 이것이 내 나름대로 부소담악을 제대로 표현하는 방법이다.

지난해 가을 아내와 갔을 때, 배를 타고 건너갈 수 있다는 광고를 보았다. 선착장도 있다. 문득 '그래 배를 타고 가까이서 보면 또 다른 부소담악을 볼 수 있을 거야' 하는 생각이 들었다. 플래카드에 적힌 전화번호로 전화를 하니 서울에 가 있단다. 다음에 와서 배를 타고 찍어보리라 마음먹

고 뱃사공 전화번호도 적어 왔었다. 그러나 차일피일 기회를 못 잡고 있다가 마침내 기회가 왔다.

  도착하니 마침 날씨도 좋아 봄 햇살이 연초록색의 봄기운을 한껏 호수 위에 펼치고 있다. 4월의 부소담악 풍광은 온통 신록으로 싱그럽다. 마치 사랑하는 연인을 오랜만에 만난 것처럼 꼭 안아주고 싶다. 아니, 그대로 첨벙 빠져들고 싶다. 주택을 버리고 아파트로 이사 온 후로 신록만 보면 더욱 빠져들게 된다.

  배를 타고 사진을 찍다 보니 흔들리고 조금은 위험하기도 한데 그게 대수랴. 정신없이 셔터를 눌러댄다. 이 아름다운 풍광을 마음껏 감상하고 나 스스로 연초록이 되어 그 속에 함께 스며들 수 있다면 더 이상의 행복은 없지 싶다. 거기다 그 모습 그대로 카메라에 담을 수 있음이랴.

  연초록색의 부드러운 햇살이 가득한 호수를 가로질러 '부소담악' 가까이 다가가자, 여길 봐도 저길 봐도 온통 연초록 세상이다. 나한테도 똑같이 연초록으로 물들어 가며 몸 구석구석 찌든 것들을 모두 꺼내버리라 한다. 이대로 시간이 멈춘다 해도 여한이 없을 것 같은 행복감에 전율이 느껴진다.

언제나 내려다보던 '부소담악'을 배를 타고 올려다본다. 호수에 떠 있는 병풍 바위란 이름처럼 가히 아름답다. 옛날에 송시열 선생이 '아름다운 소금강'이라고 칭하며 감탄을 했다는데 얼마나 많은 사람을 감탄시켰을까? 아니, 보는 사람마다 감탄을 안 할 수가 없으리라.

뱃사공이 넌지시 일러준다. 1980년까지만 해도 '부소무니'라는 동네가 있었다. 이 골목 저 골목 돌담길 그리고 사립문 열고 들어서면 초가삼간에 장독대, 우물이 있었다. 다정하고 인심 좋은 이웃들이 옹기종기 모여 살던 삶의 터전이었단다. 그러나 구불구불 흐르던 금강을 막아 물을 가두는 바람에 부소무니 마을은 물속으로 사라져 전설이 되었다. 지금 그 모든 삶의 흔적들을 삼킨 호수는 언제 그랬냐는 듯 연초록의 물만 가득해 평화롭다. 이 모든 것을 대신하듯 앞산은 부소담악이라는 빼어난 병풍바위가 되어 호수 위에 떠올랐다.

이곳은 부소무니 마을 앞 물 위에 떠 있는 산이라 하여 '부소담악芙沼潭岳'이라 불린다. 2008년 국토해양부가 전국의 하천, 호수, 계곡, 폭포 등 한국을 대표할 만한 아름다운 하천 100곳 중의 하나로 선정되었다. 환산에서 바라본 부소무니 마을과 그 앞의 부소담악. 마을 언저리 북쪽의 산봉우리가 남동쪽으로 동물 꼬리 모양의 암벽으로 이루어진 줄기를 뻗어 내리고 있다. 700m 길이의 물 위로 솟은 기암절벽을 따라가노라면 다양한 부소담악의 비경을 감상할 수 있다. 부소무니 마을에서 조망되는 부소담악 풍경. 호수 위로 반추된 풍경이 부소담악의 또 다른 멋을 느끼게 한다.

모터보트로 가까이서 또 멀리서 부소담악을 열심히 카메라에 담아내며 한 바퀴 돌아 선착장에 배를 대 놓고 추소정에 오른다. 부소담악의 능선부에 세운 추소정에 오르면 뾰족한 암봉岩峰들이 호반에 점점이 떠 있어 마치 용의 등을 타고 가는 듯 장관을 이룬다. 그 능선을 따라가면 바위들이 책꽂이의 책들처럼 겹겹이 세워져 있고, 그 사이를 걷다 보면 스릴도 느낄 수 있다. 하지만 위험하니 더는 가지 말라고 암봉이 이내 말린다. 왜냐하면 물이 많아 능선이 끊겼기 때문이다. 암봉과 호수가 허락할 때만 끝까지 갈 수 있다. 아쉬움을 안고 다시 배로 돌아와 뱃사공이 줄곧 자랑하는 물 건너 미르정원이란 곳으로 간다.

뱃사공은 바로 미르정원의 주인이다. 30여 년 전 이곳 풍광에 매료되어 여기에서 발길을 멈추었다고 한다. 부소담악은 추소정에서 3분의 1을 보고 느꼈다면 나머지 3분의 2는 미르정원에서 봐야 볼 수 있고 느낄 수 있다고 자랑이 대단하다.

나는 미르정원이 부소담악 끝자락 건너편 어딘가 했더니 부소담악 오른쪽 물 건너이다. 아직 개발 중이라 스산하지만, 주인을 따라 제일 높은 전망대에 오르니 부소담악의 또 다른 모습이 나타나며 나의 눈을 황홀하게 만든다. 같이 간 지인은 열심히 드론을 띄워 동영상으로 찍어댄다.

내가 생각했던 좋은 위치일 것 같은 곳을 알려 주며 몇 컷 사진으로 찍어서 달라고 부탁을 해 놓는다. 그러곤 내 카메라로 열심히 밀고 당기며 사진 찍기 삼매경에 빠진다. 전망대에 오르는 산등성 뒤로는 참나무들이 묵은 잎들을 다 떨구고 막 새순을 내밀어 붉은 듯 연초록의 오묘한 색깔로 눈길을 끈다. 여기에 오르니 호수 위에 떠 있는 부소담악 원래 모습이 한눈에 보인다.

부소담악을 더욱 아름답게 하는 것은 바위 틈새로 갖가지 나무들이 자라고 있기 때문이 아닌가 한다. 바위와 소나무를 비롯한 여러 가지 나무들이 어우러져 있어 더욱 눈길을 끈다. 게다가 지금은 물도 나무도 햇볕도 모두 연초록이니 더욱 아름답다. 이 아름다움을 내 어찌 다 표현할 수 있을까마는 표정 하나 하나 모두 놓치고 싶지 않아 애꿎은 카메라 셔터만 바쁘다. 요즘 노래도 그렇고 글쓰기도 그렇고 제대로 되는 것이 없어 스트레스를 받던 차에 오늘 모두 날려 보낼 수 있을 것 같다. 아직 카메라는 나를 버리지 않았다는 안도감이 생긴다. 연초록 부소담악의 또 다른 모습과 표정을 찾아냈다는 것이 나를 환희의 날개에 얹어 저 드론처럼 한없이 둥둥 떠다니게 한다. 오랜만에 연초록 색깔의 신나는 날을 보냈다.

자연은 늘 한 곳에서 여여如如한데 그 여여함을 제대로 느끼며 호흡할 수 있는 것은 인간의 몫이 아닐까 싶다.

파도가 들려주는 이야기

　겨우내 TV 속에서는 눈이 많이 오던데 나는 눈 한 번 제대로 못 보고 이번 겨울을 보내야 하나 보다. 게다가 겨울에는 거의 한두 번은 동해의 파도를 보러 가곤 했는데 그것조차 여의치 못했다. 지난해 11월 말경 겨울 바다 파도가 보고 싶어 강구에서부터 고성까지 가보려고 길을 나섰었다. 그러나 갑자기 일이 생기는 바람에 강구에서 하룻밤만 자고 돌아와야 했다. 그 아쉬움이 배가 되어 겨우내 파도가 몹시 보고 싶어 안달이 났다.
　벼르고 벼르다가 며칠 전 아내와 새벽공기를 가르며 달려간 곳이 '정동 심곡 바다부채길'이다. 아내가 몇 년 전에 갔다가 파도가 너무 세서 출입을 막는 바람에 구경을 못 했다고 아쉬워하는 곳이다. 언제 한 번 같이 가보려고 했던 참이었다. 파도가 세면 못 들어가다니… 그곳의 파도가 궁금했다. 가면서 전화를 해보니 오후 3시 반까지 입장하란다. 홍천에 부모님 산소에 들렀다가 늦어져서 도착한 시간은 3시 20분. 조금만 늦었어도 못 들어갈 뻔했다.
　바다부채길은 원래 정동진에서 출발해 심곡항까지 오리 정도 되는데 지난해 태풍피해로 심곡항 쪽에 일부분이 망가져서 가다가 되돌아와야 한다. 매표소에서 4시 30분까지 나오란다. 코스가 왕복 십 리가 채 못 되니 한 시간이면 넉넉하리라 생각했다.
　입구로 들어가 층계를 내려가면서부터 눈에 들어오는 풍경은 가히 천하제일 급 절경이다. 기암절벽에다 갖가지 모양의 바위들, 그리고 옥빛 바다

수평선 저 너머에서 질주하듯 밀려와 부서지는 파도, 마치 네가 더 센가 내가 더 센가 맞붙어 한판 벌어진 듯하다. 아무리 세차게 밀려와 부딪쳐봐라. 내가 끄떡이나 하나. 부서지면서도 끊임없이 밀려오는 파도는 끈질김인가 무모함인가? 어쨌거나 '역시 파도는 동해야' 하는 소리가 절로 나온다. 얼마나 보고팠던 파도였던가? 가슴이 후련해지고 뻥 뚫린다.

'정동심곡 바다부채길'은 전국 최장 거리 해안단구라고 한다. 부채바위, 투구바위와 육발호랑이 등 전설을 품고 있는 기암괴석과 깎아지른 절벽, 동해의 옥빛 바다가 어우러져 절경을 이룬다. 기암괴석은 보는 사람마다, 갈 때마다 다르게 보일 수 있다. 게다가 위치에 따라서도 다르게 보여 마치 숨은 그림 찾듯 자세히 봐야 한다. 결국 나는 곰 한 마리를 찾아냈다, 저만큼 앞서가는 동생을 불러 보라고 했더니 "아니 왜 내 눈엔 안 띄었지?" 하며 신기해한다.

그렇게 황홀경에 빠져 가다 보니 고만 가라고 막아 놨다. 되돌아서려는데 심곡항 쪽에서 한 사람이 온다. 다가오는가 싶더니 나갈 시간이 됐으니

어서 나가란다. 아니 벌써? 그러고 보니 4시다. 들어올 때 속으로는 좀 늦어도 되겠지 생각했었다. 그 완장을 보니 내 마음을 들킨 거 같아 가슴이 철렁했다. 딴은 북한 사람이 또 넘어왔으니 그러려니 하면서도 왠지 불쾌해진다. 계속해서 양 떼를 몰듯 바짝 뒤쫓아오며 무언의 압력으로 재촉을 해댄다. 완장은 처음 와본 바다부채길의 감동을 모두 부숴버려 머릿속에 남지 않게 했다. 그러니 어쩌랴. 파도가 무참하리만큼 저렇게 부서지는데 나도 이곳 추억이라도 부숴버려야 되겠지 하는 생각에 쓴웃음을 지으며 추암으로 간다.

추암에 도착하니 어둑어둑 땅거미가 진다. 숙소를 정한 뒤 저녁을 먹고 밤바다를 보러 간다. 추암은 일출을 보기 위해 오다 보니 대개 밤에 도착하여 잠을 자게 마련이다. 그러니 밤바다를 보는 것은 덤이다.

오랜만에 찾은 추암의 육지 쪽은 오래된 집들을 다 부숴버리고 새 건물로 완전히 달라졌다. 개발이라는 이름으로 덕지덕지 시멘트 숲을 만들어놨다. 저쪽 산 위에는 커다란 호텔인 듯한 건물이 올라앉아 무겁게 짓누르고 있다. 화려해진 밤 풍경이 낯설고 어색하다.

그러나 야시시한 형제바위를 비롯해 철석 쏴아 파도 소리가 밤의 적막을 헤집는 추암의 밤바다는 여전한 모습으로 나를 반긴다. 파도는 어둠 속으로부터 하염없이 밀려와 신비로운 하얀 전설을 모래 위에 흩뿌려 놓는다. 우리 부부와 같이 온 동생 부부가 아무 말 없이 모래사장을 걸으며 밤바다 파도 소리에 취해본다.

다음 날 아침에 하늘을 보니 해 뜨는 자리에 구름이 잔뜩 끼어 있다. 그래도 모두 일출을 보려고 나선다. 사실 내가 추암에 오는 것은 일출도 일출이지만 황금파도를 보기 위함이다. 아침 해가 뜨고 나면 보는 각도에 따라 파도의 색깔이 황금색인 것을 볼 수 있다. 십수 년 전에 이곳에서 우연히 보고 다른 곳에서도 찾아봤지만 보질 못했다. 여기서도 한 5년 전에 또 한

번 봤을 뿐 아무때나 볼 수 있는 것이 아니다. 혹시나 했는데 이번에도 안 보여 준다.

아쉬움을 촛대바위 위에 남겨 놓고 동생 내외는 서울로 먼저 출발하고 우리는 삼척 초곡항으로 간다. 이곳도 지도에서 보고 처음 가보는 곳이다. 이름하여 '초곡 용굴촛대바위길'이다. 여기도 바다 부채길처럼 기암절벽을 걸으며 볼 수 있는 곳이다. 초곡항은 마라톤 선수 황영조의 고향으로 황영조 기념관도 있다.

탐방길엔 촛대바위, 피라미드 바위, 거북바위, 사자바위, 용굴과 출렁다리가 있다. 총길이는 660m밖에 안 되지만 무척 인상적이다. 여긴 완장 찬 사람도 없고 입장료도 없다. 마음껏 사진도 찍고 파도도 감상한다.

동해의 파도는 올 때마다 느끼는 것이 내가 감당하기에는 너무 벅차다는 것이다. 억겹을 밀려와 부서지는 처절한 아픔을 내가 어찌 감당하겠는가! 저렇게 가슴 저미는 한 많은 아우성을 내가 어찌 감당하겠는가! 하염없이 밀려와 통곡하는 저 울부짖음, 나더러 어떡하라고! 여북하면 그 긴 세월을 깨지고 부서지며 보냈겠는가! 제 속의 아픔도 제대로 이겨내지 못하고 허우적대기 일쑤인 나의 모습이 초라해질 뿐이다.

그래도 새봄이 오기 전에 동해의 파도는 꼭 봐야만 한다. 감당키 어려운 그 커다란 파도가 들려주는 이야기를 듣기 위해서다. 파도는 말한다. 나의 아픔에 댈 것도 안 되는 너의 조그만 아픔이 뭔 대수냐고. 그걸 1년에 한 번은 들어봐야 정신을 차리는 아둔한 자가 바로 나다. 그래서 봄이 오기 전에 동해안에 와서 파도가 들려주는 이야기를 들어보아야 한다. 정신 차려서 맑은 마음으로 새봄을 맞이해야 하니까.

봄에 만난 애인들

 올봄에 처음 만난 애인은 '산자고'와 '양지꽃'이다. 아니 처음 만난 것이 아니고 노상 보아 왔던 애인들이다. 나태주 시인의 말처럼 자세히 보아서 예뻤고 오래 보았더니 사랑하게 되었다. 또 이름을 알고 나니 이웃이 되었고 색깔을 알고 나니 친구가 되었다. 거기다 모양을 알고 나니 애인이 되었을 뿐이다.

 그런데 왜 처음 본 것처럼 사랑스럽고 더 예뻐 보이는 걸까? 그냥 보면 볼수록 알면 알수록 기분이 좋아지고 더 보고 싶어진다. 그래서 요즘은 날씨 좋은 날에는 좀이 쑤셔서 어디든 가야 한다. 어디를 가면 애인들을 또 만날 수 있을까? 어디를 가야 애인들의 반가운 마중을 받을 수 있을까? 올봄엔 기분 좋은 만남 때문에 바쁘다.

 올해 처음 이름을 알고 마음을 다해 바라봤던 애인 '산자고'는 처음엔 '얼레지'인 줄 알았다. 자세히 보지도 않고 아내와 나는 '얼레지'라고 생각

하고 사진을 찍었다. 그러나 찍으면서 자세히 보니 아닌 것 같다. 얼레지는 꽃잎을 뒤로 확 제친다는 생각이 떠오른 것이다. 산자고는 마치 나팔 모양으로 뾰족한 여섯 개의 하얀색 바탕에 자색이

약간 들어간 꽃잎이 쭉 뻗어 기개마저 느껴지는 게 같은 듯 다르다는 생각이 들었다. 핸드폰에 물어보니 '산자고'라고 가르쳐 준다. 꽃말이 '가녀린 미소'이고 백합과이다. '산자고' 잎은 난초잎같이 생겼는데 무척길고 두 개  씩 땅에서 바로 올라와 있다. 마치 다른 몸인 양 자세히 봐야 산자고 잎인 줄 알 정도다. '산자고'란 이름이 다른 들꽃과 달리 뜻이 있어 보인다. 역시 전설이 있었다.

옛날 어느 산골에 어머니와 장가 못 간 노총각이 살았다. 다행히 어느 날 한 처자를 만나 결혼해서 잘 살았다. 그러다 며느리한테 종기가 나서 낫지를 않고 점점 심해졌다. 한걱정 끝에 시어머니가 약초를 찾아 온산을 헤매다가 처음 보는 풀이 있어 캐다가 짓찧어서 상처에 바르니 나았다고 한다. 그 이후 산에 사는 자상한 시어머니란 뜻의 '산자고(山慈姑)'라는 이름으로 부르게 되었다고 한다. 그런데 백과사전에 보면 약효가 상처와는 관련이 없어 보인다.

사실 들꽃에 빠져들게 된 것은 핸드폰에 꽃을 찍어 물어보면 금세 자세히 가르쳐 주기 때문인지도 모른다. 전에는 들꽃을 보아도 이름을 알 수가 없으니 관심이 덜 했다. 검색도 이름을 알아야 하는데 이름을 모르니 찾아볼 방법이 없었다. 모양만으로 찾기는 쉽지 않다. 그러니 관심이 있다가도 없어지곤 했다. 산자고를 얼레지로 보는 우매한에게는 더욱 그렇다.

그러나 세상이 하도 좋아져 이젠 현장에서 이름을 알 수 있으니 재미가 날 수밖에 없다. 작년에 동생하고 홍천 공작산 수타사계곡을 걸으며 길가

에 피어 있는 들꽃을 핸드폰으로 찍으니까 바로 이름이 나오는 게 아닌가? 신기해서 물으니 꽃 이름, 나무 이름을 알려 주는 앱이 있다고 깔아 준다. 작년에는 그렇게 재미를 붙여서 몇 군데 다니며 찾아보았다. 올해는 핸드폰에서 포털사이트 '다음'을 열면 검색 칸 오른쪽에 5각형 꽃 모양의 그림을 꼭 누르면 카메라가 나오고 꽃을 찍으면 바로 가르쳐 주는 것을 알았다.

아내에게도 가르쳐 주었더니 둘이 서로 들꽃 찾느라고 경쟁을 한다. 먼저 찾으려고 앞서가려 하지를 않나, 서로 먼저 검색해보고 이름을 알려 주려 경쟁도 한다. 그동안 우리 부부는 걷기운동으로 주로 갑천, 유성천 변을 걸었었다. 그러나 요즘은 야산이나 수목원, 휴양림을 찾는다. 가볍게 등산도 하고 걷기도 하고 들꽃을 만나는 재미에 푹 빠져 있기 때문이다. 이건 일거양득이 아니고 일거다득이다.

올해는 동강할미꽃을 보러 가는 것을 시작으로 지심도에서는 동백과 남산제비꽃, 삼지닥나무꽃을 보았다. 청양군에 있는 고운식물원에서는 히어리, 미선나무, 풍년화, 프리 뮬러, 크로커스 외에도 다양한 꽃들을 만났다. 고운 식물원은 매년 봄이면 가는 곳이지만 올봄의 방문은 좀 더 새롭고 좋았던 것이, 꽃들의 이름을 알아보고 생김새도 자세히 보며 다녀서 더욱 그랬던 것 같다. 산수국은 멀리서 보았을 땐 꽃 같았는데 가까이 가서 보니 작년에 피었던 꽃받침이 미라(?)가 되어 있는 것이었다. 죽어서도 꽃으로 남아 있는 것이다.

계족산에서는 남산제비꽃, 개별꽃, 산자고, 양지꽃, 산괴불주머니, 현호색을 만났다. '양지꽃'은 노란색 꽃으로 역시 길가에서 많이 보던 꽃이다. 앙증맞게 작은 것이 화사하게 웃는 모습을 보면 정말 이뻐서 애인이 될 수밖에 없다. 그걸 그저 흔히 있는 것이려니 무심코 바라보며 여태 살았다는 것이 후회스럽고 미안했다. 김춘수 시인의 시처럼 내가 그의 이름을 불러 주었을 때 그는 나에게로 와서 꽃이 되었다. 꽃샘바람에 바르르 떨면서도 웃음을 잃지 않는 그 모습이 새삼 귀엽고 이쁘다. 그것도 처음엔 '뱀딸기 꽃'인 줄 알았다. 집에 와서 혹시나 하고 검색을 해보니 '봄', '사랑스러움'이라는 꽃말을 가진 '양지꽃'이란다.

며칠 뒤 벚꽃이 한창이라는 고령 자굴산을 찾았다. 남쪽이라 들꽃이 많을 줄 기대했는데 자주 보는 남산제비꽃, 개별꽃이 많다. '개별꽃'을 작년에 처음 봤을 때는 꽃잎에 까만 점이 하나씩 박혀있어 신기하게 봤었다. 또 꽃잎은 벌레가 뜯어 먹은 것처럼 끝이 오목하게 패여 있어 더 애처롭게 보였다. 자세히 보니 점이 아니고 수술이 꽃잎에 바짝 붙어 있는 것이다. 꽃잎도 뜯어 먹힌 게 아니라 원래 그렇게 생긴 것이다. '개별꽃'의 꽃말은 '귀여움'이다.

어제는 금산 산안마을 산벚꽃을 보러 갔었다. 올봄엔 기온이 높아져서 그런지 꽃들이 자기가 피는 시기를 다 잊어버린 것 같다. 이곳 산벚꽃은 다른 곳보다 늦게 피는데 벌써 흐드러졌다. 벚꽃을 보러 왔는데 올해는 벚꽃은 관심이 별로다. 부부가 산에 들어서자마자 땅만 바라보며 걷고 있다. 그렇게 두리번거리다 발견한 것이 '봄맞이꽃'이다. 꽃말 '봄의 속삭임'처럼 아주 작은 속삭임이다. 지름이 4~5mm나 될까? 정말 작다. 아내는 그냥 지나치고 나도 지나치려는데 하얀 꽃이 방실방실 웃으며 보일 듯 말 듯 손을 흔드는 게 아닌가! 무릎을 꿇고 자세히 봐야 제대로 보인다는 말이 실감이 났다.

매화는 피어날 때 봐야 하고 벚꽃은 절정일 때 봐야 한다. 또 배꽃은 가까이서 봐야 하고 복사꽃은 멀리서 보아야 한다. 여기 보태어서 들꽃은 마음을 써서 찬찬히 봐야 한다. 땅바닥에 붙어 바람 불면 바르르 떨며 피는 작은 꽃일지라도 햇볕도, 바람도, 빗물도 있어야 한다. 그 작은 꽃에도 벌도 오고, 밤에는 별들도 오고, 나태주 시인도 와 속삭이지 않는가! 작은 꽃을 자세히 보며 이름을 불러 주고, 예뻐해 주는 사이 애인이 되었으니 나 또한 즐겁고 기쁘지 아니한가!

황새와 보낸 하루

며칠 전 사진회 회원이 예산 황새공원에서 찍었다며 몇 장의 황새 사진을 카톡으로 보내 주었다. 지난겨울에는 철원 두루미 찍으러도 못 가고 해서 새 사진을 보니 마음이 동한다. 나 혼자라도 가겠다니까 자기도 찍어 온 것이 마음에 별로 안 든다며 같이 가잔다. 다음날 득달같이 달려갔다.

황새공원은 작년에 아내와 갔었는데 울 안에 갇혀 있는 황새만 보고 왔었다. 사실 나는 백로와 왜가리, 황새, 두루미 구분을 제대로 못하였다. 그러다 철원에서 두루미를 공부하고 황새공원에서 황새를 공부하여 이제는 제대로 구분한다.

황새의 몸 전체는 흰색이나 눈 주위와 다리, 부리와 목이 만나는 부분은 붉은색이고 부리와 날개깃 가장자리, 꼬리 부분은 검은색이다. 두루미나 백로보다 촌스럽다고 할까? 부리와 몸집이 커서 날씬함이 덜하다는 느낌이 든다.

작년에는 황새공원 내에 있는 인공 둥지 탑에 빈 둥지만 보고 왔었다. 이번에 가본 곳은 황새공원을 지나 골짜기 안쪽 넓은 들녘 한가운데에 인공 둥지탑을 만들어놓은 곳이다. 예산군은 몇 군데에 인공 둥지 탑을 더 만들어놨다고 한다. 이곳에는 한 쌍의 황새가 네 마리를 부화하여 열심히 먹이를 물어다 주며 키우고 있었다.

삼각대를 세우고 500mm 망원렌즈로 바꿔 끼우고 조준해본다. 새끼 네 마리가 제법 많이 커서 기지개 켜듯 가끔 날갯짓도 한다. 아직은 덜 큰 날개지만 끝에 어미처럼 까만 깃털이 멋지다. 여기는 아예 사진을 찍을 수 있도록 산을 깎아 주차장도 만들고 새를 관찰할 수 있게 해 놓았다. 카메라에서 눈을 안 떼고 계속 주시한다.

카메라를 설치하자마자 어미가 날아온다. 새끼들은 어미가 오든지 말든지 관심도 없어 보인다. 그러다가 먹이를 토해 놓으니까 그때서야 덤벼들어 먹는다. 백로도 새끼를 까서 키울 때 사진을 찍는데 백로와는 사뭇 다르다. 백로 새끼들은 어미가 토해낼 새도 없이 어미 입으로 주둥이를 넣고 먼저 먹으려 아우성을 친다. 그런데 황새는 어미가 토해 놓으면 바닥에서 사이좋게 쪼아 먹는다. 사진찍기에는 동감이 안 살아 별로인데 화목함이 있어 좋아 보인다. 그러고는 어미는 이내 둥지를 떠난다.

그렇게 떠난 어미는 좀처럼 모습을 보여 주질 않는다. 주위를 살펴보니까 건너편에 사육장이 보인다. 그 안에 여러 마리가 있다. 또 그 위로 몇 마리는 자유롭게 날아다닌다. 아마 공원에서 방사한 새들이 돌아와 근처에서 사는가 보다. 사람처럼 귀소 본능이 있다고 한다. 내가 촬영하는 새도 여기서 방사한 새라고 한다. 발목에 반지를 채워놔서 어디서 왔고 어디로 가는지 안다고 나중에 순찰하는 직원이 알려 주었다.

1시간이 넘어서니까 사육장 쪽에서 어미가 저공비행으로 날아온다. 그러고는 솟구쳐 올라 둥지에 올라선다. 밑에서 쑥 날아올라 둥지에 올라서는 모습이 웅장하기도 하고 당당하기도 하여 그렇게 멋있을 수가 없다. 큰 날개를 쫙 펴니 2m는 족히 돼 보여 둥지를 다 끌어안을 것 같다.

이 순간을 하나도 놓치면 안 된다. 연속촬영 모드로 찍기 때문에 주위에 있는 카메라들이 일제히 시끄럽다. 백로나 황새 촬영은 주로 먹이 주러 둥지로 올 때 찍게 된다. 그때 멋진 동작을 찍을 수 있기 때문이다. 어미 새도 먹이를 주고는 이내 날아가고 또 기다림의 시간이다. 낮에는 먹이 배달 시간이 길어지나 보다.

  12시 좀 넘으니까 또 날아온다. 사육장 쪽에서 얕게 전봇대를 피하고 논둑에 나무들 사이도 유유히 돌아서 둥지에 오더니 휙 날아오른다. 내가 있는 반대쪽에서 정면으로 날아오르니 더 커 보인다. 그런데 배 있는 곳의 털이 하얀 털이래야 맞는데 갈색으로 지저분해 보인다. 네 마리 새끼들에게 잠시 쉬지도 못하고 아빠 엄마가 부지런히 먹이를 물어다 주어야 해서 털 다듬을 시간조차 없는게다. 네 마리의 새끼들을 키우자니 얼마나 부지런히 잡아 와야 할까? 그러나 힘든 기색 없이 정성을 다해 새끼를 키우는 헌신의 모습이 참으로 위대해 보인다.

  잠시 후 저 멀리서 한 마리가 고공비행으로 날아오더니 몇 바퀴 빙빙 돈다. 마치 나의 멋진 폼을 잘 찍어보라는 듯 멋지게 활공비행을 한다. 두루미처럼 머리와 다리를 일직선으로 하고 날개는 별로 움직이지도 않으면서 바람을 타는 모습이 정말 우아하고 자유롭다. 아! 저 자유로운 비행. 한없이 부러워진다.

  두루미 사진을 찍으러 철원 한탄강에 갔을 때, 훨훨 날아서 북녘 하늘로 날아가는 두루미들을 보고, 얼마나 아름답고 자유로워 보이던지 나도 저렇게 날 수 있다면 좋겠다고 생각했었다. 아무 데도 아무런 거리낌 없이 날아다닐 수 있다면 얼마나 좋을까? 오늘도 황새의 멋진 비행을 바라보며 대리만족으로 마음을 달래본다. 그러다 문득 떠오르는 생각. 과연 저 새는 자유로울까? 잠시 부러워했던 나의 자유로운 비행이 사치스러운 생각이었음을 깨닫는다.

하얀 깃털이 누렇게 변하고 지저분해져도 다듬을 시간이 없을 만큼 새끼 키우기에 온 정성을 쏟고 있는데 무슨 자유란 말인가? 새끼들을 굶기지 않고 잘 키워내야 한다는 의무, 책임만 있을 뿐이다.

그러나 그 또한 내 생각일 뿐 그들에겐 의무도 책임도 없고 아름답고 자유로운 비행마저도 내가 그렇게 볼 뿐이다. 그들에게는 자연이 준 본능만 있을 뿐이다. 무릇 살아있는 모든 생물은 때가 되면 암수가 집을 짓고 사랑을 나누고 새끼를 낳아 열심히 키우고 하는 것이 본능이 아니던가! 저렇게 헌신적으로 새끼를 키우는 황새가 거룩해 보이고 부럽다는 생각마저 든다.

사실 인간이 욕심, 집착, 고난스러운 것들을 인식하고 힘들어하는 것은 자연이 준 본능에서 멀어졌기 때문이란 생각이다. 본능과 멀어지면서 행, 불행을 알게 되었다. 행, 불행을 따지다 보니 더 많은 욕심, 집착이 탐욕으로 바뀌어 힘들어지게 된 것이다. 본능이 아닌 것들에 꺼둘리다 정작 본능이 힘들어진 세상이다. 본능은 힘들지도 어렵지도 않고 행, 불행하지도 않다. 그것은 생명을 유지하는데 꼭 필요한 것일 뿐이기 때문이다.

세 시 반쯤엔 어미 새가 있는데 아비 새가 또 날아온다. 그러자 어미 새가 고개를 확 뒤로 젖히고는 부리로 탁탁탁 소리를 낸다. 계속 교대로 오다가 만나니 반가운가 보다. 내가 보기엔 사랑의 표현을 저렇게 하지 않나 싶다. 아비 새가 둥지에 올라서더니 이번에는 아비 새가 어미 새와 같은 방법으로 소리를 낸다. 아마도 고맙고 반갑다는 답례일 것이다. 그러더니 서로 사랑의 몸짓으로 목을 비벼댄다.

　황새는 고개를 뒤로 젖히고 부리를 부딪쳐 소리를 내고 단순히 목을 비벼대는 것만으로도 행복할 수 있음이 또한 부럽다.

4부 / 초추의 자장가

갑사계곡의 봄

 어제는 갑사계곡엘 갔었다. 신록이 우거지는 계곡풍경을 보기 위해서다. 오월의 숲은 마치 갓난아기 손 같은 보드라움이 있어 좋다. 꼬옥 짜면 연녹색 물이 쪼르륵 흐를 것 같다. 며칠 전 비가 와서 그런지 계곡물 흐르는 소리가 아주 맑고 정겹다. 또 산새들도 신록을 만끽하려는 듯 이 가지 저 가지 날아다니며 목청을 돋우고 있다. 한 발 한 발 그 싱그럽고 청아함 속에 빨려 들어가 숲과 하나가 되니 내 마음 또한 연녹색으로 물든다. 원래 춘 마곡 추 갑사라 한다지만 춘 갑사도 그리 나쁘지는 않다는 생각이 든다.
 잠시 서서 두 팔을 벌려 심호흡을 해본다. 내 가슴 속까지 온통 맑아지는 느낌이 참 좋다. 갑사 입구에 서 있는 사천왕상의 무서운 얼굴도 오늘은 웃고 있는 것 같다. 한 발 한 발 내디딜 때마다 풍겨오는 신록의 내음, 내 어찌 이 계절을 사랑하지 않을 수 있으리오.
 고개 들어 위를 쳐다보니 연약한 나뭇잎들이 실바람에 보드랍게 한들거리며 방긋방긋 미소의 손을 흔들어 준다. 그냥 바라만 보고 듣고 느끼며 그 속에 있는 것만으로도 끝없는 행복감이 밀려온다. 그동안 세파에 찌든 마음과 몸이 싱그럽게 맑아져 옴을 느낀다.
 이양하 선생의 수필 '신록예찬'에 보면 '신록은 먼저 나의 눈을 씻고, 나의 머리를 씻고, 나의 가슴을 씻고, 다음에 나의 마음의 구석구석을 하나하나 씻어낸다. 그리고 나의 마음의 모든 티끌, 나의 모든 욕망(欲望)과 굴욕(屈辱)과 고통(苦痛)과 곤란(困難)이 하나하나 사라지는 다음 순간, 별과 바람

과 하늘과 풀이 그의 기쁨과 노래를 가지고 나의 빈 머리에, 가슴에, 마음에 고이고이 들어 앉는다.'라고 했듯이 나도 내 마음과 몸, 정신을 모두 연녹색의 환희로 가득 채워 본다.

여기저기 실록을 열심히 카메라에 담다가 졸졸 흐르는 물소리에 끌려 카메라를 내려놓고 손을 담가 본다. 뼛속까지 짜릿해지는 이 느낌은 또 뭐란 말인가? 차가움에 정신이 확 들지만 싫지 않다. 한참 손을 담다 보니 벌써 개구리가 물속에 알을 낳아 놨다. '아니 이렇게 물이 찬데 알을 낳으면 얼어 죽지 않나?' 잠시 걱정을 하다가 '자연의 섭리가 너처럼 대충대충 되는 줄 아느냐?' 산신령이라도 나타나 호령을 치는 것 같다. 어련히 알아서 낳아 놨을까 봐 별걱정 다 한다 싶어 웃음이 났다.

정신을 바짝 차리지 않으면 언제 왔다 가는지 모르게 후딱 지나고 마는 게 요즘의 봄이다. 겨울 끝자락에서 조바심 내며 기다려지는 게 또한 봄이건만, 동장군 심술에 서너 번 속다 보면 어느샌가 날씨가 더워지고 말기 일

쏜다. 그래서 툭하면 봄을 제대로 느껴 보지도 못하고 보내게 된다. 그러면 뭔가 할 일을 못 한 것 같고, 뭔가 잃어버린 것도 같고, 빠트려 먹은 것 같기도 하고 마음이 몹시 상한다. 어느 계절이든 제대로 느끼고 보내지 않으면 서운한데, 특히 봄은 더하다. 봄을 제대로 느끼고 보내지 못하면 그다음 오는 여름, 가을 역시 제대로 느끼지 못하고 보내게 되기 때문이다. 그래서 봄기운이 느껴지기 시작하면 안테나를 곤추세우고 여기저기 봄소식을 찾는다.

내가 신록을 좋아하게 된 것은 오월 어느 날 철쭉을 찍으러 지리산 바래봉을 갔을 때였다. 산꼭대기에서 내려다보니 연녹색 산등성이가 겹겹이 겹쳐 있는 것이 눈에 들어왔다. 그것도 역광으로 바라보는 연녹색 산등성이의 겹침은 참으로 아름다웠다. 밑에는 아주 진한 녹색이고 차츰차츰 엷어져 산등성이는 밝은 연녹색 곡선이 약간의 안개 속에 펼쳐져 있는데 아름답다 못해 황홀하다는 느낌을 받았다. 그 뒤로 봄을 느끼는 몇 가지 의식(?) 중 하나가 됐다.

그 몇 가지 의식이란 3월에 남쪽 탐매(探梅)로부터 시작한다, 그리고 동백, 산수유 등 봄꽃을 찾아다닌다. 요 몇 년 사이에는 매년 봄 새로운 꽃을 만나는 즐거움을 누리고 있다. 3년 전에는 대전역 앞을 지나다가 복수초 파는 것을 보고 사다가 집 정원에 심어 놓고 감상하고 있다. 작년에는 천리포 수목원에서 설강화라는 꽃을 처음 만나 정말 기뻤었다. 올봄엔 변산 바람꽃을 처음으로 만나서 아주 특별한 봄맞이를 할 수 있었다. 내년에는 노루귀를 찾아 상견례를 하려 한다. 노루귀는 맘만 먹으면 올해 만날 수 있었는데 올해는 변산 바람꽃을 만났으니 내년에 만나기로 하고 참았다. 고귀한 기쁨을 만나는 일인데 어찌 욕심을 부릴 수 있겠는가 싶어서다.

그러나 뭐니 뭐니 해도 봄에 가장 중요하게 하는 것은 밭 갈고 씨 뿌리는 일이다. 지금은 다 줄어들어 울안 텃밭으로 작아졌지만 젊어서 직장 다닐 때는 모내기 자원봉사를 나가면 꼭 참가하여 모내기를 도왔다. 그걸 안

하면 쌀밥 먹을 자격이 없어지는 것 같았다. 모내기가 자동화되면서 그것은 그만두고 텃밭을 갈고 씨 뿌리는 것으로 지금까지 계속하고 있다.

신록을 감상할 때쯤이면 이제 봄이 막바지에 다다른다. 신록의 시간은 아주 짧아서 금세 색깔이 짙어지기 시작하여 장마질 때쯤이면 짙은 녹색으로 변한다. 그러다 오색 단풍으로 변한다.

연녹색이 짙어지기 전 봄비가 오는 날에는 다시 한번 오리라. 녹색 물안개 속을 거닐며 마지막 가는 봄의 싱그러움을 온몸에 꽉 채우고 싶다. 고물이 다 된 이 육신에 그 싱그러움이 제대로 물들지 않을지도 모르지만, 그러면 어떠랴 마음이 기쁘고 행복해지는 것으로 족하다. 그 이상 무엇을 더 바란다는 것은 욕심일지도 모르겠다.

봄 마중

며칠 전 동백꽃이 보고 싶어 서천 마량 동백 숲에 갔었다. 그러나 올해도 아직 이른 날이다. 매년 이맘때쯤에는 동백이 보고 싶어 마량 동백 숲을 가는데 때를 딱 맞춰 갈 때가 별로 없다.

지난겨울은 겨울답지 않게 별로 춥지 않아 한겨울에 비가 자주 내렸다. 흐리고 우중충한 날이 많아서 더욱 지루하고 우울하게 보냈다. 정말 겨울비는 불청객처럼 주는 것 없이 싫다. 며칠 전 철원으로 철새를 찍으러 갔었는데 그 전날에도 장마 때처럼 비가 많이 내렸다. 직탕폭포에 물이 엄청나게 불어나 흙탕물이 흐르고 있었다. 그렇게 겨울답지 않은 겨울이다 보니 동백꽃도 좀 일찍 피지 않을까 싶었다.

마량 동백은 아직 차가운 햇살을 조금씩 모아 가며 한창 꽃망울을 키우는 중이다. 그래도 몇 나무에는 나처럼 조급해서인가, 아니면 따뜻한 날씨에 속아서인가, 꽃이 몇 송이 피어 빨간 볼 안에 노란 입술의 미소가 수줍다. 그러지 말자면서도 요맘때가 되면 마음이 조급해진다. 올해도 어김없이 또 조급증을 내고 말았다. 하지만 올해는 전적으로 겨울답지 않은 겨울 탓이지 내 탓은 아니다.

어딘가 오고 있을 봄 마중을 놓치고 싶지 않아서다. 그 조급증 때문에 너무 일찍 나서서 콧등을 스치는 찬바람만 원망하고 되돌아서기 일쑤다. 그걸 매년 반복하고 있으니 얼마나 어리석은 일인가! 내가 생각해도 한심스럽지만 어쩌겠는가! 마음이 설레는걸.

밤비 내리는 창가에도
버들강아지 피어나는 계곡에도
동백꽃 빨갛게 피어난 산사에도
아직 봄은 오지 않았네.

따사로운 햇살 퍼지는 언덕
기다림의 눈망울엔 아지랑이 아물아물
설레임 더욱 아련하건만
아직 봄은 오지 않았네

매화꽃 활짝 피는 날
화사한 웃음 머금고 오려나
종달새 지저귀는 날
찬란한 나래 펴고 오려나

동구 밖 고갯길 봄 마중하렸더니
풀숲 하얀 민들레 미소 짓고
훈풍에 그리움만 가득 실려와
임 생각에 눈시울만 붉히고 말았네.

언젠가 봄을 기다리며 적었던 나의 빛바랜 시작(詩作) 노트에서 찾아낸 '봄마중'이라는 졸작이다.

고등학교 1학년 때 어느 겨울 요맘때인 듯하다. 신촌 창전동에 사는 사촌 누님댁에 얹혀서 살 때였다. 한옥이었는데 뒷문을 열고 나가면 바로 철길이었다. 어느 일요일 아침나절 뒷문을 나서니 날이 하도 따듯해 홀리듯 철길을 따라 걷기 시작했다. 따사롭고 보드라운 햇살에 마음을 빼앗겨 노래도 흥얼거리고 이런 공상 저런 공상을 하며 걷다 보니 너무 멀리 갔다. 그때는 한 번 공상의 나래를 펴면 소설 한 권을 거뜬히 쓰고도 남을 만큼 상상력이 풍부했던 것 같다. 지금 생각해보면 그때 공상으로 끝내지 말고

소설로 썼더라면 지금쯤 대단한 소설가가 돼 있지 않을까 하는 아쉬움(?)도 있다. 시계가 없으니 시간도 모르고 점심을 안 먹어 배가 고파서 돌아섰는데 집에 오니 저녁때가 다 되었다. 말도 안 하고 온종일 쏘다니다 와서 누님한테 매우 혼났지만, 기분은 좋았다.

그렇게 시작된 나의 봄 마중은 고질병이 되어 조급증을 앓게 했다. 겨우내 차갑기만 하던 햇살이 따사로워질 때쯤, 보리밭에 피어오르는 아지랑이는 언제나 나를 설레게 했다. 얼었던 땅이 녹아 파릇파릇 새싹이 돋아날 때면, 그 봄내음을 맡고 싶어 가슴이 뛰었다.

봄은 절대 호락호락 그냥 오지 않는다. 올둥말둥 하여 왔나 싶으면 아직이어서 조급한 마음을 더욱 조급하게 만든다. 봄이 오는 걸음은 첫돌 맞이 아기의 걸음마처럼 아장아장 걸어온다고 한다. 그러니 기다리는 나는 조바심이 날 수밖에 없다. 마중을 나가보면 너무 일러 꽃샘추위에 고뿔만 걸리기 일쑤다. 그렇게 몇 번 골탕을 먹다 보면 봄은 어느새 와있다. 노상 애를 먹이는 봄이지만 생동하는 새로움에 대한 설렘이 너무 좋다. 고희를 넘긴 지금도 정신 바짝차리고 봄 마중을 놓치지 않으려 종종거리고 있다.

언제나 나의 마음을 설레게 하는 봄은 마을 뒷산 계곡 얼음장 밑에서 졸졸 흐르는 물소리처럼 맑은 기쁨으로 출발한다. 그리고는 슬그머니 동네 어귀 양지바른 바람벽에 코흘리개들 옹기종기 모여 조잘대는 어깨 위에 동그란 기쁨으로 끼어든다. 남쪽 전라도 땅 어느 절간에서는 해맑은 기쁨으로 매화 꽃망울을 배시시 터트리기도 한다. 끝내는 조바심하는 내 마음속에도 노란 새싹 한 잎 쏘오옥 밀어 올려 하얀 기쁨을 선사한다. 그럴라치면 나는 그 모든 기쁨을 다 갖고 싶어하는 욕심쟁이가 된다.

꽃샘추위에 올동말동 하다가 농익은 보리밭에 한바탕 놀러 온 훈풍 따라 어느새 갈동말동 하는 게 봄이다. 또 봄이 오는 길목엔 찬란한 햇빛과 연초록의 싱그러움으로 눈이 부시다. 그 눈부심에 잠시 눈 감은 사이 살포시 왔다가 홀연히 가는 게 봄이다.

4부 초추의 자장가

꽃이 그리운 봄

그대의 눈에서 흐르는
한 방울 떨어져서 꽃이 되었네
그 꽃이 자라서 예쁘게 피면
한 송이 꺾어다가 창가에 앉아
새처럼 노래를 부르고 싶어
지는 봄 서러워 부르고 말아
아, 가누나! 봄이 가누나!
아, 지누나! 꽃이 지누나!

최인호가 지은 시에 송창식이 곡을 붙여 부른 '꽃 새 눈물'이라는 노래 가사다. 눈물올봄엔 유난히 이 노래가 나의 입가를 맴돈다. 오늘도 비 오는 베란다 창가에 앉아 컴퓨터에서 들려오는 이 노래를 흥얼거리며 저 멀리 옛집이 있던 곳을 바라보고 있다.

지난겨울 이사를 했다. 20년을 넘게 살아온 주택을 팔고 아파트로 이사를 온 것이다. 내게 시집와서 시부모님을 정성으로 모시고 살아온 아내의 소원을 들어주기 위해 결단을 내렸다. 지난해 늦여름에 결심하고 집을 복덕방에 내놨다. 아내에게는 미안한 얘기지만 나는 집을 내놓으면서도 내심 안 팔리기를 바랐다. 비록 낡았지만 정든 집을 버리고 그것도 아파트로 이사 간다는 것이 마음에 내키지 않아서다.

그러나 내 속마음과는 반대로 너무 싸게 내놨는가 싶을 정도로 집이 쉽게 팔렸다. 게다가 사는 사람이 집을 헐고 새로 지어야 하니까 되도록 빨리 이사 가기를 원하는 것이 아닌가? 부지런히 아파트를 구하러 다니는데 새로 지은 것 다 마다하고 10년쯤 된 지금의 아파트를 샀다. 그렇게 해서 정신 차릴 사이도 없이 일사천리로 연초에 이사를 오게 된 것이다.

정말 얼떨결에 그렇게 이사를 했는데, 봄이 되면서 뭔가 잃어버린 것 같고, 빠트린 것 같은 아쉬운 기분에 빠지기 시작하는 것이다. 봄이 깊어 갈수록 나의 봄이 아닌 남의 봄을 빌린 것 같은 이 어설픈 느낌이 내 마음 한구석에서 웅크리고 꼼짝을 안 한다. 가뜩이나 아파트는 생전 처음 살아 보는 것이라 그런지 적응이 안 되어 마음이 심란한데 말이다. 뭔가 채워지지 않는 아쉬움. 남의 것으로까지 느껴지는 이 봄의 느낌은 무엇인가?

청양에 있는 식물원에 꽃이 많다기에 가보고 싶어 아내와 달려갔다. 그러나 너무 이른 탓인가, 내 마음속에 그리던 꽃들은 아직 안 피어 못 보고 꽃샘추위에 떨기만 했다. 허전한 마음만 더한 채 돌아오면서 곰곰이 생각해봤다. 내 마음속에 그리던 꽃들이 무엇이지? 그때 머릿속에 떠오르는 매년 봄이면 피어나던 나의 뜨락의 꽃들. 그래, 맞아. 나는 지금 그 뜨락의 꽃들을 찾고 있었던 거다. 봄이면 복수초, 수선화를 시작으로 가을까지 꽃이 끊이지 않던 나의 뜨락이 없어진 것을 그때서야 깨달았다. 지금쯤 복수초를 시작으로 수선화, 히아신스에 이어 튤립, 목련, 라일락이 앞다퉈 피어날 것인데 그게 송두리째 없어진 것을 이제야 깨닫다니…. 언제나 싱싱한 채소를 공급해주던 텃밭, 집에서 무엇을 하든 누가 뭐랄 위 아래층이 없는 곳, 정들었던 이웃들, 그중에서도 봄이면 뜨락 가득 피던 봄꽃들이 정말 많았는데….

사실 이사를 결정하고 가장 아쉬웠던 것이 화단에 가득한 꽃나무와 화초들이었다. 그러나 아파트로 이사를 해야 하다 보니까 어쩔 수 없다는 생각에 포기했던 거다. 성남 사는 동생이 복수초, 튤립, 꽃나무 몇 그루를 자기 사무실 앞 화단에 심는다고 언 땅에서 캐갔다. 캐가는 것을 보며 '그래

도 다 버리는 것은 아니구나.' 스스로 위안하며 다행이다 싶은 마음마저 들었었다. 막상 이사할 때는 조금은 아쉬워도 겨울이라 못 느낀 거였다. 봄이면 으레 보이던 꽃들이 안 보인다는 것이 이렇게 아쉬움으로 봄을 우울하게 만들 줄은 몰랐다.

화초를 무척 좋아하시는 아버지 덕에 우리 집엔 봄이면 언제나 꽃이 피어 있었고 나는 어려서부터 늘 꽃 속에서 살았다. 그렇게 살아온 꽃과의 인연인데, 올봄엔 그게 송두리째 없어졌으니 나도 모르게 봄이 남의 것처럼 낯설어졌나 보다.

이런 상황을 예견 못 한것은 아니지만 이렇게 봄이 우울해질 것이라고는 미처 생각 못했다. 조금이나마 위로를 받을까 하여 화분은 전부 갖고 왔다. 그런데 홍매도 철쭉도 이사 오자마자 피는 둥 마는 둥 피다 말고 모두 져 버린다.

애들도 환경이 바뀌니 적응이 안 되는가보다 싶었는데 나는 애들보다 더 적응을 못 하고 있다.

　수선화가 필 무렵 혹시나 꽃이라도 보고 오려고 부리나케 아내와 옛집엘 가봤다. 그러나 그곳엔 옛집은 흔적도 없이 헐리어 굴착기로 인해 생채기투성이인 맨땅만 덩그러니 있는 게 아닌가! 아니 이럴 수가? 비록 팔아 버린 집이지만 그대로라도 있었으면 실컷 보고나 올 수 있으련만…. 망연자실하고 한참을 서 있다가 정신을 차리고 잠시 두리번거리기 시작했다. 혹시 담 밑에라도 한두 개 남아 있는 것이 있지 않을까 해서다. 뒤꼍이었던 담 밑에 튤립이 몇 개 남아 나를 애처롭게 바라보고 있는 게 아닌가?

　몽땅 굴착기에 짓밟혀졌는데 내 생각대로 남아 있는 게 있었다. '아! 나의 봄이 저기 있구나.' 눈물이 나도록 반가웠다. 그리고 미안한 마음마저 든다. 저렇게 예쁜 것들을 버리고 가다니…. 아내와 나는 이젠 남의 땅이란 것도 잊은 채 못 들어가게 쳐놓은 줄을 쳐들고 들어선다. 금방 파헤쳐 놓은 땅이라 질척이며 신발에 흙이 많이 묻는다. 그러나 그게 무슨 상관이랴! 맨손으로 고이고이 캐서 갖고 오며, 꽃집에 들러 화분을 사다가 심었더니 내 마음을 위로해 주듯 꽃이 잘 피었다. 아내도 내심 꽃이 그리웠나 보다. 무척 좋아한다.

　사막에서 목마른 자가 오아시스를 찾듯이 올봄엔 여기저기 꽃을 찾아 많이 돌아다녔다. 그러나 그 어디에도 내 마음을 달래줄 꽃은 없었다. 올해 따라 꽃샘추위 때문인지 아니면, 내 마음 때문인지 꽃들이 예년만 못하다. 어느새 오월, 이 봄이 다 가기 전 새로운 나의 봄을 만들어야 한다. 내년 봄에도 남의 봄으로 맞이할 수는 없지 않은가?

　그렇게 마음먹어보지만, 마음은 여전히 지난겨울 모두 버리고 온 나의 뜨락에 꽃들이 정말 보고 싶기만 하다. 이 봄, 내 마음속에 꽃들을 그리워하며 생애 가장 우울한 봄을 보내고 있다.

여름나기

한여름 밤, 무척 더워 찬물에 샤워하고 자리에 누웠는데도 잠이 오지 않는다. 마침 텔레비전에서 명화극장을 방영해 빠져든다. 그것도 옛날 어렸을 때 많이 봤던 서부영화다. 옛날에 볼 때처럼 그런 감동은 없지만 잠시 더위를 잊는데 그만이다 싶다. 새벽 1시쯤 끝나 텔레비전을 끄고 자려하니 귀뚜라미 소리가 요란하다.

'아니 벌써 귀뚜라미가?'

이 찜통 무더위 속에 듣는 귀뚜라미 소리가 그렇게 반가울 수가 없다. 쉬이 가을이 온다는 소리가 아니겠는가? '곧 가을이 올 테니 조금만 더 참으소.'라며 전하는 것 같다.

그리고 보니 새벽으로 가을이 스며드는 8월이다. 8월 8일이 입추이니까 가을의 전령사, 부지런한 귀뚜라미가 가을이 오고 있음을 알려 주고 있다. 아무나 알 수 없도록 한밤중에 알려 주는 귀뚜라미의 깊은 뜻을 몰래 훔쳐들은 듯하여 미안하기도 하다. 계절의 흐름을 민감하게 알아차릴 수 있는 자연인에게만 들려주는 귀한 속삭임을 내가 들은 것 같아 기분이 좋다.

계절의 흐름은 참으로 묘하다. 더위가 한창 맹위를 떨치고 있는데 한쪽에서는 가을을 등장시키고 있다. 계절은 그렇게 겹쳐서 오고 간다. 더 묘한 것은 그런 자연의 섭리를 선조들이 알아차리고 여름 한가운데 입추를 넣어 놨다. 한창 더울 때 가을이 오고 있음을 알려 더위를 좀 더 쉽게 보낼 수 있도록 하는 아주 좋은 아이디어라는 생각이 든다.

선조들이 만들어놓은 24절기가 그런 계절의 흐름을 정확하게 파악하고 만들었다는 것이다. 제일 처음 봄을 알리는 입춘은 한겨울인 2월 4~5일이요, 여름을 알리는 입하는 봄이 한창인 5월 6~7일이다. 입추는 한여름인 8월 7~8일, 입동은 가을이 막바지인 11월 7일 경이다. 앞선 계절 한가운데서부터 다음 계절은 잉태되고 서서히 자라고 있는 거다.

어찌 나처럼 무딘 사람은 제대로 계절을 느끼며 즐길 수 있겠는가? 그런데 올해는 이 깊은 밤에 가을이 오는 소리를 알아차렸으니 내겐 대단한 사건일 수밖에 없다.

올해는 초여름부터 무더위가 맹위를 떨쳐 대 여름을 일찍 느끼기 시작해서 그런지 유난히 여름이 길 것 같았다. 그래도 귀뚜라미는 영락없이 때가 됐다고 한밤에 정적을 깨고 있다. 8월 한 달 고스란히 남아 있는 더위를 올해는 좀 여유 있게 보낼 것 같다. 가을이 오는 소릴 들었으니 더워 봤자 라는 호기가 생긴다.

나는 사계절을 철저하게 겪고 지나가야 건강하단 생각을 한다. 여름엔 땀을 비 오듯 쏟아 내고, 겨울엔 오돌오돌 추위에 떨어도 보면서 보내야 한다. 그래야 제대로 계절을 맞이하고 보냈다는 생각이 들어 계절을 쉽게 보낼 수 있다. 어려서부터 사계절의 변화 속에 적응해온 몸이 아니던가? 그런데 더울 때 더워보지 못하고 추울 때 추위 보지 않으면 이건 아니다 싶다.

직장에 다닐 땐, 차를 탈 때도 직장에 가서도 냉방기를 틀고 살다 보니 땀을 제대로 흘려 보지도 못하고 여름을 나는 때가 있었다. 또 겨울에도 온방기를 달고 사니까 추위를 제대로 겪지 않고 보내게 된다. 그렇게 계절을 제대로 겪지 않고 보내면 뭔가 빼 먹은 것 같아 매우 허전해진다.

나는 아예 집에 냉방기를 사 놓지 않았다. 사 놓고 틀까 말까 고민하는 게 싫기도 하거니와 더위를 제대로 즐기고 싶어서다. 선풍기도 잘 안 틀고 산다. 더위를 피하려다 보면 더 힘들어지는 것이란 생각이다. 그러다 보니 이

따금 창문 너머로 들어오는 산들바람에도 시원함을 느낄 수 있게 되었다. 그 시원함은 선풍기나 냉방기 바람에 댈 것이 아니다. 여름밤에는 꼭 창문을 열어 놓고 잔다. 불현듯 열린 창문 넘어 들어오는 바람이 솔솔 잠을 불러오기 때문이다.

이마에서 땀이 흘러내리면 쾌감마저 느껴진다. 젊었을 땐 여간해서 땀이 안 났다. 일한다든가 운동을 해야 땀이 나기 때문에 이마에서 땀이 흐르면 닦아내기보다는 얼른 거울 앞에 가서 구경하며 미소 짓기도 했었다. 나이 탓인가 지금은 이 글을 책상 앞에서 쓰고 있는데도 이마에서 땀이 흘러내려 손수건을 이마에 두르고 있다.

또 더위는 지나고 보면 보름 남짓이다. 길어봐야 스무날이다. 일 년의 그 정도야 이겨 낼 수 있지 않을까 싶어 즐기고 있다. 더위를 즐겨야 할 이유가 또 있다. 이렇게 무더우면 벼가 잘 영근다고 옛날 어른들이 말씀하시곤 했다. 이마에 땀을 닦으면서 벼가 잘 영글겠거니 하면 참을 만하지 않은가?

며칠 전 4살 된 외손녀가 왔었는데 외할머니와의 대화를 들으며 웃음이 났다.

"할머니 왜 여름엔 더워요?"

뜻밖에 질문에 아내가 멈칫하더니

"여름이니까 덥지"

한다. 나한테 물었으면 뭐라고 대답했을까? 생각해보니 딱히 답이 없다. 지구와 태양이 어떻고 해봐야 못 알아들을 테니 차라리 아내의 답이 명답일 것 같다고 생각하며 웃었다.

괌에 갔을 때 일이다. 처음 나가 보는 외국이라 무척 마음이 들떠 있었다. 호텔에 냉방을 어찌 세게 틀어 놨는지 추울 정도여서 껐더니 금방 침대보가 눅눅해지고 꿉꿉해진다. 결국 냉방기를 틀고 말았다. 또 첫날 아침에 호텔을 나오면서 냉방을 끄고 나왔는데 저녁때 돌아오니 가이드가 냉방을 절대

끄지 말라고 한다. 습기가 많아 가구가 금방 망가진단다. 그곳 더위 속에 3일을 보내다 보니 지쳐 가는 것이다. 이곳은 일 년 내내 아니 이렇게 언제나 덥다고 생각하다 보니 더 갑갑해지는 것이다. '와~ 이런 데서 어떻게 살아' 숨이 막혀온다. 그리고 돌아오는 비행기에서 노랗게 단풍이 든 고국산천을 내려다보니 역시 우리나라가 좋다는 것을 깨닫게 되었다.

우리가 더운 여름을 견디어 내며 보낼 수 있는 것은 괌처럼 계속 더운 것이 아니고 얼마 지나면 가을이 온다는 것을 알고 있기 때문일지도 모르겠다. 또 이렇게 더위와 싸우는 가운데서도 귀뚜라미가 가을이 오고 있음을 알려 주니 이 또한 여름을 이겨낼 수 있는 즐거움이 아니던가. 여름에 더운 것은 여름이니까 더울 뿐이다. 그냥 즐기자.

초열대야와 대결

연일 수은주의 높이가 신기록을 세우며 높아지더니 영주지방을 비롯한 몇몇 고을들은 40도를 넘겼단다. 뉴스를 보니 한강 물 온도가 30도를 넘겨 물고기가 견디지 못하고 죽어서 둥둥 떠다닌다. 또 수영장 물 온도가 37도로 목욕탕 수준의 온도라고 기자가 직접 온도계를 들고 재서 보여 준다. 낙동강, 금강이 올해도 녹조가 발생하여 보들을 열어젖히고 물을 뺀다고 야단이다. 그러나 어떤 곳에

서는 주민들이 못 열게 하고 그 물을 가뭄이 심한 지역에 끌어다 쓰기도 한다.

밤에 25도가 넘으면 열대야라는데 30도가 넘어서서 내려갈 기미가 안 보이니까 초열대야(超熱帶夜)라는 신조어도 만들어 낸다. 우리나라의 여름 기온이 자꾸 올라가 머지않아 50도를 넘긴다고 기상학자들이 겁을 준다. 영동

군엘 갔더니 도심 아스팔트 도로에다 살수차를 동원하여 물을 뿌려댄다. 그런다고 얼마나 시원해지겠냐마는 시민들은 시원함을 느껴 좋다고 한다.

살인적인 초열대야를 에어컨도 없이 버티어 낸다. 지난겨울 생전 처음 아파트로 이사와 아파트에서 여름나기는 처음 경험하는 거다. 그 첫 경험을 혹독하게 치르고 있다.

나는 평생을 집에 에어컨이 없이 살았다. 주택에 살 때는 아무리 더워도 밤에 문을 열어 놓고 자면, 창문 너머로 들어오는 바람이 그렇게 맛있을 수가 없었다. 에어컨을 안 사는 이유 중의 하나가 그 바람의 맛 때문이기도 했다. 에어컨 바람과는 비교할 수 없는 그 감칠맛 때문에 여름이 아무리 더워도 무던히 이겨낼 수 있는 것이다. 자기 직전에 지하수 찬물로 샤워를 하고 드러누우면 창문 너머에서 살포시 불어 들어오는 바람. 세상 어느 것보다 귀하고 맛있어서 슬며시 잠들 수 있음은 여름철에만 느껴보는 행복이었다. 거기다 입추 때쯤 되면 가을이 오는 소리를 제일 먼저 알아차릴 수 있다. 이 또한 에어컨이 있으면 도저히 느껴 볼 수 없는 행복이다.

사실 그 바람은 집 주위가 잔디와 나무들로 둘러싸여 있어 도시의 뜨거운 열기를 식혀 주는 데 있다. 앞마당에 화초와 잔디, 뒤뜰에는 텃밭과 울타리 나무들 그 너머에는 공원이 있었다. 또 지붕엔 처마가 있어 햇볕을 저만큼 떼어 놓는다. 거기다 방바닥에 누우면 차가워서 등이 시원했다. 창문 밖에 풍경도 녹색이라 보는 눈 또한 시원함을 느낄 수 있었다. 그런 호사들은 주택에 살다 보니 가능했다는 생각이 이 여름 절실히 느끼고 있다.

새로 이사 온 아파트는 15층이라 지열도 못 올라올 줄 알았는데 내 생각은 완전히 빗나가고 말았다. 아파트 건물 자체가 뜨겁다. 햇볕의 열기를 맨몸으로 받는 벽은 물론이요, 바닥도 겨울에 보일러를 켠 듯 뜨듯하다. 처음엔 보일러의 난방은 끄고 온수만 나오도록 설정해 놨었다. 그러나 그것 때문에 난방도 될지 모른다는 생각에 아주 전원을 꺼버렸다. 그래도 마찬가지다. 주택에서 느끼던 그 차가운 바닥을 찾아볼 수가 없다. 그러니 밖에서 시원한 바람이 들어온들 시원할 수가 없는 것이다.

차라리 맨 아래층이 날 것 같다는 생각이 든다. 아파트 건물 사이에 심겨 있는 나무들을 볼 수 있으니 말이다. 15층이다 보니 나무들은 저 밑에 있어 보이지도 않고 사방을 둘러봐도 열기를 가득 머금은 시멘트 구조물만 보인다. 시원함이 아니라 숨이 턱 막히는 열기가 느껴져 내다 볼 수가 없다. 창문을 모두 열어 놓으니까 온 동네 소음은 다 들린다. 사이렌 소리, 오토바이 소리, 멀리 있는 고속도로 소음까지 나를 더욱 덥게 만든다.

처음 이사 왔을 때는 높으면 시야가 넓어서 좋다고 생각했었다. 또 문을 다 닫고 사니까 시끄러운 줄도 몰랐다. 초열대야가 어느 날 갑자기 오기 전까지 그 생각은 맞았다. 창문으로 내다봤을 때 녹색의 숲이 보이는 것과 시멘트 숲이 보이는 것의 차이가 이렇게 클 줄은 미처 몰랐다. 지금 내겐 모든 게 충격이다.

밤마다 어찌나 더운지 땀이 온몸을 적신다. 견디다 못해 하루는 아침에 일어 나자마자 아내와 집을 나섰다. 계곡을 찾아 피서를 가기 위해서다. 지난봄에 지인들과 가 봤던 거창 금원산 계곡이 생각나서 무조건 달려갔다. 계곡의 여름은 역시 시원했다. 온종일 유안청 폭포 앞에서 폭포 소리 들으며 발 담그고 있으니 천국이 따로 없다.

그렇게 하루를 보내고 돌아왔는데 현관문을 열자마자 후끈한 열풍에 숨이 탁 막혀온다. 사우나도 이런 사우나가 없다. 집에만 있을 때는 그래도 이렇게까지 덥진 않았었는데 이게 웬일인가? 가만히 생각해보니 온종일 시원한 곳에서 보내다 보니 몸이 그새 더위의 적응 능력이 떨어진 것이다. 이런 더위에는 피서한다는 것이 잘못된 행동이었나 보다.

또 며칠을 헉헉대며 이걸 해결할 방법을 고민한다. 아예 내년부터는 여름을 강원도 홍천 선산에 있는 묘지기 집으로 가서 날까? 어느 계곡을 선택해서 텐트를 치고 여름을 나볼까? 그러다 홈쇼핑에서 에어컨 파는 방송을 보다 아파트에서는 에어컨이 해결책이란 결론에 도달한다. 그런데 설치하는데 15일쯤 걸린다고 한다. 15일이면 더위는 가고 없을 때 아닌가? 그럴 바에는 오는 겨울에 사는 게 낫지 않겠는가? 결국 포기하고 온몸으로 초열대야와 대결을 계속한다.

그렇게 대결하는데 어느 날 밤 홀연 바람 끝이 달라짐을 느낀다. 남들은 계속해서 초열대야라며 호들갑을 떠는데 나는 더위의 끝자락을 느낀 거다. 비록 이맘때 옛날 집 같은 시원함은 아니어도 바람 끝이 식어감을 느낄 수 있다. 그것은 여름의 무더위를 온몸으로 부닥치며 이겨낸 자만이 느낄 수 있는 감격이랄까? 아무튼 나에겐 반갑고 기쁨을 느끼기에 충분하다. 이렇게 바람 끝이 시원해질 무렵이면 그 시원한 바람결에 풀벌레 소리도 함께 들려와 더욱 반갑게 했었다. 그러나 여기 아파트 15층에선 언감생심인 것 같다.

사실 덥다는 것도 그걸 피하려다 보니 생기는 인간의 변덕인지도 모르겠다. 정면으로 부닥치면 오히려 더위를 덜 느끼는 것 같다. 더위를 피하려고 해수욕을 가고 계곡을 찾고 에어컨을 켜고 하다 보니까 더위에 적응을 못하고 계속 더 덥게 느끼게 되는 것이다. 헉헉대다가 내가 더위에 너무 집착하는 것은 아닌가? 불현듯 생각이 든다. 그래 맞아 더위를 잊자. 더워 더워하고 있으니까 더 더운 것이다. 언론매체들이 더위를 잊지 못하게 호들갑을 떨어 대지만, 그래도 뭔가에 빠지다 보면 더위를 잊게 될 것이다.

다산 정약용은 소서팔사消暑八事라고 해서 여덟 가지 삼매경에 빠져서 피서避暑가 아닌 소서消暑로서 더위를 잊고자 했다고 한다.

법정 스님은 더위를 이기려면 나 스스로 더위가 되라고 어느 해 하안거 법문에서 말했듯이 나처럼 온몸으로 돌파하는 것이 최선일지도 모르겠지만 올여름은 더위도 너무 덥다.

비 오는 날의 상념

"여보 비 와요. 빨리 그쪽 창문 닫아요."

거실에서 티브이 보던 아내가 창문을 닫으며 나의 방 창문을 닫으라고 한다. 밖을 내다보니 열린 창문으로 비가 조금씩 들이치고 있었다. 아파트는 주택과 달리 처마가 없어서 비만 오면 별수 없이 창문을 닫아야 한다. 처음 아파트에 살다 보니 비만 오면 창문을 닫는 게 낯설었지만, 어쩌랴 비가 들이치는데….

아파트로 이사 온 후 여름이 오고 습기가 많은 장마철이 되니 문제가 되기 시작하는 것이다. 왜냐하면 문을 모두 닫다 보니 금방 습기로 인해 후덥지근해지고 그러면 이내 꿉꿉해진다. 해결 방법은 에어컨에 의존하는 수밖에 없는데 그럴라치면 나는 에어컨을 켜자 하고 아내는 참아 보자 하고 어느새 다투고 있기 일수다. 이런 상황을 아파트로 이사 와서부터 4년째 계속하며 살고 있다. 그래서 아파트에 와서 제일 싫은 것 중의 하나가 비 오는 날 창문 닫는 거다. 후덥지근해지는 것도 그렇지만 빗소리와 낙숫물 소리를 들을 수 없다는 것이 더 싫게 만들었다.

창문을 닫고 유리창에 떨어져 흐르는 빗방울을 무심히 바라본다. 비는 언제나 내 가슴을 차갑게 적신다. 젊은 시절 어리석음에 헤매던 나에게 생명수가 되어 온몸을 적실 때도 있었고, 오랜 가뭄 끝에 갈라진 논바닥 같은 내 마음의 갈증을 시원하게 적셔줄 때도 있었다. 그래서 젊었을 때는 곧잘 비를 맞으며 걷곤 했었다. 옛날 주택에 살 때는 소나기라도 올라치면 창문을 열고 한참 빗소리 낙숫물 소리 듣는 걸 무척 좋아했었다. 아파트에선 비가 오기만 하면 문을 닫아야 하니 어느새 추억 속에 미라가 되어 가고 있다.

　빗줄기를 따라 유리창 넘어 아래를 내려다본다. 빗방울들이 직선을 그으며 떨어진다. 15층에서 내려다보는 나는 어지러운데 빗줄기는 바람에 몸을 맡긴 채 비스듬히 부드러운 직선을 그리고 있다. 나뭇잎을 건드려 춤을 추게 하고 끝에 매달려 구슬이 되기도 한다. 걸어가는 우산 위에 떨어지면 떼구루루 미끄럼도 탄다.

　'아! 빗방울아, 제발 개미 위에는 떨어지지 마라. 그러면 작은 개미가 죽을지도 모른다.' 어렸을 때 비 오는 날 빗속에서 개미가 부지런히 기어가는 것을 보았다. 그때 개미가 저 세찬 빗방울에 맞으면 죽을지도 모른다는 생각에 안타깝게 바라봤었다. 그 뒤로 한동안 비만 오면 그게 걱정이 되었었다. 문득 그때 생각이 떠올랐다.

　다시 고개를 들어 멀리 아파트 너머 갑하산 쪽을 바라본다. 구름모자 쓴 갑하산의 녹색이 무거워 보인다. 이제 여름도 다 끝나가나 보다. 하긴 오늘이 처서處暑니 그럴 법도 하다. 어제 글쓰기 시간에 어느 문우가 처서의 한문이 무슨 뜻이냐고 묻는다. 그러고 보니 처서가 가을의 시작이라는 것은 알겠는데 한문 풀이는 나도 모르겠다.

　요즘은 모르면 핸드폰에 물어보면 된다. 후다닥 검색해본다. 처서의 '處' 자가 머무를 처, '暑' 자는 더울 서. 더위가 멈춘다는 뜻이란다. 계절이 '더위야 그만게 섯거라.' 하고 더 가지 말고 그만 멈추라고 호통치는 날인가 싶다. 그나저나 처서에 비가 오면 '십 리에 천 석이 감해진다.'라고 하는데 어쩌려고 비가 오는 지 걱정이다.

　유리창에 아무 소리도 없이 흐르는 빗방울들이 문득 눈에 들어온다. 자기들의 속삭이는 노랫소리를 들려주고 싶은데 야박하게 문을 닫다니. 게다가 유리창에 부딪혀서 산산이 부서지게 해 아픔의 눈물을 흘리는 것 같아 미안하다는 생각이 든다. 까짓거 비가 좀 들이치면 어쩌랴. 걸레 갖다 닦으면 될 것 아닌가. 또 비가 오면 빗소리를 듣는 것은 당연할진데 그걸 거부하다니. 괜스레 죄책감이 들어 문을 빼꼼히 열어 본다. 조금 열린 틈새로 들리는 빗소리가 정답다.

내친김에 창문을 활짝 열어 본다. 나도 모르게 내 마음의 문마저 열어젖힌다. 더욱 크게 합창 소리로 아니 교향악 소리로 온몸을 전율케 한다. 얼굴을 창밖으로 내미니 떨어지는 차가운 빗방울들이 이마 위에서 통통통 빗방울 전주곡을 연주한다. 이게 얼마 만에 느껴보는 상쾌함인가! 깜박깜박 졸기만 하던 감성이 깜짝 놀라 깨어나는 느낌이다. 한 방울 한 방울 그 모두의 느낌을 안 놓치려고 눈을 감고 온 감각을 얼굴로 모은다. 얼마나 많은 날을 무뎌져 가는 감성에 안타까워했던가! 깨어나라. 아직은 그럴 때가 아니다. 그토록 뜨거웠던 가슴 다 어쩌고 이렇게 나약해져만 가는가! 열병에 들끓던 젊은 날의 열정 다 어쩌고 속절없이 식어만 가고 있는가 말이다.

고개를 들어 하늘을 본다. 탄력을 잃어가는 내 얼굴에 아니 무뎌져 가는 감성에 빗방울이 마구마구 매질해댄다. 그 매질이 너무 아파서 두 볼에 흐르는 빗물이 뜨거워진다. 다시 눈을 감는다. 이번에는 마음이 어느새 빗속을 달려가고 있다. 어디로 가야 하는가? 얼마만큼 달려온 것일까? 어디까지 가야 하는가? 그런 거 따져서 무엇하리오. 그냥 달려가는 거다.

빗물이여, 퇴색해가는 세월의 흔적일랑은 말끔히 씻어 가거라. 다시 꿈을 꿀 수 없어도 좋다. 사랑할 날이 얼마 남지 않았대도 나는 상관하지 않으리. 지금 너의 차디참으로 이 마음 끝까지 갖고 갈 수 있게만 해다오. 그리하여 나 없는 세상에 남아 있을 이들이 나의 흔적이 아름다웠다고 말해 줄 수 있다면 그것으로 족하다.

초추의 자장가

이슥한 밤, 불을 끄고 자려하니 열어 놓은 창밖에서 풀벌레 소리가 온 방안 가득 요란하다. 아직도 한낮엔 뙤약볕이 따가운데 밤으로는 바람이 제법 시원하다.

새벽녘엔 열어 놓고 자는 창문 넘어 들어오는 바람이 이불을 끌어 덮게 하는 것이 어느새 가을이 슬그머니 다가온 게다. 처서가 지나고 다음 주에는 찬 이슬이 내린다는 백로가 있으니 그럴 법도 하거니와, 옛 조상이 만들어놓은 절기는 신기할 정도로 정확함에 새삼 놀란다.

유난히 더위와 비가 많이 내려 언제까지 물러나지 않을 듯 기승을 부리던 여름도 이제 서서히 제풀에 지쳐 물러가고 코발트 빛 하늘이 마음을 설레게 한다.

푸르던 초목들은 화려한 가을옷으로 갈아입고, 오곡이 무르익어 황금벌판이 머지않아 펼쳐질 것이다. 가을 들녘은 또 그렇게 진정한 채움 뒤에 비워낼 것이다.

봄에 밭 갈아 씨 뿌리고 여름에 땀 흘려 가꾼 농부에겐 이 가을이 더욱 넉넉함으로 행복하게 맞을 수 있을 것이다. 이 풍성한 가을이 가면 농

부와 들녘은 또다시 새로운 봄을 꿈꾸며 겨우내 하얀 눈 밑에서 여유로운 쉼을 만끽하겠지.

불을 끄고 풀벌레 소리를 자장가 삼아 잠들기 전, 창가에 머무는 달빛 바라보며 잠시 가을 단상에 젖어 본다. 그러다 문득 안톤 슈낙의 '우리를 슬프게 하는 것들'이라는 교과서에 실렸던 수필이 생각난다.

『울음 우는 아이들은 우리를 슬프게 한다. 정원의 한편 구석에서 발견된 작은 새의 시체 위에 초추初秋의 양광陽光이 떨어질 때, 가을은 우리를 슬프게 한다. 그래서 가을날 비는 처량히 내리고 사랑하는 이의 인적은 끊겨 거의 일주일간이나 혼자 있게 될 때 …』

그래 맞아 한동안 가을이면 이 구절을 외우곤 했었는데 언제부터인가 잊고 살았다. 지금도 교과서에 있는지 모르지만, 누구나 아는 유명한 이 수필을 나도 무척이나 좋아했다. 그리고 나도 이런 글을 쓰는 작가가 되겠다며 그땐 줄줄 외우고 있었다.

그래서 어떤 글이든 쓸 때면 이 수필에 나오는 단어들을 자주 이용하고 있었고, '초추의 양광'이란 구절은 가을이면 늘 떠올리는 글귀였다. 그런데 요즈음은 까맣게 잊고 살았다.

가을은 누구나 시인이 되게 하고, 사랑하게 하고, 노스탤지어에 눈물짓게 하는 계절이라고 한다. 나 역시 한참이나 그랬던 것 같은데 왜 요즘은 무덤덤해졌을까? 내일은 일어나자마자 이 수필을 검색해서 읽어봐야겠다.

자세히 귀 기울여 들어보니 큰 소리로 우는 놈, 작게 우는 놈, 멀리서 우는놈, 가까이서 우는 놈, 귀뚜라미 말고도 또 다른 놈도 있는 것 같은데 알 수가 없다. 그러나 무척 정겹고 화음이 잘 어울린다. 어느 음악가가 이렇게 훌륭한 화음을 만들 수 있을까? 초추의 이슥한 밤 나는 풀벌레 소리를 자장가 삼아 하얀 기쁨을 꿈꾸며 잠들 수 있어 행복하다.

시가 있어 기분 좋은 가을날

올가을은 유난히 맑고 투명한 날이 많아 좋다. 코로나 때문에 중국에 공장이 덜 돌아가 미세먼지가 확 줄었다더니 그 덕인지도 모르겠다. 어쨌든 가을이 맑아지니 하늘만 쳐다봐도 코로나로 답답했던 가슴이 탁 트이는 것이 정말 좋다. 내가 어려서는 우리나라 가을 하늘이 무척 맑고 깨끗해서 좋았었다. 언제부터인가 황사다, 미세먼지라며 맑은 날 보기가 힘들어졌다. 이 청명하고 드높은 가을에 또 하나의 기분 좋은 이벤트가 있어 가보았다.

그 이벤트란 영동 천태산 품에 있는 영국사 가는 길에서 시전(詩展)이 열리는 것이다. 매년 천태산 은행나무가 노랗게 물들 때쯤이면 시전이 열린다. 처음 간 것은 몇 해 전 지인의 시가 걸려 있어 가게 되었다. 그날도 지인의 시가 걸려 있어 지인과 함께 갔었다. 지인의 시도 시려니와 전국에서 보내온 시인들의 주옥같은 시를 한 편 한 편 읽는 쏠쏠한 재미에 빠져 매년 가서 보고 있다.

하얀 현수막에다 시를 적어 삼단폭포가 있는 곳까지 나무와 나무 사이에다 걸어 놓았다. 낯익은 유명 시인의 시도 있고 이름 모를 시인의 시도 있다. 햇살이 비스듬히 눕기 시작하는 오후에 가면 나무 그림자가 현수막에 비쳐 분위기를 돋운다. 거기다가 단풍까지 들어 울긋불긋 장단을 맞추니 더욱 좋다. 시에 취하고 분위기에 한 번 더 취하면 어느새 얼굴마저 불콰하게 단풍으로 물든다. 이렇게 좋은 시절에 멋진 풍경 속에서 아름다운 시를 감상할 수 있다는 게 얼마나 멋지고 기분 좋은 일인가? 덕분에 나의 가을은 더욱 빛나고 있다.

　그렇게 시를 감상하고 지인과 시에 관한 대화를 나누며 가다 보면 삼단폭포에 다다른다. 천태산 삼단폭포는 여름엔 삼단으로 물을 쏟아 내는 아름다운 폭포다. 그러다 가을이 오면 바람이 지나며 떨군 낙엽이 쏟아지는 낙엽폭포가 된다. 천태산 낙엽은 삼단폭포로 떨어지며 물이 여울지는 곳에는 뱅글뱅글 재미있게 놀다 가기도 하고 고여 있는 곳에서는 뱃놀이도 한다.

　삼단폭포를 지나면 길은 갑자기 가팔라진다. 위를 쳐다보니 저만큼 계단 위에 영국사 일주문 아래로 가을 저녁 햇살이 살포시 넘어오고 있다. 마치 무릉도원으로 들어가는 문 같아 걸음이 빨라진다. 일주문을 들어서서 무릉도원을 바라보면 천태산 품 안에 천년고찰 영국사와 노랗게 물들어 가는 영국사 은행나무가 반긴다. 가을이 오면 꼭 한 번 영국사 은행나무 단풍을 가보라고 권하고 싶다.

　1,300년이 됐다는 은행나무, 이제는 노인네가 되어 힘이 들 법도 한데 아직도 노오란 잎이 저녁 햇빛에 찬란하게 빛나고 있다. 몇 년 전에는 그런 찬란한 황금색이 보고 싶어 왔더니 조금 일러 아직이었다. 그래서 며칠 후에 또 왔더니 잎을 다 떨구고 앙상한 가지만 남아 있는 게 아닌가? 웬일인가 했더니 그새 서리가 와서 하루 만에 모두 떨어지고 말았다. 그 바람에 알았다. 은행나무 잎은 서리가 오면 모두 떨어진다는 것을….

　하도 나이가 많아 동네 사람들이 봄이면 막걸리를 말로 부어 주며 무사안녕을 빌기도 한다. 문득 봄이면 막걸리를 먹어서 건강해졌나 싶은 생각이 든다. 오랜 세월 온갖 사람들 사는 것을 보아 왔으니 무엇인들 모르는 것이 있을까? 그 영험함에 은행나무 앞에는 애절한 소원을 담은 소원지가 많이 걸려 있다. 절 앞에서 물끄러미 은행나무를 바라보다가 겨우 백 년도 못 사는 주제에 뭔 소원이 그리 많을까 싶은 생각에, 나 자신 한 없이 작아지는 걸 느낀다.

　은행나무를 둘러보고 내려오는데 큰 나무 사이로 작은 나무들이 곱게 물들어 가고 있다. 옻나무 같기도 하고 붉나무 같기도 하고 맨날 헷갈린다. 떡갈나무, 참나무의 넓은 이파리 때문에 여름내 햇볕을 제대로 받지도 못하고 살았을 것이다. 또 단풍나무에 묻히고 여러 큰 나무들에게 치이면서도 굳건히 살아내어 이 가을 곱게 물들어 가는 것을 보니 대견스럽다 못해 존경스럽다. 내려오면서 작은 키로 응달에서 자랐으면서도 곱게 물들어 가는 작은 나무들에 필(Feel)이 꽂혀 계속 셔터를 눌러댔다.

　작은 나무라고 대충 건너뛰고 살 수는 없을 것이다. 햇볕도 필요하고 거름도, 물도, 큰 나무가 필요로 하는 것 다 필요할 것이다. 그러나 큰 나무들 때문에 그런 것들에 대한 혜택을 제대로 못 누리다 보니 더욱 큰 노력이 필요하지 않았을까? 여름은 그들에게는 엄청나게 혹독한 계절인지도 모르겠다는 생각이 든다. 그런 계절을 무사히 넘기고 곱게 물들어 가는 모습에 무한한 감사의 박수를 보낸다. 그렇다고 동물처럼 다른 곳으로 옮겨 갈 수도 없다. 오로지 태어난 그 자리에서 악조건들을 묵묵히 견디어 내며 힘들다, 싫다 말 한마디 없이 이겨냈을 것이다. 고난이나 힘듦, 괴로움들은 피하거나 좌절하라고 있는 것이 아니고 극복하라고 있는 것이 맞는다는 생각을 다시 한번 해본다.

지금 코로나19로 말미암아 많은 사람이 힘들어하고 있다. 길고 혹독한 것 같아도 1년도 안 되었다. 언제나 그렇듯이 머지않아 굴복시킬 것이다. 인간의 슬기로움은 능히 극복해 낼 지혜를 찾아낼 것이다. 저 작은 나무가 혹독한 여름을 이겨내고 곱게 물들 듯 우리도 코로나19를 극복하고 곱게 물들 때가 분명 있을 것이다.

이 가을 기분 좋은 소경(小景)들 속에서 이런저런 생각을 하며 내려오다 보니 다시 시가 걸려 있는 곳이다. 아까보다 그림자가 더욱 좋다. 지인의 시가 있는 현수막에 그림자와 함께 사진을 다시 찍고 잠시 시에 관해 이야기를 나눈다. 내년에는 나도 응모해서 여기다 나의 시 한 편 걸어놓아야겠다.

눈 오는 날의 회상

이번 겨울엔 초겨울부터 눈이 많이 온다. 늦게 귀소하는 오늘 밤에도 눈은 소리 없이 가로등 불빛에 부드러운 직선을 그으며 흩날리고 있다. 하얀 적막 속에 그리운 이가 보내온 소식인 듯 소복소복 그리움이 쌓이고 있다.

앞에서 달려오는 자동차 불빛에 비치는 눈은 연신 길 위에 그린 그림들을 지우고 있다. 강아지가 장난치며 찍어 놓은 발 도장. 옷깃을 올리고 앞서가는 사람의 발자국. 두 줄로 그어놓은 자동차 바퀴 자국도 쫓아다니며 부지런히 지우고 있다. 뒤돌아보니 따라오는 내 발자국도 금세 지워 버리고 있다.

눈이 오면 강아지처럼 기분이 좋다. 특히 밤새 눈이 내려 아침에 소복이 쌓인 눈을 볼 때, 또 아무도 밟지 않은 하얀 길을 뽀드득뽀드득 소리를 내며 걸어가면 가슴이 설렌다. 처음 걸어가는 저곳이 희망의 땅인 양 순수해진 가슴은 기쁨과 행복으로 부풀어 오른다. 따라서 눈에 얽힌 추억은 누구나 다 그렇겠지만 내게도 생생하면서도 아련하다.

어렸을 적에는 밤새 눈이 오면 일찍 일어나 웃골 외할아버지 산소에 눈을 치우러 가곤 했다. 동구 밖 에움길을 돌아서면 아무도 밟지 않은 눈길이 나타나는데 그 길에 나의 발자국은 늘 처음이었다. 작은누나하고 빗자루로 발자국 디딜 곳만 눈을 쓸며 가다가 일부러 간격을 넓게 하면 누나가 야단을 치고, 눈싸움도 하며 가곤 했었다.

지금 생각해보면 왜 외할아버지 산소에 눈을 쓸어야 했는지 얼핏 이해가 안되지만 그땐 그게 당연했었다. 외할아버지 산소에 눈도 눈이지만 아침 일찍 아무도 밟지 않은 눈을 밟는 그 설렘이 더 좋았던 것인지도 모르겠다. 그때는 지금보다 눈이 많이 오기도 했지만, 눈이 오면 너나 할 것 없이 온 동네 사람들이 모두 나와 동구 밖까지 눈을 치우곤 했었다.

또 두 살 터울의 동생이 병을 이기지 못하고 끝내 하늘나라로 가던 날 새벽에도 눈은 교회당 종소리를 품고 내리고 있었다. 그날 동생은 밤새 내린 눈을 처음 밟으며 하얀 희망의 나라로 간 것이 분명하다. 그 동생하고는 눈 오는 날 기억이 또 있다. 초등학교 3학년 때인가 보다. 겨울방학 때 같이 할아버지 댁엘 갔다가 돌아오는 길이었다. 20여 리를 고무신 신고 걸었더니 눈이 신발 속까지 들어와 녹아 발이 무척 시렸다. 강을 건너야 하는데 배는 얼른 안 오고, 동생은 발을 동동 구르며 우는 게 아닌가. 나는 차마 울지도 못하고 동생을 끌어안고 달래던 기억도 난다.

처음으로 덕유산 겨울 사진을 찍으러 갔을 때 일이다. 일출을 찍기 위해 대피소에서 하룻밤 자는데 밤새 추위와 바람 소리에 한잠도 못 자고 아침 일찍 사진 찍으러 나갔다. 하도 추워 갈아 끼우는 필름이 얼어서 똑똑 부러질 정도였다. 그래도 처음 보는 설경과 일출이 장관이어서 눈이 휘둥그레졌다. 그때 마침 귀에 꽂은 소형라디오 이어폰에서 드보르자크의 '신세계 교향곡'이 들려왔다. 붉은 해가 떠오르는 설원에서 듣는 '신세계 교향곡'은 정말로 가슴을 꽝꽝 치며 나를 신세계로 이끌어가는 게 아닌가! 사진도 추위도 다 잊고 그 곡이 끝날 때까지 눈사람처럼 서 있었다. 그때의 감동은 30여 년이 지난 지금도 생생하다. 음악 감상을 좋아해 늘 음악을 들으며 살고 있지만, 음악으로부터 이렇게 진한 감동을 할 수도 있다는 것을 그때 처음 알았다. 그래서 지금도 겨울 덕유산엘 가면 의식처럼 핸드폰으로 '신세계'를 듣곤 한다.

내 평생에 눈이 많이 온 것을 경험하였을 때는 2004년 3월인가 보다. 아

침에 눈을 뜨니 밤새 내린 눈이 3~40cm가 쌓였다. 눈이 계속 내리는데 출근을 하기 위해 차를 몰고 집을 나섰다. 그러나 가다가 도저히 갈 수가 없어서 너나 할 것 없이 모두 차를 그냥 길 위에 세워놓고 걸어서 간신히 출근했다. 그렇게 오전 내 계속 쏟아져 80여cm가 쌓이니 그친다. 오후 2시쯤 일찍 퇴근하라고 해서 걸어서 퇴근하는데 넓적다리까지 빠지는 눈 때문에 걷기조차 힘들었다. 그래도 오랜만에 느껴보는 눈 오는 날의 깊은 적막이 참으로 좋아 20여 리 길을 즐겁게 걸어왔던 기억이 생생하다. 그때 대전지역에만 그렇게 내려 고속도로고 뭐고 꼼짝을 못해 모두 차를 세워놓고 인근 마을로 대피하는 소동이 벌어졌었다.

 사실 눈은 보기에는 탐스럽고 온 세상을 하얗게 덮어 아름답게 만들지만 그렇게 낭만적으로 볼 수만은 없는 두 얼굴을 갖고 있다. 녹아버리면 아무것도 아닌 것이, 많이 쌓이면 비닐하우스를 망가트려 농민을 속상하게 하는가 하면, 길을 미끄럽게 해 교통사고 또한 많이 발생시킨다. 노인네들 외출할 땐 미끄러트려 골절을 당하게 하고, 높은 산엔 조난사고도 자주 발

생시킨다. 이 모든 것이 눈이 안 왔으면 생기지 않을 피해들이다. 녹아버리면 아무런 흔적도 없는 것이 눈이다. 그래서 유독 눈 때문에 피해당하는 것을 보면 참으로 안타깝기 그지없는 것이다.

그래서 한때는 눈을 싫어했었다. 물질적인 피해 때문에도 그렇지만 오만 잡동사니들을 치우거나 없애버리는 것이 아니고, 있는 그대로 그냥 덮어버리기 때문이다. 그러고는 어느 것 하나 건드리지 않고 고스란히 놔둔 채 저는 슬그머니 녹아 없어진다. 그럴 때면 눈은 더러운 것들을 모두 덮어버리고는 세상을 가장 깨끗하고 아름답게 한 듯 오만에 빠져있다고 생각하게 된다. 눈이 녹은 뒤에 세상을 보면 추하기 이를 데가 없다. 하얀 눈이 덮여서 그 더러운 것이 없어진다면 좋겠지만 어느 것 하나 건드리지도 않고 오히려 먼지를 머금었다가 녹으면 더 지저분해지는 것이다. 그래서 왠지 속은 것 같고 눈을 좋아했던 내가 바보가 된 느낌도 들 때가 있다. 잠시 하얗게 덮어버리곤 깨끗한 척하는 그 가식이 싫은 거다.

하긴 그런 가식적인 것이 어찌 눈뿐이겠는가? 두 개의 얼굴을 갖는 이율배반적인 양면성은 순수한 눈도 그럴진대 세상만사 우수마발이 다 그런지도 모르겠다.

나부터도 속마음과 겉마음이 다를 때가 왕왕 있음을 어찌하겠는가? 일상에서 자칫하면 부닥치는 겉과 속마음의 다툼. 칠십이 넘어서야 조금은 여유로워졌나 싶지만 돌이켜 보면 삶 자체가 겉과 속마음의 다툼에 연속이었단 생각도 든다.

그 다툼 속에서 속고 속이고 갈등하고 고민하면서 얼마나 많은 시간을 헤맸던가? 모오리돌처럼 맞닥뜨려 부딪히고 넘어지고 깨져야 둥그러진다는 이치가 새삼 가슴에 와닿는 밤이다.

그렇게 밤이 이슥토록 내리는 눈을 맞으며 집에 오니 머리고 어깨고 눈이 하얗게 덮여있다. 평생 쌓인 나의 가식도 눈처럼 흔적 없이 녹아버리면 얼마나 좋을까? 오늘따라 눈을 털어 내는 마음이 한결 가벼워져 기분이 좋다.

5부 / 51%의 행복

양력설 소고

갑오년 첫날 양력 정월 초하루. 어제부터 식구들이 모두 모여 왁자지껄 한바탕 북새통이 일었다가 지금은 모두 돌아가고 원래 일상으로 돌아왔다. 왜냐하면 우리 집은 양력설을 쇠기 때문이다. 그러나 설을 쇤다 해도 하루밖에 안 쉬니 어쩔 수 없이 오후부터 모두 돌아가기 시작했다. 마지막으로 저녁 먹고 성남 사는 막내네 식구들이 떠남으로써 모두 갔다.

우리 집이 양력설을 쇠는 것은 꽤 오래됐다. 옛날에 한참 이중과세네 뭐네 하면서 음력설을 못 쇠게 하고 양력설을 쇠게 한 적이 있다. 그때부터 양력설을 쇠게 되었다. 그때는 많은 사람이 양력설을 쇠었었다. 음력설이 살아나면서 다시 회귀했고 우리도 음력설을 쇠려 했었다. 그러나 가족회의 끝에 나름 효율적인 면이 있어서 계속 지금까지 이어져 오고 있다.

양력설을 쇠는데 효율적이란 아버지 생신이 음력 정월 열하루로 음력설을 쇠게 되면 바로 다시 모여야 한다는 것이다. 거기다가 어머니 생신 또한 1월 하순에 있다 보니 여러모로 복잡해질 수밖에 없다. 그래서 음력설을 3일씩 노는 요즘도 계속 양력설을 쇠고 있다.

양력설을 쇠다 보니 좋은 점도 있기는 있다. 우선 교통대란에서 비켜설 수가 있다. 나야 큰아들이라 부모님을 모시고 있으니 별 상관없지만, 동생들이 오려면 누구나 겪어야 하는 교통대란에서 해방될 수 있다. 또 설 쇠는 비용이 절감된다. 제수(祭需)가 모두 설 대목이 아니어서 싸다. 또 시집간 누이들도 올 수 있어 좋다. 그들은 어떻게 보면 이중과세라 할 수도 있겠다. 하

지만 누이들은 신정에 친정집에서 보낼 수 있고 남자들은 음력설에 처가를 갈 수가 있어 모두 좋아한다. 또 손님을 맞이하고 음식을 장만해야 하는 며느리들은 그 기간이 짧아 내심 좋아하고 있다. 음력설을 쇠면 3일인데 양력설을 쇠면 어쨌거나 하루만 고생하면 되니까 좋아한다.

그러나 나는 솔직히 양력설 쇠는 게 마뜩잖다. 왜냐하면 설 기분이 영 나지 않기 때문이다. 설 기분이 안 난다는 것은 남들이 잘 안 쇠는 양력설을 쇠어서 그런 것도 있지만, 음력설을 쇠면 정월 대보름날까지 이어지는 갖가지 풍속들을 즐길 수가 없기 때문이다.

음력설이든 양력설이든 설을 한번 쇠면 그만이니까 어떤 날을 택하던 상관이 없을 것 같지만, 사실 양력설을 쇠는 것은 갓 쓰고 양복 입는 것처럼 안 어울린다. 왜냐하면 우리나라 절기는 모두 음력으로 돼 있다. 그래서 농사일도 거기에 맞춰져 있다. 설도 음력설이면 당연히 절기와 맞아떨어진다.

설 명절은 새해를 맞는다는 의미도 있지만 1년 농사짓느라 고생하였는데 한 겨울 농한기에 즐기고 휴식할 기회를 얻는 것이다. 그러면서 힘들었던 한 해를 마무리하고 또 다른 새해를 맞아 새로운 희망을 품는 기회의 시간이다. 그런데 양력설을 쇠면 그런 흐름이 안 맞는 것이다.

농사일이란 것이 가을걷이만 다 했다고 끝나는 것이 아니다. 거둬드린 곡식들은 잘 말려 광이나 헛간에 갈무리해야 한다. 그런 다음 볏짚을 거둬드려 이엉 엮어 지붕을 해이어야 한다. 또, 김장하고 메주 쑤어 매달고, 겨울 땔 나무 부지런히 해서 뒤꼍에 쌓아 놓고 해야 겨우살이 준비가 끝난다. 신정을 설로 쇠면 그런 겨우살이 준비가 너무 바특하다. 음력설은 그 기간이 잘 맞아 마무리되고, 소한, 대한 추위도 대충 지나가 마음 놓고 설을 즐길 수 있는 것이다.

어려서 보면 설날부터 정월 보름날까지가 줄곧 명절이었다. 그래서 새해 인사도 보름까지 하면 됐다. 서로 만나면 덕담도 나누고 갖가지 세시풍속들을 즐기면서 그렇게 보름까지 철저히 명절로써 즐겼다.

설날이 가까워져 오면 동네 방앗간에서는 가래떡을 뽑고 떡판을 내다 놓고 떡메로 쳐서 인절미를 만든다. 그러면서 서서히 축제 분위기에 온 동네가 들뜨기 시작한다. 설 전날인 섣달그믐날엔 까치설날이다. 축제전야제 식으로 일찍 자면 눈썹이 하얘진다고 해서 잠을 못 자게 한다. 또 야광귀를 쫓기 위해 체를 걸어 놓기도 하였다. 특히 어른들께 묵은세배를 올렸는데 먼 친척부터 절을 올렸었던 기억이 난다. 설날엔 조상님들께 차례를 올리고 어른들께 세배를 드리며 새해를 맞음에 대한 축하와 덕담으로 새로운 희망과 다짐의 시간을 가졌다.

명절이 끝나는 대보름날 전날인 열나흘엔 나무(땔감)를 아홉 짐을 해오고, 오곡밥 아홉 그릇을 먹는 날이다. 오곡밥을 일찍 먹고 망우리, 달집태우기, 제기차기, 연날리기, 줄다리기 등 갖가지 놀이가 행해진다. 보름날엔 부럼 깨물기, 귀 밝기 술 마시기, 집집이 돌아다니며 풍물놀이를 하며 귀신을 쫓고 터를 다져 줌으로서 일 년 동안의 안녕을 빌었다.

보름 동안 즐길 수 있는 세시풍속은 그 밖에도 덕담 나누기, 설 그림, 복조리걸기, 청참(聽讖=설날 첫새벽에 짐승의 울음소리를 듣고 그해의 신수를 점치는 세시풍속), 윷놀이, 널뛰기, 머리카락 태우기 등 지역마다 집집마다 그 종류가 상당히 다양하다. 그렇게 갖가지 세시풍속을 정월 대보름까지 즐기고 나면 입춘, 우수, 경칩이 겹치거나 돌아온다. 이렇게 설 명절을 쇠고 나면 절기와 맞아떨어지면서 얼었던 땅도 녹고 자연스레 봄 농사 준비가 시작되는 것이다.

대부분이 도시 생활과 산업 사회라는 굴레 속에서 생활하고 있는 현대에 와서는 옛날의 그런 절기와 상관없이 살고 있다. 따라서 우리처럼 양력설을 쇠든 음력설을 쇠든 각자의 효율성에 따라 지내도 별 상관이 없는 것이다. 그러나 세시풍속을 경험하고 자란 나는 늘 북적거리다 이내 모두 떠나버려 집이 휑할 때면 음력설에 대한 향수가 솟아나곤 한다.

누군가가 얘기했듯이 국민 대부분이 고향을 찾고, 같은 날 차례를 올리

고, 설빔을 입음으로써 우리는 같은 한 민족이라는 일체감, 동질감을 가지게 된다. 또한 사회적으로나 국가적으로 볼 때도 공동체의 결속을 강하게 한다는 점에서는 단순한 명절 이상의 기능과 의미가 있다고 한다. 나는 거기서 비켜서 있게 되다 보니 왠지 소외된 듯하여 쓸쓸하다.

아버지께서도 작년에 돌아가시고 하였으니 내년에는 우리도 음력설을 쇠자고 해봐야겠다.

탈영병 이야기

요즘 모 장관 아들의 병가(病暇)가 탈영이냐 아니냐로 의견이 분분하고 많은 젊은이로부터 손가락질을 받고 있다. 현재까지 거론되는 상황으로는 탈영이 분명하지만, 그거야 법원에서 판결할 문제이다. 다만 사실일 경우 모 장관의 지금까지 행동들이 참으로 난감해질 것이다.

뉴스를 접하면서 내가 군대 있을 때 탈영에 대한 기억이 새롭게 떠오른다. 그때 나는 대대 행정과에 근무하면서 일보를 작성하여 매일 육본으로 보고하는 일을 담당했었다. 따라서 탈영병 문제도 내 담당이었다. 내가 군대 생활을 하면서 겪은 탈영병에 대한 사건은 두 건이다.

그 첫 번째 이야기는 이렇다. 어느 날 일과를 마치고 내무반으로 가려는데 전화가 울린다. 받으니 김 아무개 일병의 아버지인데 얘가 휴가를 나와 복귀를 안 하려고 한다는 것이다. 김 일병은 군수과에서 탄약을 담당하는 신병으로 나도 잘 아는 사이였다. 그래서 김 일병을 바꿔 달라고 했다. 김 일병이 울면서 털어놓는 사연을 들을 수가 있었.

탄약을 담당하면서 대대장이나 장교들이 탄알을 갖고 오라고 해서 사냥을 하는데 비공식으로 쓰는 거라 재고정리를 못 하겠단다. 따라서 장부와 차이가 나는데 자기는 도저히 맞춰놓을 수가 없어 고민 끝에 복귀를 안 하겠단다. 지금 같으면 어림도 없었겠지만, 그때만 해도 그런 일이 있었던 것 같다. 부대가 산간 지역에 있다 보니 가끔 장교들이 사냥을 나가곤 했나 보다.

순간, 이걸 같이 심각하게 말을 하면 일이 더 꼬일 것 같았다. 거기까지 생각이 미치자 크게 한바탕 웃으면서

"김 일병 그거 큰 문제아냐. 부대에 돌아오면 내가 해결해주겠다."

라며 쓸데없는 고민하지 말고 지금 당장 아버지한테 말씀드려서 부대로 돌아오라고 했다. 처음엔 머뭇거리더니 자꾸 내가 대수롭지 않게 말하며 내가 책임진다고 하니까 마음을 바꾼다. 아버지를 바꿔 달라고 해서 지금 당장 택시를 전세 내서라도 부대로 데리고 오시라고 했더니 그렇게 하겠단다. 김 일병의 집은 서울이었고 부대는 홍천에 있었다.

전화를 끊고 휴가 명령 철을 보니 귀대 날짜가 당일이었다. 군수과 고참인 윤 병장을 찾았다. 그때 나는 제대를 얼마 안 남겨 놓은 말 하자면 대대 고참이었다. 윤 병장한테 사실 이야기를 하면서 어떻게 하면 좋으냐고 물었다. 윤 병장도 처음엔 난감해하더니 김 일병이 돌아오면 자기가 잘 알아서 처리해 주겠다고 한다. 그러고는 윤 병장과 함께 위병소에 가서 기다렸다. 김 일병이 아버지와 함께 도착한 시간은 새벽 3시가 좀 넘어서였다.

또 한 번의 이야기는 이렇다. 제대 말년에 단 본부에 직접 보고할 게 있어 단 본부를 갔었다. 일을 마치고 나오는데 처음 보는 소위가 불러 세운다. 경례를 붙이니 경례도 안 받고 의무실로 들어가며 따라오란다. 이아한 생각을 하면서도 장교가 따라오라는데 거역할 수도 없고 해서 따라 들어갔다. 안에는 소위들이 열 명이 넘게 쭉 앉아있으면서 시선을 모두 내게 집중한다.

경례를 붙이고 서 있으니까 따라오라던 소위가 다짜고짜로 정강이를 걷어차면서 태도가 불순하단다. 어이가 없어서 피하면서 '소대장님 왜 이러십니까?' 하고 따지니까 '왜 떫으냐?' 면서 또 정강이를 걷어찬다. 명찰을 보니까 강OO 소위다. 순간 머리에 스치는 것이 있었다. 햇병아리 소위들이 무더기로 온다는 소리를 단 본부 행정과에서 들었었다. 분명 그들이었다. 무조건 잘못했다고 하고 의무실을 빠져나왔다.

사실 군대에서는 그때그때 상황에 따라 판단을 잘해야 한다. 여기서 계속 따져 봤자 나만 손해라는 생각이 들어 무조건 꼬리를 내리고 그 자리를 피하는 게 상책이란 판단을 내린 것이다. 그때도 나는 제대를 얼마 안 남겨 놓은 말 그대로 제대 말년이었던 터라 소위 정도는 눈에 들어오지도(?) 않았던 때다.

다음 날 단 본부에서 전화가 왔는데 새로 온 소위들이 사격 시험을 봤는데 반 이상이 낙제했다고 한다. 그래서 재시험을 치르느라고 신고 일자에 못 가고 하루 늦게 갈 것이라고 한다. 명령서를 보니 그 강 소위가 우리 대대로 오는 게 아닌가! 너 잘 걸렸다. 마침 신고 일자도 토요일이다. 그러면 일요일에 온다는 것인데 부대 내에 장교들도 부사관들도 없을 테니 쾌재를 부를 수밖에….

일보를 작성할 때 탈영이 생기면 빨간 글씨로 쓰게 돼 있다. 일요일 아침에 부랴부랴 가짜 일보를 쓴다. '탈영 소위 12345 강OO' 그리고 오기를 기다린다. 오후 늦게 위병소에서 신임 소위가 왔다고 연락이 온다. 행정과로 보내라 하고 잠시 기다리니 들어온다.

"소대장님 어서 오십시오. 환영합니다."

했더니 이 양반 조금 긴장을 한듯하다. 의자에 앉으라고 하고는 정색을 하며 작전을 개시한다.

"오시다가 놀다가 오시나 봅니다. 이렇게 하루나 늦게 오시는 거 보니."

"……"

말이 없다.

"소대장님 신고 일자가 하루 지난 것은 아시죠? 군대에서 신고 일자에 귀대하지 않으면 바로 탈영인 것도 아시죠?"

갑자기 강 소위가 눈이 휘둥그레지며

"병장님 그게 뭔 소리입니까? 단 본부에서 늦게 보내 줘서 이제 왔는데 왜 탈영입니까?"

 탈영이란 말에 어지간히 당황했나 보다. 며칠 전 그렇게 강압적이던 그 강 소위가 아니다. 나보고 병장님이란다.

 "그건 소위님 생각이고 사정입니다. 군대는 명령과 규정대로 지켜야 합니다. 소위님은 1일 미귀(未歸)하셨으므로 하루 탈영 처리됩니다."

 라며 가짜로 써 놓은 일보를 보여 주었다. 소위는 얼굴이 벌게지며 갑자기 벌어지는 상황에 말문이 막히는 모양이다. 그도 그럴 것이 이제 막 장교로서 푸른 꿈을 안고 첫발을 내디뎠는데 탈영이라니 나 같아도 당황할 수밖에 없을 것 같다.

 한참 그렇게 골탕을 먹이고는 며칠 전 의무실 이야기를 꺼냈다. 자기는 그때까지 나를 못 알아봤단다. 그 자리에서 일보를 찢어버리고 골탕 먹이려고 일부러 그랬다고 말하고 화해를 했다. 그러고는 내 나름 3년간 군 생활에서 터득한 요령들을 이야기해 주었더니 고맙단다. 그 뒤로 강 소위는 대대본부에 오면 꼭 들러 이야기를 나누는 친한 사이가 되었다.

 사실 대한민국 남자라면 누구나 가야하는 군대. 그래서 군 복무 중에 추억은 누구나 갖고 있다. 오죽하면 군대 이야기를 꺼내면 숨넘어가는 사람도 다하고 죽는다는 말이 있을까. 군대에서 맞은 이야기를 하면 안 맞은 사람이 없고, 안 맞은 이야기를 하면 맞은 사람 하나도 없다고 할 정도로 허풍이 센 것도 군대 이야기다. 요즘 군대 이야기를 들으면 많이 달라졌음을 느낀다. 아무리 그래도 모 장관의 아들 이야기는 사실이든 아니든 군대 위상을 훼손하는 이야기임에는 틀림없을 것 같아 안타깝다.

슬로우시티 운동의 원조

7, 80년대 은행동 뒷골목에 돌 구이집이 있었다. 양념한 돼지고기 소고기를 돌판에 구워 주는 곳이었다. 이 집의 특별함은 고기를 다 먹고 나면 돌판에다 아가씨가 밥을 비벼주는 데 있다. 우선 고기 남은 거를 다 걷어 내고 상추 남은 것, 파무침 남은 것, 김치, 김, 참기름인지 들기름을 두른다. 그러고는 왼손에 접시 들고 오른손엔 가위를 들고 썰어대는 기술이 정말 일품이었다.

장단을 착착 맞춰가며 빠르게 썰어 밥을 비비는 것을 보면 절로 입에 침이 고일 정도로 환상적이었다. 그 집은 무척 손님이 많았다. 그래도 그 집을 단골로 다닌 것은 고기 맛도 맛이려니와 신기에 가까운 아가씨 밥 비비는 모습에 반해서였다. 당시에는 서울선 보지 못한 대전에서만 볼 수 있었던 풍경이라 아직도 기억이 생생하다.

얼마 후 자취도 없이 사라졌지만, 가끔 그쪽에 가면 그 돌구이집 생각이 떠오르곤 한다. 그러나 요즘 가보면 도시환경 정비 사업으로 많은 집들이 헐리고 새로운 도시 형태가 생겨나 앞으로는 그런 기억조차 할 수 없을 것 같아 안타깝다.

내가 서울 살다 77년도에 직장 따라 대전에 내려와 대전 사람이 되었으니까 어느새 35년이란 세월이 흘렀다.

지금이야 정이 들 대로 들고 고향으로 느낄 만큼 대전 사람 되어 아무렇지도 않지만, 서울서 살다 처음 대전에 와서는 신기한 것도 낯선 것도 많았다.

특히 무디고 투박한 그 느림이 낯설고 갑갑하여 적응하는데 한참이 걸렸다.

지금 생각해도 그때 가게 주인들은 왜 그리 무뚝뚝하고 무디던지…. 유성은 말할 것도 없고 도심의 가게에도 들어갈라치면 주인이 인사가 없다. 서울에선 손님이 오면 '어서 옵쇼' 하고 호들갑을 떠는데, 여기서는 방에서 빠끔히 방문만 열고 내다보는 게 최대한 반기는 것이다. 개그맨 이영자가 가끔 방송에서 하는 충청도 장사꾼의 사투리 흉내를 들을 때마다 정말 실감이 난다고 생각하는 것은 그때 경험 때문이다. 그때는 불친절하게 보여서 이래서 어떻게 장사를 하나 하고 단골집에 들어갈 땐 내가 되레 '어서 옵쇼' 하고 들어가곤 했었다.

충청도 하면 으레 '느리다'라는 것이 따라다닐 만큼 누구나 그렇게 알고 있다. 내가 충청도 사람이 느리다고 생각하게 된 것은 군대 있을 때 일이다. 훈련을 마치고 자대에 배치가 됐을 때 고참이 구령을 붙여 행군하는데 모두가 발을 영 못 맞춘다. 처음엔 왜 그럴까 했는데 우리가 못 맞추는 것이 아니라 그 고참이 구령을 너무 늦게 붙이는 바람에 맞출 수가 없는 것이었다. 바로 그 고참이 대전 사람이었다. 그래서 충청도 사람은 과연 느리구나. 하고 생각했었다.

처음 대전에 와서 대전 토박이 직원과 걸어갈라치면 나보다 몇 발짝 뒤에서 따라오기 일쑤였다. 내가 걸음이 빠른 이유도 있었겠지만 걸음이 나보다 훨씬 느렸다. 그러니 거기에 보조를 맞출 수밖에 없어 나도 천천히 걷게 되었다. 말투도 나도 모르는 사이에 충청도 말씨가 되어 버렸다. 서울 가서 친구들을 만나면 '야 너 왜 이렇게 느려졌냐?'며 핀잔을 받기 일쑤였다. 말투도 바뀌어 처음 대전에 왔을 땐 서울서 왔냐고 물었었다. 요즘은 반대로 서울 가면 '충청도에서 오셨습니까?' 라는 물음을 받게 되었다.

막상 대전 와서 내가 대전 사람이 되고 보니 그 느림에는 좋은 점이 있다는 것을 깨달았다. 그것은 한 박자 늦추면 그만큼 실수가 적어지고 뭔가 결정을 할 때 좀 더 신뢰성을 높일 수 있다는 것을 깨닫게 된 것이다. 또, 다른 지방보다 무딘 만큼 더 정이 깊어 한 번 정을 주면 오래도록 변치 않는다. 마치 고향 사람들처럼 모질지 않아 좋다는 것을 깨닫게 되는 데는 그리 긴 시간이 걸리지 않았다.

무뚝뚝, 무딤, 느림, 지금 생각하면 이런 것들이 처음엔 적응이 안 돼 좀 헤 맸지만 그렇다고 싫어질 수 있는 것은 아니잖은가? 또, 어쩌면 나도 충청의 유전자가 있어 그렇게 쉽게 동화되어 충청인이 되었는지도 모른다.

지금은 오히려 느림의 미학이니 슬로시티니 하면서 느리게 사는 것이 자연친화적이라고 해서 웰빙, 힐링이라며 야단이다. 우리나라에도 담양 창평을 시작으로 지난 2012년 10월 강원 영월군 김삿갓 면이 11번째로 슬로시티 국제 인증을 받았다고 한다. 슬로시티 운동을 시작한 유럽을 빼고는 우리나라가 제일 많고 동양에서는 유일하다고 한다.

이제야 느림이 좋다고 온 세상이 호들갑을 떨지만, 사실 따지고 보면 대전을 포함한 충청도는 이미 오래전부터 느림을 생활화했고, 습관화한 슬로시티 운동의 원조 고장이 아니겠는가? 우리 국민의 본바탕에는 느림에 대한 유전자가 원래 있었는지도 모를 일이다.

'빠름 빠름'이라는 요즘 광고처럼 모든 게 빨라지고 있다. 이런 빠름의 시대에 한 템포 늦추는 여유를 갖는다는 것. 이것은 굳이 따지지 않아도 우리 인간 본연의 습성을 찾아 인간답게 살 수 있는 좋은 방법일 것이다.

처음 대전에 내려와 줄곧 유성에 자리를 잡고 이사도 안 가고 한 곳에서만 살았는데 주소가 몇 번이 바뀌었다. 대덕군 유성읍, 대전시 중구, 대전시 서구, 대전직할시 유성구, 대전광역시 유성구로 많이도 바뀌었다. 그만큼 대전은 눈부신 발전을 거듭하고 있다는 증거일터다. 하기야 그 사이 세기가 바뀌고 지하철도 생겨나고 인구도 세 배 넘게 늘어났으니 말해 무엇하리오. 그러다 보니 원도심 신도심 하며 서로 주도권(?) 다툼이 치열해졌다.

어떻게 보면 신도심 지역은 그 빠름의 지역이요. 원도심으로 일컬어지는 구도심 지역은 느림 지역이라 할 수 있지 않을까 생각해 본다. 원도심이 더 대전같고 옛날부터 다니던 골목골목마다 추억이 한 자락씩 깔려있어서 더 정감이 간다. 그렇게 대전의 역사적 애환이 그대로 담겨 있어 좋다. 그게 좋아서 일부러 원도심 거리를 돌아다니곤 한다. 그럴 때면 고향을 찾은 나그네처럼 푸근하고 낯설지 않아 기분이 좋아진다.

지금 원도심의 침체를 타개하기 위하여 여러 가지 방안이 모색되고 있는 것으로 알고 있다. 물론 주요 관청이 신도심으로 빠져나가고 중남도청마저 떠나버려 현재로서는 원도심이 주도권을 뺏겨 공동화가 돼가는 것 같은 상실감이 클 것이다. 그러나 급하게 어떤 대책을 강구하기보다는 천천히 충청도 기질을 살려 좀 더 다양한 의견을 듣고 중지를 모아 상생할 방안이 나왔으면 좋겠다.

대전은 대도시라 슬로시티 지정을 받는다든가 동참할 수는 없겠지만, 거기 준하는 방향으로 원도심의 발전 방향을 잡으면 어떨까?

원도심을 고색창연한 역사와 옛것을 잘 보존하면서 문화와 예술의 도시로 만들었으면 한다. 신도심에서 빠름으로 시달린 시민들이 고향처럼 푸근하게 정과 인심을 느낄 수 있는 느림의 고향으로 만들면 어떨까? 하는 생각을 해본다.

컴퓨터는 깡통이다

컴퓨터가 고장 났다. 서비스 센터에 갖고 가니 하드디스크가 깨져서 살리는 방법이 없단다. 내가 컴퓨터를 잘 아는 것도 아니고 기술자가 깨졌다면 깨진 것이다. 갈아 달라고 맡겨 놓고 나오면서 "아! 오늘은 컴퓨터에서 해방이 되겠구나." 하고 생각하니 마음이 홀가분해진다. 얼마 만인가 내가 컴퓨터 앞에 하루를 아니 이틀씩이나 앉지 않아도 되는 날아….

컴퓨터가 없으니 할 일을 마무리 짓지 못한 듯한 허전함에 방바닥에 누워 천장을 바라보다 문득 의문 하나가 떠오른다. 컴퓨터가 없었다면?

적어도 잠시라도 한눈을 팔면 낙오가 될 것 같은 빠른 속도의 변화는 없었을 것이다. 그 빠른 속도의 변화, 그것은 컴퓨터가 발전하는 것의 비례하고 있다. 복잡하고 다양한 정보가 끊임없이 쏟아지는 속에서의 눈부신 발전은 인간사회를 송두리째 변화시키고 있다.

할아버지와 아버지, 그리고 나까지 최소한 내가 어려서는 서로 공유할 수 있는 부분이 많았다. 도덕, 학문, 습관, 풍습 등 살아가는 모든 것에서 세대 차가 없는 것은 아니지만 서로 공감하고 공유하며 살았다. 그러다 아버지와 나와 공유가 전혀 안 된 부분은 바로 컴퓨터다. 내 차에 하이패스를 설치한 뒤로 아버지와 같이 어디를 가려고 고속도에 들어서면 '요즘은 고속도로비 안내나?' 하신다. 또 내비게이션에서 길 안내를 하면 '저건 어떻게 그렇게 잘 아나?' 항상 이해가 안 돼 매번 물어보시곤 했었다.

요즘은 형과 동생 간에도 세대 차가 난다고 한다. 부자지간에는 아예 단절이란 말이 맞을 정도로 소통이 안 되고 있다. 그만큼 빠른 속도로 모든 것이 변해 가고 있는 반증이 아니겠는가?

　컴퓨터가 탄생한 것은 1942년이라고 한다. 그러면 아직 100년도 안 되는 짧은 기간이 아닌가? 그런데도 컴퓨터가 없으면 세상의 모든 것이 멈춰 버릴지도 모를 정도로 안 쓰이는 곳이 없다. 컴퓨터는 한 번 기억을 시켜 놓으면 전기가 있는 한 사람처럼 깜빡 잊는 법이 없다. 아무리 사소한 것이라도 시켜만 놓으면 군말 없이 잊어버리지도, 빠트리지도 않고 해내니 얼마나 좋은가?

　그러나 내가 처음 컴퓨터를 배울 때 교수가 제일 먼저 한 말이 '컴퓨터는 깡통이니 믿지 말라'였다. 어떻게 일을 시키느냐에 따라 답이 달라지는 것이 컴퓨터다. 또 컴퓨터는 시키지 않으면 아무것도 안 한다. 책임도 없고 스스로 판단하여 '주인이 이걸 놓쳤군.' 하고 알아서 해내는 것도 없다.

　개는 주인은 알아보지만, 컴퓨터는 주인도 못 알아본다. 또 이건 도덕적으로 문제가 있으니까 일을 하면 안 된다거나, 범죄에 악용될 우려가 있으니 안 된다는 판단도 못 한다. 말 그대로 깡통이다.

　요즘 신상정보가 유출됐다고 난리이다. 물론 유출 시킨 자들이 일차적 책임이 있겠지만, 본인도 그 유출에서 자유로울 수는 없을 것이다. 왜냐하면 그 정보는 어떤 경우였든 간에 내가 준 것이다. 내가 인터넷으로 어떤 행위를 했다면 나는 노출되었다고 봐야 한다. 아무리 보안을 철저히 해서 액티브엑스(ActiveX)를 몇 개씩 깔고, 인증서를 받고, 비밀번호를 입력하고 해봤자 정작 선의의 이용자들만 어렵게 할 뿐 도둑에겐 식은 죽 먹기이다.

　거기다 옛날 수기로 할 때는 개인정보만 뽑아내기가 그리 쉽지 않았다. 그러나 컴퓨터라면 원하는 대로 수집해 필요한 부분만 선택해서 자료화하기는 아주 쉽다.

　도둑이 언제 잠긴 열쇠 열고 들어가던가? 아무리 열쇠를 많이 달아 놔도 그걸 열고 들어가야 하는 주인만 어려워질 뿐이다. 도둑은 창문 부수고 들어가면 그만이다. 컴퓨터에 보안이란 말을 붙이는 자체가 어리석은 일인지도 모른다. 외부와 선으로 연결한 이상 컴퓨터는 믿을 것이 못 된다는 말이다.

도대체 비밀번호가 몇 개인지 모른다. 사이트마다 비밀번호를 입력해야 하니 오랜만에 들어가는 사이트는 비밀번호를 기억해 낼 수가 없다. 요즘은 인터넷 쇼핑몰에서 무엇을 사려 해도 절차가 하도 복잡해서 아예 포기 한다. 은행에 가서 내 돈 찾을 때도 비밀번호가 2개가 필요한 곳도 있다.

또 수시로 바꾸란다. 옛날에 타던 자가용 차 번호, 옛날에 쓰던 전화번호, 식구들 주민등록번호 등, 외우기 쉬운 것은 몽땅 동원해보지만 외우기가 만만치가 않다. 주인은 비밀번호를 외우느라 곤욕을 치르지만, 그 사이트의 관계자라면 언제고 자유자재로 열어 볼 수 있다. 비밀번호도 필요 없다. 여관에 가면 마스터키를 주인이 갖고 있어 맘대로 열 수 있는 것과 같다. 결국 컴퓨터에 있는 것은 이미 나 혼자만의 비밀이 아니라 누군가와 함께 공유된 것이다. 여러 개의 비밀번호를 외우고 관리하느라 사용자만 골탕을 먹고 저쪽에 사람들은 쉽게 접근할 수가 있는 것이다. 그것을 외부에 누출시키든지 아니면 해킹을 당하면 나의 신상이 만천하에 널리 퍼지는 것은 순식간이다.

응용프로그램을 내려받을 때 그 프로그램에 무엇이 들어 있는지 어찌 알겠는가? 내 컴퓨터에 있는 것을 몽땅 빼가는 프로그램이라도 숨겨져 있다면 이 또한 속수무책이다. 내 컴퓨터에 있는 것 다 털리는 것은 시간문제다. 보안 프로그램을 아무리 어렵게 하더라도 사용자만 어려울 뿐 훔쳐 가려는 자에겐 아주 쉬운 일이다.

홈쇼핑이나 개인이 물건을 만들어 파는 인터넷 거래에서 사기당했다고 난감해하는 것을 심심찮게 듣는다. 직접 보고 사도 집에 와서 보면 마음에 안 드는 물건이 있게 마련 아닌가? 파는 사람이 누군지 어디에 있는지도 모르고 또 살 물건을 직접 보지도 않았는데 뭘 믿고 그걸 그냥 산단 말인가? 사기를 당할 수밖에 없다. 편한 만큼의 대가를 치러야 한다.

어떻게 보면 옛날의 도덕이나 윤리 같은 사회를 건전하게 하는 규범들이 더욱 오늘날에 필요한 것이 아닌가 하는 생각이 든다. 도덕이 바로 서지 않으면 앞으로 점점 통제가 어려워질 인간사회는 어떤 방향으로 흘러갈지 아무도 모를 일이다.

결국 컴퓨터는 깡통이란 것을 알아 맹신하지 말고 온라인에서 얻어도 될 정보와 얻어선 안 될 정보를 스스로 구분 판단하여 사용할 때 문명의 이기가 될 것이다.

컴퓨터는 1과 0으로 움직인다. 다르게 말하면 '예'와 '아니오', '진실'과 '허구', '도덕'과 '부도덕', '참'과 '거짓', 상반된 것이 혼재된 세상이다. 결국 컴퓨터 속 온라인 세상도 우리의 오프라인처럼 참과 거짓을 잘 판단하고 선택해야 하는 세상이다. 깡통을 맹신하면 나도 텅 빈 깡통이 될 수도 있다.

커피 이야기

얼마 전 지인을 카페에서 만나 대화 중에 '나는 전문점에서 커피 원두 간 걸 사다가 커피를 내려 마신다'라고 자랑을 했다. 그랬더니 자기는 생두를 프라이팬에 볶아서 내려 먹는다며 한술 더 뜬다. 그러면서 그렇게 먹으면 한결 맛이 깊고 풍부해진다고 한다.

그러더니 그다음 만났을 때 생두를 들고와 한 번 직접 볶아 마셔보라고 하며 건네는 것이 아닌가? 얼떨결에 받아들고 집에 왔는데 그때부터 고민이 생겼다. 우선 프라이팬에 볶는 것부터 난관이다. 음식을 볶던 프라이팬에다가 커피를 볶으면 제맛이 날까? 음식 냄새는 안 날까? 아내가 난리를 치지는 않을까? 제대로 볶아지기나 하려나? 아니 내가 제대로 볶아 낼 수는 있을까? 가끔 처음 해보는 것에 대한 두려움이랄까 낯섦 때문에 망설이기 시작하면 괜히 별것 아닌데도 선뜻 행동으로 못 옮길 때가 있다. 바로 그 현상이 내 머릿속을 복잡하게 만든다.

그렇게 며칠을 고민하던 중에 생두를 준 지인을 또 만날 기회가 있어 만났더니 물어보는 게 아닌가?

"어때? 볶아서 먹어봤어?"

"아니, 아직."

뭔가 죄지은 사람처럼 그 지인 옆에 있기조차 어색해진다. 아니 그게 뭐라고 나를 이렇게 주눅 들게 하는 걸까? 속으로 웃음이 났지만, 그날은 그렇게 그와 거리를 두며 모임을 끝냈다. 돌아오면서 내일은 해 봐야지 단단히

다짐했지만, 차일피일 또 며칠이 흐른다. 다음 주에 그 지인과 또 만나야 하는데 이게 계속 나에게 부담을 주며 스트레스가 쌓인다.

그러다가 마침 아내가 외출한 틈을 타서 볶아보기로 한다. 프라이팬을 찾는 데 이게 어디 있는지 모르겠다. 냉장고 위, 싱크대 위 수납장을 다 열어봐도 없다. 광까지 뒤져 봤지만 없다. 프라이팬을 어디에다 두고 쓰는 거야? 늘 아내가 쓰는 것만 봤지, 어디에다 두는지는 자세히 봐 두지 않았다. 온 주방을 한참 뒤진 끝에 전기 레인지가 있는 싱크대를 여니 거기 들어 있는 게 아닌가? 한참을 뒤져대며 왜 여기만 빼먹었을까? 요것도 머피의 법칙인가? 웃음이 났다.

지인이 보내준 카톡을 다시 읽어보며 볶기 시작한다. 한참을 팔이 아프게 저으며 볶아 대니 슬슬 연기가 피어오르고 탁탁 소리를 내면서 까매진다. 부리나케 체에다 옮겨 식힌다. 그렇게 볶아 껍데기를 벗겨 놓았는데 이번에는 가는 게 문제다. 분쇄기가 있는데 아내가 뭔가를 갈다가 그냥 놔두어 쓸 수가 없다.

도깨비방망이라는 기구가 있어 꺼내서 해보니 이 또한 만만치가 않다. 다 포기하고 커피 분쇄기를 인터넷에서 검색해본다. 몇만 원부터 몇백만 원까지 다양한 종류가 있다. 그것뿐만 아니라 커피 생두가 커피 한잔이 되기까지 도구가 이렇게 많은지 처음 알았다. 그런데 한참 검색하다가 문득 얼마 안 되는 원두를 갈아 먹자고 투자를 해야하나 하는 생각이 든다. 포기하고 돈 안 들이고 해결할 방법을 모색해보기로 한다. 절구? 맷돌? 믹서? 분쇄기? 절구, 맷돌, 믹서는 우리 집에 없고 분쇄기는 저 모양이고 아무리 생각을 해도 방법이 없다. 또 하루가 그렇게 흘러간다. 그러다 문득 집 근처 큰 길가에 원두커피 판매점이 생각났다. 그 집 진열장에서 커피 분쇄기를 본 것 같아 한걸음에 달려갔다.

가격을 물으니 3만 원인데 진열했던 것이라 25,000원에 주겠단다. 두말 안 하고 샀다. 갖고 와서 설명서대로 갈아보니 잘 갈린다. 가는데 향이 그렇게 좋을 수가 없다.

우여곡절 끝에 드디어 생원두를 커피로 내려 마시는 데 성공했다. 아내에게 한 잔 주며 맛을 음미해보라 하니까 너무 쓰단다. 나도 마셔보니 쓰다. 가루 커피양과 비교해 물이 적게 들어갔나 보다. 맹물을 조금 더 타니까 맛이 그럴듯하게 난다. 그러나 우리 부부는 커피를 맛으로 먹을 만큼 예민한 미각을 갖고 있지 않다. 평소에 내려 먹던 커피와 뚜렷이 좋다는 감탄사가 안 나온다. 다만 내가 볶아 갈고 내려서 마신다는 즐거움과 신비로움이 더해 맛이 풍부하고 깊은 맛이 나는 것 같다.

지금까지 살면서 커피에 얽힌 얄궂은 경험이 꽤 있다. 첫 번째는 강원도 산골 다방 커피다. 1970년 군대 있을 때 원주에 있다가 홍천 서석 산골로 부대가 이전하게 되었다. 이전한 후 주민에게 피해를 준다는 이유로 외출이 금지되었다. 하지만 교회는 보내 주어서 일요일이면 면 소재지에 있는 교회로 교인들을 집합시켜 예배를 보러 가게 했다. 그때 예수를 믿지도 않으면서 외출할 욕심으로 동기들과 신청했다.

그렇게 해서 교인들과 같이 나가면 교회에는 안 가고 동기들과 다방으로 가서 놀다 교인들이 오면 같이 귀대하곤 했다. 그때는 낮에 전기가 들어오지 않아 전축을 들을 수가 없었는데 우리가 가면 배터리를 이용해 전축을 틀어 주곤했다. 실 오스틴의 색소폰 소리를 들으며 마담이 건네주는 커피 한잔의 맛은 50여 년이 지난 지금도 잊지 못한다.

제대 후 한동안은 누구를 만나야 다방에서 커피를 마셨지 집에서는 커피를 마실 기회가 없었다. 그러다 80년 전후해서 커피가 대중화되면서 아침에 출근하면 마시던 자동판매기 커피에 익숙해졌다. 또 커피 회사에서 나오는 인스턴트 커피에 익숙해져 그것이 커피의 맛인 줄 알았었다.

그러다가 대전 시내를 나가면 커피전문점이란 게 생겨서 호기심에 원두커피를 처음 마셔봤다. 쓰기만 해서 마실 땐 별로인 것 같았는데 뒷맛이 깔끔하니 좋았다. 그 뒤로 시내 나가면 원두커피를 즐기기 시작했다. 원두커피도 커피지만 일반 다방과 달리 분위기와 조용히 음악 감상을 할 수 있어서 더 좋았다.

또 한 번은, 사실 커피숍에 가도 내가 마시는 것은 아메리카노뿐이다. 하지만 커피점 메뉴판에 보면 에스프레소, 카페라테, 그밖에 참 많은 커피 종류가 메뉴판에 빼곡히 적혀 있다. 언젠가 혼자 서울에 가다가 모 휴게소에 들렀을 때의 일이다. 그냥 아메리카노를 시키려다 갑자기 호기심이 발동하여 에스프레소를 달라고 했다. 점원이 고개를 갸우뚱하더니 이거 마셔봤냐고 묻는다. 쥐뿔도 모르면서 나도 모르게 난 그걸 좋아한다고 아무렇지도 않게 대답을 해버렸다. 그런데 점원이 주는 것은 조그만 컵에다 반 컵도 안 되는 커피를 내어 준다. '뭐 이렇게 적어' 속으로 생각하면서도 눈 하나 깜짝 않고 받아 들었다. 점원이 볼까 봐 안 보이는 곳까지 가서 한 입 마셔보는데 뭐가 그리 쓴지 도저히 마실 수가 없다. 쓰레기통에 집어 던지고 말았다. 에스프레소가 고농축 커피 원액이 란 걸 집에 와서 인터넷 뒤져보고 알았다.

　요즈음은 길 건너 커피 원두 판매점에 가서 볶은 원두를 사다가 갈아서 내려마시는 커피를 즐기고 있다. 우선 커피전문점에서 분쇄한 커피를 사다 내려 먹는 것보다 훨씬 싸서 좋다. 또 세계 각지에서 나는 커피를 골라 나만의 맛으로 즐길 수 있어 좋다. 커피 믹스가 다인 줄 알았던 촌놈이 참 많이 발전했다.

51%의 행복

어떤 식물을 심어 놓고 한쪽에겐 '너를 사랑한다.'라고 매일 말해주고, 또 다른 쪽의 식물엔 '너는 싫어'라고 부정적인 말을 매일 해주면, 전자는 무럭무럭 잘 크는데 후자는 제대로 성장하지 못한다고 한다.

'말이 씨가 된다.'라는 말이 있다. 내가 어떤 말을 자주 하게 되면 그렇게 된다는 것이다. 그래서 어렸을 때 어른들이 어떤 험한 말을 하면 야단을 치고 그런 말을 못하게 하곤 했다. 하다못해 탐스럽게 열린 과일이나 곡식도 함부로 손가락질을 못하게 했었다. 손가락질은 상대를 깔보고 무시하는 부정한 것이어서 과일이 부정을 타서 떨어진다고 걱정을 하는 거다. 그만큼 우리의 바른 마음, 생각, 행동은 중요하다. 예나 지금이나 험한 것, 나쁜 것, 부정한 것은 멀리하고 좋은 것들을 가까이하려고 한다.

여기서 중요한 것은, 좋은 것을 가까이하려 할 뿐 좋은 것만 가까이하지는 않는다는 것이다. '좋은 것' 하면 가급적 가까이한다는 말이고, '좋은 것만' 하면 꼭 가까이한다는 말로, 욕심이 있느냐 없느냐의 차이로 결과에는 크게 달라질 수밖에 없다. 좋은 것만 가까이하려 하지만 그것은 내 뜻대로 안 돼 나쁜 것도 따라 올 수 있다는 현실을 직시하는 마음을 비운 상태라고나 할까?

요즈음 보면 좋은 것을 가까이하려 하기보다는 좋은 것만 가까이하려는 경향이 무척 강하게 나타난다. 좋은 것만 보고, 모든 것을 긍정적으로만 생각하고, 좋은 말만 하고 그러다 보니 나쁜 것도 좋게 바라보는 우를 범하

게 된다. 가치관의 변화라고 볼 수도 있겠지만, 옛날에는 잘못되었고 나쁜 것이라고 여겼던 것들이 좋은 것으로 둔갑하는 사례가 많아 가끔 당혹하게 한다. 그런 것들은 말뿐만이 아니고 풍습, 질서까지도 변화시켜 세대 간의 단절을 야기하고 있다.

오늘날 보면 옛날보다 행복 지수가 떨어지고, 옛날이 더 행복했다고 하는 사람이 많다. 세상을 긍정적으로 보고 좋은 것만 본다는 것은 사실 그렇게 쉬운 게 아니다. 세상의 이치는 결코 우리가 원하는 대로 바라는 대로 가지는 않는다는 것이다.

예나 지금이나 우리는 모두 행복만을 추구하고 좋은 것만 취해서 잘 살고 싶은데 왜 자꾸 불행해져만 갈까? 그것은 나에게는 좋은 것만, 행복만 있어야 한다는 욕심 때문이다. 행복해지고 잘 사는 것이 어찌 욕심으로 해결될 수 있을까? 행복해지고 즐거운 삶은 나의 모든 것을 걸고 수단과 방법을 가리지 않는 그런 행복만을 위한 욕심으로 해결되지는 않는다는 것이다.

행복과 불행은 무엇인가? 불행을 경험했기에 행복을 아는 것이고 행복을 경험했기에 불행을 아는 것 아닌가? 결국 불행 속에 행복이 있고 행복 속에 불행이 있는 것이다. 인간은 행, 불행 경계에서 늘 살아가고 있는데 어찌 행복만 욕심부린다고 행복해질 수 있을 것인가? 행복만 추구하면 진짜 행복이 와도 이것이 행복인지 불행인지 모른다.

좋은 말과 행동을 밑바닥에 두고 정성을 다해 추구하지만 집착하지 않고 욕심부리지 않는 것. 다른 시각으로 보면 적극적이지 않아 보일지도 모르지만, 그것이 무욕 추구라고 생각한다. 모든 것에 충실하고 최선을 다해 살다 보면 어느새 나에게 와 있는 것이 행복이다.

행복은 내가 만들어 가야 하지만 행복을 차지하는 것은 내 의지대로 되는 것이 아니다. 얻는 것도 내 탓이요 잃는 것도 내 탓이다. 너 때문에 내가 불행하다는 그 어리석음을 떨쳐 버리고 혹시 내가 저 사람을 불행하게 하지는 않았나 부터 살펴보자. 남의 행복을 뺏는다고 그것이 내 행복일 수 없을 뿐만 아니라 남의 불행이 나의 행복일 수는 더더욱 없다.

나는 행복하게 살기 위한 모든 것을 다 했는데 왜 행복하지 않으냐? 나는 나의 행복을 얻기 위해 최선을 다했으니 그래도 안 되는 것은 부모가 돈을 못 벌어서, 이 나라에서 취직하기가 너무 어려워서…. 모두가 남의 탓이다.

인터넷에서 자신의 얼굴이 안 보인다고 막말 막 하고 상대에게 상처를 주는 행위가 횡행한다. 그러면서 스스로 만족을 느끼는 사람들, 남을 짓밟고 얻어지는, 아니 쟁취되는 행복이 요즘 판을 친다. 결코 행복은 쟁취할 수 있는 것이 아닐진대 어찌 어리석게도 쟁취하려 하는가?

사실 인생에서 행복과 불행은 반반이다. 그러나 많은 사람이 나는 내 인생전부가 행복해져야 한다고 욕심을 부린다. 맑은 날만 있으면 가뭄이 들고 비오는 날만 있으면 홍수가 나게 마련이다. 결국 어느 한쪽으로 너무 치우치면 그것이 불행의 시작이다. 욕심은 늘 그 균형부터 깨려 한다. 불행하다 싶으면 어떤 욕심이 또 내 마음을 고달프게 하는가 먼저 생각해 볼 일이다.

나의 행복 추구가 욕심이나 집착으로 가지 않도록 마음의 창을 활짝 열고 세상을 행복과 즐거움으로 바라보자. 그러면 온 세상에 행복의 기쁨이 가득하다는 것을 알 수 있을 것이다.

프랑스의 어느 정신과 의사가 불행의 원인을 찾으려고 여행을 떠났다. 여행하던 중 중국의 츄린사원에서 노승을 만나 현대인들이 행복하지 못한 이유에 관해 물었다. 그때 스님이 이렇게 말을 했다고 한다.

"첫째 원인은 사람들이 행복을 목표라고 생각하는 데 있소" 살면서 반이 넘는 51%만 행복했다면 그 사람은 행복하게 살았다고 말할 수 있지 않을까?

핸드폰 유감

지난해 연말에 있었던 일이다. 취재가 있어 열심히 취재 중인데 핸드폰이 울려 전화를 받으니까

"문자를 봤으면 답을 줘야지요."

여성의 날카로운 목소리가 귓전을 때린다.

"아, 문자 보냈습니까? 아직 못 봤습니다."

했더니 빨리 문자를 확인하고 답하라며 끊는다. 이왕 전화했으면 용건을 말하고 직접 답을 들으면 될 텐데 거두절미하고 끊는다. 핸드폰을 보니 문자가 온 시간은 13시 정각. 전화 온 시간은 13시 3분이다. 혼잣말로 '거참 성질도 급하네.' 하고 취재가 끝나고 답을 해야지 생각하고 문자는 보지도 않고 핸드폰을 도로 집어넣었다. 그러고는 깜빡 잊고 귀가하는데 17시 39분에 또 전화가 와서 받으니까 더 난리다. 지금 취재 때문에 진동으로 해놔서 아직 못 봤다고 하니까 끊으란다. 차를 잠시 정차하고 문자 온 것을 보니 17시 18분에 문자를 보내고 17시 22분에 '메시지 봤음 답장하세요. 지발' 이렇게 문자가 와 있다.

그 문자들은 다음 주 월요일에 송년 모임을 하겠다는 것과 장소를 문자로 보낸 것이다. 그날이 화요일이니까 아직 시간도 많은데 뭘 그리 난리인가 싶기도 하고 취재하느라 이내 잊고 말았던 거다. 문자의 답을 빨리 안 했다고 저 난리를 치다니. 물론 답을 빨리 안 한 것은 나의 불찰이겠지만 참 적응이 잘 안 되는 부분이다. 참석한다고 답장을 하고 다음에 만나면

5부 51%의 행복 —225

화가 풀어지겠지 하며 스스로 마음을 다독였다.

　유선 전화기 시대에는 신중히 판단해야 한다거나 오해의 소지가 있을 때는 전화 통화보다 직접 만나서 이야기를 했다. 이젠 핸드폰 시대가 되면서 직접 통화는 고사하고 문자로 일방적인 통보만 한다. 그렇게 해 놓고 답을 빨리 안 준다고 난리다. 물론 상대방이 지금 전화를 받을 상황인지 아닌지 모르니까 문자로 하는 것이 상대방에 대한 배려일 수 있다. 그렇게 상대방을 배려하려면 좀 더 배려해서 금방 답이 안 오더라도 기다리는 것까지 하면 얼마나 좋을까?

　내가 어려선 우체국과 관공서 또는 회사나 부잣집에나 전화가 있었다. 백색 전화, 청색전화라면서 사고팔아 재산 가치가 있었다. 또 급하거나 꼭 전해야 할 일이 있으면 전보나 관보를 쳤다. 70년대에는 오는 전화는 이웃집에 전화를 빌려 쓰고 거는 전화는 공중전화를 이용했다. 또 농촌에는 동네 이장 집에 전화가 있어 온 동네 사람이 이용했었다.

　우리 집에 직접 전화를 놓은 것은 80년대 초이다. 그런 유선전화 시대를 살아온 나로서는 핸드폰도 문자보다는 직접 통화가 우선이다. 핸드폰은 항상 지니고 다니니까 시도 때도 없이 울려 대는 통에 어떨 때는 당황하게 된다. 따라서 통화음 이외에는 모두 진동으로 해 놓다 보니 전화가 올 때 이외에는 핸드폰을 잘 안 보게 된다.

　그러다 보니 가끔 답을 빨리 안 보낸다고 핀잔을 먹을 때가 있다. 그럴 때면 주머니에 있어 아직 못 봤다고 볼멘소리를 해보지만 별로 호응을 얻지 못한다. 상대가 보낸 문자에 금방 답을 주려면 젊은이들처럼 늘 핸드폰을 봐야 하는데 어찌 핸드폰만 들여다보며 살 수 있겠는가?

　젊은이들이 걸어가면서도 핸드폰에서 눈을 안 떼는 모습을 보고 불안한 마음에 못마땅했는데 조금은 이해가 된다. 답장 늦게 한다고 저렇게 난리를 치는 세상이니 조금이라도 답이 늦으면 왕따를 당할지도 모를 일이다.

그러면 안 되니까 늘 핸드폰을 주머니에도 못 넣고 손에 들고 다니며 즉시 즉시 답을 보내야 되는 것이다.

  그렇게 적응을 못 하니 당해도 할 말은 없다. 아무리 전화기가 발전을 하여도 직접 만나서 대화로 할 것과 통화로 할 것, 문자로 할 것은 구분해서 사용했으면 좋겠다. 핸드폰이 손에 없으면 불안해지고 모든 세상이 핸드폰 속에 들어온다 해도 말이다. 나이가 많은 사람에게만이라도 급하게 답을 요구하지 말고 좀 더 여유를 주었으면 좋겠다.

  사실 핸드폰 따라가기가 여간 버거운 게 아니다. 새 기기를 사서 좀 익숙해질 만하면 또 업그레이드된 새로운 기기가 나온다. 컴퓨터야 안 쓰면 그만이다. 그까짓 것 없어도 살아가는 데는 그렇게 불편한 것이 없다. 그러나 핸드폰은 없으면 안 되지 않는가?

  집 전화로 전화하는 사람도 이제는 별로 없다. 가끔 여론조사나 광고성 전화만 온다. 여론조사도 나이를 묻고는 해당이 없다고 끊기 일쑤다. 그나마도 치명적으로 들고 다닐 수가 없으니 이래저래 천덕꾸러기다. 핸드폰은 장소에 구애 안 받고 언제나 쓸 수 있으니 얼마나 편리한가. 외출할 때는 지갑보다도 먼저 챙기는 것이 핸드폰이다. 어쩌다 잊고 집에 두고 외출 한

날은 집에 돌아올 때까지 굉장한 것을 잃어버린 양 불안하고 갑갑해진다.

그러니 안 쓸 수도 없고 어떻게든 따라가야 한다. 문자를 보내고 받는 것까지는 부담 없이 잘했는데 빨라도 너무 빠르게 발전하니 헉헉댈 수밖에 없다.

인터넷, 내비게이션, 카메라, 손전등까지 세상의 모든 것이 다 들어올 기세다. 새로 이사 간 아파트에 현관문 잠금장치를 새것으로 교체를 했더니 핸드폰을 갖다 대면 문이 열린다.

거기다 페이스북, 카톡, 밴드 등 실시간 대화를 나눌 수 있는 앱이 점점 많아진다. 동네 둥구나무 그늘 밑에 모여 세상 돌아가는 얘기를 하듯 모든 얘기가 핸드폰에서 이루어진다. 자식들, 형제들, 친구들, 각종 모임이 SNS로 말미암아 함께 있는 것처럼 실시간 대화가 가능하다. 그러니 헉헉하면서도 따라갈 수밖에 없지 않은가?

그런데 요즘 그 조그만 핸드폰에 빨려 들어가는 느낌이 자꾸 드는 것이다. 조금이라도 시간의 짬이 생기면 나도 모르게 어김없이 핸드폰을 보고 있다. 대중교통을 이용하다 보면 모든 사람이 핸드폰을 보고 있다. 핸드폰을 안 보고 있으면 이방인이 된 것 같아 뭐라도 봐야 한다. 사색하고 묵언할 시간을 모두 핸드폰이 뺏어가는 것이다. 물론 핸드폰에서도 또 다른 관계들이 있어 대화가 더 많아졌을 수도 있다. 그래도 뭔가 불만이다. 핸드폰이 편리한 기기를 넘어서 내가 노예가 되어가는 느낌이라면 비약일까?

안 쓸 수도 없고 쓰자니 너무 복잡해 따라가기 힘든 핸드폰. 이러지도 저러지도 못하면서 토네이도에 빨려들어 가듯 빠르게 빠져들어 가고 있는 것 같다. 따라가자니 버겁고, 외면하자니 따돌림당하는 것 같은 불안감이 나를 옥죄는 것이다. 핸드폰이 어디까지 발전할 것이며 나는 얼마나 노예처럼 발버둥 치며 끌려가야 하는가? 그나마 좀 천천히 가면 좋으련만….

다름과 틀림

10여 년 전에 어느 지인한테서 '타인의 다른 것을 틀린다고 보면 안 된다. 틀린 것이 아니고 다른 것이다.'라며 요즘 다른 것을 틀린다고 보는 사람들이 많다는 말을 들었다.

이 말을 듣는 순간 나는 당황스럽기도 하고 뭔가 한 방 맞은 것도 같았지만 마음 한구석에 '맞아' 하고 적극 동의가 안 되었다. 왜냐하면 「다름」과 「틀림」에 대해 아무 생각 없이 그 말들을 써 왔기 때문이다. 또 순간 빠르게 움직이는 내 머릿속엔 「다름」과 「틀림」이 분명 다른데 왜 또 다르다고 생각해야 하는가에 대한 답이 나오지 않아서다.

그 뒤로 곰곰이 생각해보니 분명 내가 「다름」과 「틀림」을 혼동해서 쓰지 않았다는 것을 알게 되었다. 따라서 그 말을 어떻게 받아들일 것인가 문득문득 생각해보지만 맞을 수도 있고 틀릴 수도 있다는 것 외에 뚜렷한 답을 내지 못하고 있었다.

가끔 「다름」과 「틀림」에 대한 말이나 글을 읽을 기회가 있었지만, 한결같이 '틀린 것이 아니고 다른 것이 맞다'라는 것뿐이다. 나아가 우리 국민은 그걸 혼동해서 쓴다는 둥, 그걸 구분할 줄 모른다는 둥 나라와 국민을 싸잡아 무식쟁이로 만들어 버려 눈살을 찌푸리게 했다. 그러다 얼마 전 한 일간지에서 '다름과 틀림'이라는 제목으로 어느 기자가 쓴 칼럼을 읽으며 생각이 정리되었다.

『한 일본인이 미국에서 길을 잃고 헤매다 지나가던 미국인에게 "이 블록

(block)의 이름은 뭐냐"고 물었다. 미국인은 "이곳은 오크 거리(street), 저곳은 엘름 거리"라고 가르쳐주지만, 일본인은 "거리 말고 블록 이름은 뭐냐"고 묻는다. 미국에선 거리 사이의 공간이라고 여기는 블록에 이름을 붙이지 않는다는 사실을 이해할 수 없었기 때문이다.

반대로 일본에 간 미국인 남성은 일본인에게 "이거리 이름은 뭔가"라고 물어 본다. 일본인은 "이 블록은 17번지, 저 블록은 16번지"라고 답하지만, 미국인은 계속 "거리 이름은 뭐냐"고 질문한다. 일본에서 거리란 블록 사이에 존재하는 이름 없는 공간이란 사실을 미국인은 납득하지 못했다. 연사는 "아무리 훌륭한 아이디어를 갖고 있더라도 그 반대 역시 진실일 수 있다는 사실을 항상 기억하라"고 충고했다.』라고 미국에서 들은 강연을 예로 들면서, 『우리는 종종 타인의 「다름」을 「틀림」으로 받아들이곤 한다. 물론 나와 다른 생각을 저항감 없이 받아들이기는 어렵다. 하지만 사람들이 모두 자신만의 틀에 갇혀서 타인의 다름을 존중하지 않을 때 사회는 발전의 원동력을 잃어버리곤 한다.』라고.

기자의 글을 보면 앞의 일본 사람과 미국 사람은 다름에도 불구하고 상대방이 틀렸다고 생각한다는 뉘앙스가 있다. 그러나 몇 번 위 예문을 읽어 봐도 틀린다고 생각하기보다는 미국과 일본의 주소 개념이 다르다는 것을 알게 될 뿐이다. 위 예문을 읽고 과연 '미국인과 일본인이 서로 「틀리다」라고 생각하고 있구나' 라고 생각할 사람이 있을까? 또한 위의 경우는 큰 문제가 되지 않는다. 다른 것을 알면 거기에 적응하면 되는 것이다. 그런 걸 문제의식을 느끼고 보니 문제가 된 것인데 그 문제의 핵심도 잘못 짚었다는 것이다. 굳이 문제가 된다면 그게 「틀리다」라고 인식해서 문제가 된 것이 아니다. 일본인의 시각과 미국인의 시각이 여러 가지 이유로 다른 데서 생긴 문제다. 그것을 「틀리다」라고 봄으로서 생긴 문제로 보는 것은 잘못됐고, 그 잘못된 인식으로 본 문제의 해결은 제대로 될 리가 만무하다는 것이다.

예문을 발표한 연사도 '「다름」을 「틀림」으로 보지 말라' 고는 하지 않았다. 나와 반대의 생각도 진실일 수 있다는 충고일 뿐이고 그가 정확히 본 것 아닌가?

또 흔히 비교하는 것이 인종차별 문제다. 요즈음처럼 외국인이 많이 들어와 함께 살아가는 시대도 우리 5천 년 역사에 처음일 거다. 그런데 외국인의 피부색이 다른 것을 틀린다고 보고 함께하려 하지 않는다는 것이다. 피부색이 다른 것이지 틀린 게 아니라는 논리이다. 그러나 어느 누가 '저 외국인은 피부색이 틀렸다' 라고 말하는 국민이 있을까? 하는 것이다. 누구나 피부색이 다른 것을 보고 틀렸다고 말하지 않고 다르다고 말한다.

외국인에 대한 거부감은 「다름」을 「틀림」으로 인식해서 생긴 문제가 아니고 「다름」 그 자체가 문제라는 것이 내 생각이다. 우리는 단일 민족이라는 울타리 안에서 같은 피부 색깔, 같은 말, 같은 풍습 등을 공유하며 5천만의 「다름」들이 「우리」라는 울타리 안에서 어우러져서 살고 있다. 그런데 새로운 「다름」이 나타나서 아무런 낯섦에 대한 해소 절차도 없이 「우리」에 비집고 들어오기 때문에 생긴 부작용일 뿐이다. 그것의 해결책은 받아들여야 하는 「우리」와 새로운 「다름」이 시간을 투자해서 낯섦이 해소되도록 노력하며 기다려야 한다. 그 과정에는 지지고 볶고 부작용이 생길 수밖에 없는 것 아닌가? 그 부작용의 부담은 좋든 싫든 새로운 「다름」의 몫이 더 클 수밖에 없다.

「우리」는 「같음」의 집단이 아니다. 수많은 「다름」이 서로 어우러져 「우리」를 이루고 있는데 '「다름」을 「틀림」으로 보지 말고 「다름」으로 봐달라' 고 아무리 얘기해봐야 이상하게 들릴 뿐이다. 당연한 것을 당연하지 않다고 보고 당연하게 봐달라고 외쳐 대면 누가 정상으로 보겠는가? 「다름」과 「같음」은 생각의 차이를 말하고 「틀림」과 「맞음」은 옳고 그름의 문제이다. 또 「다름」은 같이 갈 수 있고 「틀림」은 같이 갈 수 없음을 말한다.

　내가 「다름」과 「틀림」을 잘 구분해서 쓰고 있다면 다른 사람들도 그걸 잘 구분해서 쓸 것이다. 나는 잘 알고 쓰는데 남들은, 우리나라 사람들은 틀리게 쓰고 있다는 발상은 문제가 있는 것이다.

　대개 「다름」을 「틀림」으로 봐서는 안 된다고 말할 때는 새로운 「다름」, 낯선 「다름」이 「우리」가 되려 할 때다. 새로운 「다름」이 옳곧다는 확신과 신념 그리고 용기가 있으면 낯섦을 극복하고 「우리」 안에 들어올 수 있다. 그 반대의 「다름」은 거짓이든지 자신이 없고 용기가 없어 생기는 자기합리화의 현상일 뿐이다. 새로운 「다름」이 같이 갈 수 있다 해도 단박에 「우리」가 될 수는 없다. 새로운 「다름」이 같이 가려면 「우리」의 포용, 허락, 관용, 용서 등 긍정적 사고를 바탕으로 인정되고 이해돼야 한다. 따라서 「우리」 안에 들어오려는 노력은 새롭고 낯선 「다름」의 몫이다. 시간을 투자해서 「우리」가 긍정적 사고를 갖고 낯섦이 해소될 때까지 끊임없이 노력해야 한다. 일종의 군대의 신고식처럼 말이다. 군대에서 신고식은 자기를 알리는 과정이다. 그 신고식을 할 생각은 안 하고 「우리」에게 「다름」을 「틀림」으로 보지 말고 「다름」으로 봐달라면 말이 안 되는 것이다.

파와 양파는 다르다. 그러나 파와 양파를 적당히 잘 섞어 조리하면 맛있는 요리가 된다. 그렇게 맛있는 요리가 되었어도 파를 양파라 하고 양파를 파라고 하면 틀린 것이다. 파와 양파처럼 「다름」이 합쳐져 상생할 수 있을 때 가장 바람직한 「우리」가 될 수 있다.

또 물과 기름도 다르다. 그러나 섞이지 않으므로 해서 상극의 상징으로 돼 있다. 따라서 상생할 수 없는 「다름」은 상극이 되어 배척해야 할 「다름」일 수밖에 없다.

「다름」을 「틀림」으로 보지 말라는 주장은 상생할 수 없는 상극의 「다름」을 「틀림」으로 착각하는 것일지도 모를 일이다. 「다름」은 언제나 「다름」일 뿐이다. 「다름」으로 말미암아 생기는 문제를 「다름」을 「틀림」으로 보아서 생기는 문제로 풀면 해결이 제대로 안 될 것이다. 새로운 「다름」이 「우리」 속에 들어와 상생할 수 있나 없나부터 판단해보는 발상의 전환이 필요하다.

6부 / 가을 햇살 속으로

영원한 모습으로
— 고 전영관 시인을 생각하며

님은 작년 그러께 발행하신 시집 『철새를 보내며』에 '목소리를 높이지 않고 흥분하여 외치지 않으면서 나 자신이 꿈꾸는 순수의 길을 찾는다'고 하셨습니다.

나날의 삶에 발을 딛고서 순수를 꿈꾸는 것이 고달픈 일이라고도 하였습니다. 그 고달픈 순수의 길을 늘 시를 통하여 내보이시곤 하셨지요.

언제나 임의 시를 읽고 나면 '그건 그려' 하고 고개를 끄덕이곤 하였더이다. 누구나 어렵지 않게 다가설 수 있게 시어들을 어찌나 맛깔스럽게 펼쳐 놓으셨던지요. 무척 따라 하고 싶었습니다.

그러나 우둔한 저는 읽고 또 읽어도 따라 할 수가 없었습니다. 아직도 더 많이 따라 해야 하는데, 그렇게 허망하게 눈썹달로 바삐 바삐 이 땅에 구멍 하나를 감쪽같이 메우시다니요. 야속하기 그지없어 노을처럼 내 마음도 빨갛게 타들어 갑니다.

수많은 날 들을 투병하시면서도 내색 한 번 안 하시고 그냥 막걸리 한 잔 앞에 놓고 울컥거리다가 혼자 웃으시기만 하셨지요. 누구나 떠나갈 날 정해 놓고 사는 것이 아니건만 님은 병마와 싸우지도 않고, 친구도 안 하고, 그렇다고 네 맘대로 해라. 포기도 안 하셨지요. 그냥 살아오던 대로 살다가 가뿐한 가방 한 개 챙기시어 홀연 떠나시는군요.

세상이란 몇 이랑의 밭과 몇 마지기 논으로만 되어 있고, 산다는 것은 솔가지를 가마니에 담아 지게에 지고 까치고개를 넘는 일일 수도 있습니다.

하지만 소가 되새김 질하듯 차마 밖으로 꺼내지 못하고 몸속에 거두어 두었다가 꺼내 씹어야 할 미처 하지 못한 이야기는 어찌합니까? 또 건너고 싶어도 건
너지 못했던 날들. 붉음과 푸름을 구별하지 못해 발걸음을 내딛지 못했던 날들은 어찌합니까?

　전에는 몰랐어요. 당신의 품이 깊은 줄을. 당신의 품이 따듯한 줄을…. 온기 잃은 깃털 한 잎 강물에 띄워 놓고 마지막 결별의 시간에도 저렇게 천천히 날갯짓하며 떠날 수 있는 여유. 떠난다는 것이 저토록 아름다운 것인 것을 처음 알았습니다.

　헤어진다는 것은 결코 뒤돌아보지 않아야 정말 헤어지는 것이라고 하셨지요. 또 잊는다는 것은 마지막 모습을 보여 주지 않아야 정말 잊어지는 것이라고도 하셨습니다. 그래도 비 오는 날엔 그 간이역에 가보고 싶을지도 모르겠습니다.

　배웅해주는 사람, 마중 나온 사람 없는 빈 대합실. 썰물처럼 마지막 한 사람, 문을 밀치고 나가면 대합실 밖에서 기다렸다는 듯 달려 들어오는 빗소리가 듣고 싶기 때문입니다.

　언제나 그 자리 그만한 무게로 천천히 뜨거워지고 천천히 식는 바위, 다시 태어난다면 큰 바위가 되소서. 가장 가까이 피어나는 들꽃 한 송이. 나뭇잎을 흔드는 작은 바람결. 들려오는 산새들 지저귀는 속삭임. 두 눈을 감으면 가만히 다가오는 모습으로 영원하소서.

'혼불'의 최명희 작가를 만나다

'안녕하시온지요? 사과 냄새가, 시고 향기롭게, 그러나 서글프게 섞여 있는 十月의 햇발을 받고 앉아, 이렇게 편지를 쓰고 있으니, 새삼스럽게 여러 가지가, 고맙기만 합니다.…' 최근 발견된 최명희(1947~1998) 작가가 화가인 김병종 전 서울대 교수에게 보낸 편지의 첫머리이다. 오늘은 그 느낌을 그대로 느껴보기 위해 '아침의 문학' 회원들이 '혼불문학관'으로 가을 문학기행을 가는 날이다.

달리는 차 창 밖에는 만추의 아침 햇살이 참으로 곱고 투명하여 어디선가 사과 냄새가 시고 향기롭게, 그러나 서글프게 풍겨올 듯하다. 바쁜 나뭇잎은 벌써 빨갛게 물들었지만 많은 나뭇잎이 이제 막 가을 색깔을 준비 중이다. 잎사귀들은 이른 봄 연두색을 시작으로 여름내 녹음으로 짙어져 왔다. 이제 마지막 색깔로 바꾸고 화려한 일 년을 마감하는 것이 정해진 순서이지만 언제 봐도 신비롭다.

한참 차창 밖 햇살 속에서 사과 냄새를 찾으며 가는데 사무국장이 일어서더니 숙제 내준 것을 발표하란다. 그 숙제란 버스 타고 가면서 지루하

지 않게 각자 자기가 좋아하는 글을 한 편씩 소개하라는 것이다. 모두 시 한 편씩 발표를 하는데 주종헌 선생이 '혼불'을 읽은 소감을 발표한다. 사실 나는 소설보다는 비소설을 좋아하다 보니 소설을 별로 읽지 않았고 '혼불'도 역시 안 읽었다. 따라서 귀동냥으로 들은 알량한 상식이 전부인 내게 혼불을 이해하는데 퍽 도움이 되었다. 또 문외한인 채 가는 것보다는 최명희 작가에게 덜 미안할 것 같아 조금은 마음이 가벼워진다.

 나는 가을이면 언제나 떠오르는 안톤 슈낙의 '우리를 슬프게 하는 것들' 중에 첫 구절을 읽었다. '울음 우는 아이들은 우리를 슬프게 한다. 정원(庭園)의 한편 구석에서 발견된 작은 새의 사체 위에 초추(初秋)의 양광(陽光)이 떨어질 때, 가을은 우리를 슬프게 한다.' 오늘따라 더욱 실감이 난다.

 우리를 실은 버스는 익산에서 익산-통영 간 고속도로로 바꿔 탔다. 오수에서 17번 국도로 한 번 더 갈아타는가 싶더니 이내 시골길로 접어든다. 누렇게 벼가 익어가는 들녘을 지나며 한참을 달려가니 '혼불문학관'이 나타난다.

언젠가 남원 쪽으로 여행할 때 '혼불문학관' 이정표를 무심히 보고 지나치며 한번 가봐야겠다고 생각한 적이 있었다. 그것은 '혼불'이 사람이 죽으면 빠져나가는 영혼 같은 것으로 옛날 어른들이 보았다고 해 어려서부터 범상치 않게 생각하고 있었기 때문이다.

작가도 ''혼불'이란 우리 몸 안에 있는 불덩어리라고 했다. 사람이 제 수명을 다하고 죽을 때 미리 그 몸에서 빠져나간다는 '혼불'은 목숨의 불, 정신의 불이었다. 그러니까 존재의 핵이 되는 불꽃이다.' 라 했다고 혼불문학관 홈페이지에도 소개되고 있다.

혼불문학관이 세워진 이 노봉마을이 소설 '혼불'의 배경지인 매안마을로서 종가, 노봉서원, 청호저수지, 새암바위, 호성암, 노적봉 마애불상, 달맞이동산, 서도역, 근심바위, 늦바위고개, 당골네 집, 홍송 숲 등 마을 주변이 소설 속에 그대로 살아있다. 실제로는 최명희 작가의 선조들이 500년 동안 살아 온 곳이라고 한다.

버스에서 내려 문학관을 바라본 첫 느낌은 한옥 기와집의 시커먼 기와지붕이 왠지 낯설고 중압감으로 다가온다. 문학관이 어떠해야 하는가에 대한 선입견은 없지만, 멋있다는 회원들과 달리 나는 노적봉이라는 높은 뒷산과 함께 감당할 수 없는 무게가 느껴진다. 그것은 아마도 어려서 느꼈던

'혼불'이라는 말 자체의 범상치 않은 무게감이 그렇게 보게 했는지도 모르겠다. 그래도 문학관으로 올라가는 돌계단과 지붕을 얹은 또 다른 계단이 친근감으로 다가와 그 무게를 조금은 덜어 준다. 계단으로 올라서니 마당 한가운데 있는 노란 국화에 둘러싸인 멋진 소나무가 또한 나의 무거운 느낌을 내려놓으라고 한다. 또 벽면에 전시된 옛 풍습 사진들도 나의 기분을 다독인다.

그렇게 마음을 풀고 회원들을 따라 문학관 안으로 들어간다. 들어서자 최명희 작가 영정이 해 맑은 미소로 반긴다. 지금까지 내가 가본 대부분의 문학관은 나보다 더 앞의 세상을 살다 간 사람들의 것이었다. 하지만 최명희 작가는 나와 동갑이다. 되레 나보다 열흘 늦게 태어났다. 우선 나와 동갑내기로 동시대를 같이 살았다는 것이 퍽 친근함으로 다가온다. 해맑은 미소를 머금은 모습이 마치 수줍은 듯 걸쭉하고 투박한 남원골 사투리로 '여~ 친구 어서 오더라고. 많이 기다렸지라.' 하며 반기는 것 같다.

전시관은 소설에 나오는 장면들을 묘사해 놓은 디오라마와 작가 집필실, 작가 유품으로 육필원고, 취재 수첩, 만년필, 상장과 상패, 혼불 사건 연보, 작가의 생애, 신문 연재 스크랩 등 생전 모습을 상상할 수 있게 잘 꾸며 놓았다. 특히 생전 인터뷰 등 육성을 직접 들을 수 있어 더욱 생생하다.

최명희 작가는 '혼불'을 1981년 '동아일보 창간 60주년 기념 장편소설 공모'에 제1부가 당선되면서 본격적으로 쓰기 시작한다. 이후 1988년 월간 「신동아」 9월호부터 제2부가 연재되기 시작했다. 1995년 10월까지 만 7년 2개월간 연재되어, 국내 월간지 사상 최장기 연재기록을 수립하였다. 1990년 제1~2부(전 4권)가 한길사에서 출간되었고, 다시 1996년 전 5부 10권으로 출간하였다.

이후 작가는 1998년 15회 여성동아 대상, 호암상 예술 부문을 수상하였으며 지병인 난소암이 악화하여 투병하던 중 "아름다운 세상 잘 살고 갑니다."라는 유언을 남기고 그해 향년 51세로 영면에 들었다.

'나는 원고를 쓸 때면 손가락으로 바위를 뚫어 글씨를 새기는 것 같은 생각이 든다. 그것은 얼마나 어리석고도 간절한 일이랴. 날렵한 끌이나 기능 좋은 쇠붙이를 가지지 못한 나는 그저 온 마음을 사무치게 갈아서 손끝에 모으고 생애를 기울여 한 마디 한 마디 파나가는 것이다. 그리하여 세월이 가고 시대가 바뀌어도 풍화 마모되지 않는 모국어 몇 마디를 그 자리에 고이게 할 수만 있다면…' 문학관 안내 팸플릿에 적힌 이 글을 읽으면서 '혼불'에 대한 작가의 절실함과 열정이 얼마나 대단했는가가 느껴져 고개가 절로 숙어진다.

전시관을 나와 관리동인 꽃심관을 들어가니 담당하는 분이 「남원문화관광 상식고사」라는 시험지(?)를 주며 답을 쓰게 한다. '혼불'에 관한 객관식 문제 10개 문항이 있는데 푸는 동안 '혼불'에 대해 좀 더 알 기회가 되었다. 12시 좀 넘어서 문학관을 떠나오는 회원들의 얼굴에는 모두 짧고 굵게 살면서 한국문학계에 굵직한 한 획을 긋고 요절한 그녀의 문학 혼이 듬뿍 담겨 상기되어 있었다.

게다가 아침에 오면서 이문희 시인이 일러준

"배가 항구에 정박해 있을 때는 안전하지만 그게 배를 만든 목적은 아니라고 해요, 험한 파도일지라도 넓은 바다로 나아가 고기를 잡아 오려 하는 것입니다. 우리도 항구에 안주하는 작가가 아닌 무언가 끊임없이 써내는 도전과 전진을 함께 합시다"

라는 말이 더욱 가슴에 와닿는다.

문학관을 나와 남원 광한루원 옆에 있는 음식점에서 추어탕으로 점심을 먹고 지리산 둘레길로 갔다. 코스는 중황리에서 등구재를 넘어 창원마을까지 4.1km의 짧은 코스를 택했다. 허리와 무릎이 불편한 회원도 있고 해서 아주 쉬운 코스를 골랐다. 여기는 10여 년 전에 지리산 둘레길이 생겼을 때 친구들과 다녀간 곳인데, 그때 하도 좋아서 혼자도 몇 번 와서 사진을 찍곤 하였던 구간이다. 중황, 상황 계곡은 벼를 모두 베어내 텅 비었지만, 산이 빙 둘러 감싸고 있는 넓은 계곡이 늘 나를 포근하게 감싸듯 하여 좋다.

동네 어귀를 걸어 올라가는데 할머니 한 분이 감을 따서 힘들게 자루에 쏟으신다. 혼자 하시는 게 힘드신 것 같아 조금 도와 드렸더니 감사하다며 단감 세 개를 내어 주신다. 할머니는 언제나 아무도 거들떠보지 않는데 이렇게 도와줘서 감사하다신다. 별로 큰 도움도 아닌데 오히려 내가 더 할머니께 감사했다.

중황리 마을회관까지 버스로 와서 등구재를 바라볼 때는 언제 올라가나 싶었지만, 막상 서로 담소를 나누며 오르니 어느새 우리가 출발했던 중황리가 저만큼 아래 있고 등구재가 눈앞에 있다. 사실 둘레길은 혼자 오는 것보다 정다운 사람들과 함께 걸어야 한다. 그래야 더욱 그 맛을 제대로 느낄 수 있다는 것을 10여 년 만에 새삼 느껴본다.

창원마을에서는 한 회원이 배꼽을 보이면서 까치발을 하고 힘들게 홍시 세 개를 따주었다. 회원들끼리 조금씩 쪼개어 먹으며 마치 가을을 몸속에 가득 채운 양 행복해했다.

가을로 물들어 가는 나뭇잎들의 가을 이야기, 살며시 불어와 볼을 간지럽히는 산바람의 속삭임, 사과의 시고 향기롭고 그래서 서글프게 섞여 있는 10월의 햇발을 가슴으로 받아 나를 슬프게 하는 이 가을이 얼마나 좋은가?

자연의 숲속을 정다운 이들과 함께 정담을 나누며 걷는다는 것이 또 얼마나 행복한 일인가? 회원들도 모두 좋아하는 것 같아 덩달아 기분이 좋다. 조금씩 물들어 가는 단풍과 시원한 바람을 정다운 회원들과 함께하니 더욱 아름답고 시원하게 느껴졌다. 산에서 내려와 떡과 따뜻한 커피로 피로를 달랬다. 땅거미가 질 무렵 우리는 인내와 성실로 문학을 대해야겠다는 다짐을 하며 힐링의 하루를 마감하고 함양 오도재를 넘어 집으로 향했다.

가을 햇살 속으로

요즘 내가 하는 일이 몰리는 바람에 무척 바쁘게 돌아다녔다. 어제도 바쁜 나의 스케줄(?)에 따라 순천으로 떠나는 '아침의 문학' 가을 문학기행에 참가하기 위해 아침부터 뛰었다. 뛸 수밖에 없는 것이 전날 밤 3시까지 일을 하고 잠을 자는 둥 마는 둥 깨어보니 늦었기 때문이다. 도대체 언제쯤 여유로운 생활을 할 수 있을지 한가한 마음으로 가야 할 곳도 바둥대고 있다. 그러나 막상 아침 8시에 출발하여 가는 길에는 가을 아침햇살로 가득하여 참으로 마음이 설렌다. 가로수 은행나무에도, 주마등처럼 지나가는 어느 시골 마을 감나무에도, 노오란 들녘에도, 산기슭에도 언뜻언뜻 붉게 물들어 가는 가을 햇살이 가득해 눈을 뗄 수가 없다.

지난밤 서너 시간 자고 나와서 차만 타면 졸릴 줄 알았는데 잠시도 졸 틈을 주지 않는다. 게다가 여행을 가면 언제나 내가 운전을 하고 가는 바람에 제대로 못 느꼈던 것들을 마음껏 느끼고 즐기며 갈 수 있어 참 좋다. 노스탤지어의 아련함, 얼마 만에 느껴보는 즐거움인지 모르겠다.

수년 전에도 이맘때쯤 시외버스를 타고 가면서 이런 기분을 느꼈었다. 그래서 가을엔 꼭 시외버스를 타고 여행을 떠나보자 다짐했었는데 그새 새까맣게 잊고 몇 년을 또 허덕이며 살고 있다.

남들이 그 나이에 일을 할 수 있다는 것만으로도 행복이라 말한다. 나 역시 그렇다고 생각하여 열심히 일하고 있지만, 가끔은 모든 것 다 버리고 훌쩍 떠나 이 가을을 만끽하고 싶은 마음이 굴뚝같은 것은 어쩔 수 없나 보다. 카메라 하나 둘러메고 발길 닿는 대로 새처럼 훨훨 날아다닐 수 있다면 얼마나 좋을까? 오늘이 바로 그런 날이란 생각에 마음이 설레고 행복해져 마냥 즐겁다.

같이 가는 회원들도 마음은 모두 나와 같은가보다. 모두 차창밖에 눈을 고정한 채 가을을 마음속 깊은 곳에 가득 담고 있는 듯하다. 마침 구례를 지나는데 저만치 산 아래로 운해가 가득하여 차를 세우라며 모두 손뼉을 치며 황홀경에 빠져든다.

이 아름다운 가을 풍경에 음악이 어찌 빠질 손가? 핸드폰으로 비발디의 「사계」중 「가을」을 듣는다. 오늘은 차창 밖으로 보이는 가을풍경과 더욱 맞아 떨어져 황홀경이나 무릉도원은 어디 별도로 있는 것이 아니라 지금 여기 내 눈과 마음속에 있다는 생각마저 든다.

그렇게 두어 시간 넘게 달려가 도착한 순천만 갈대밭. 여기도 가을 햇살은 가득하다. 부는 바람에 따라 이리저리 부대끼는 갈대의 노래가 또 우리를 황홀하게 만든다.

갈대밭으로 들어가는데 누군가가 억새를 보고 갈대라고 한다. 참으로 많이 헷갈리는 게 억새와 갈대다. 억새는 어감과 달리 부드럽게 보이고 갈대는 반대로 억세 보여서 헷갈리는지도 모르겠다. 나는 억새와 갈대를 구분할 때 억새 같은 것은 갈대이고 갈대 같은 것은 억새라고 생각하고 판단한다.

아직은 피어난 지 얼마 안 되어 어린아이들처럼 사각사각 아주 맑은소리가 들린다. 지난번 한겨울에 왔을 때는 서걱대는 소릴 듣고 너희들도 늙었구나 하고 생각했었다. 그런데 내가 들을 수 있는 소리는 그게 다이다. 가을 햇살을 가득 담은 갈대들의 노랫소리를 들으며 걷는 내내 이 노래를 어떻게 표현해야 좋을까? 전망대 가는 산 밑에까지 갔다 오면서 아무리 귀를 쫑긋 세우고 들어봐도 그 이상 표현할 수가 없다. 한 수 배우려면 다음 합평회 때는 갈대의 노랫 소리를 어떻게 들었는지 모두에게 물어봐야겠다. 전망대까지 못 가서 아쉬웠지만 시간 때문에 어쩔 수 없다는 말에 다음을 기약해 본다.

점심을 꼬막 요리로 먹고 순천문학관으로 향한다. 내비게이션을 찍고 왔는데 들어가는 길이 애매해 한참 논두렁길을 헤맸다. 버스로 논두렁길을 이리저리 돌아가다 보니 더는 갈 수가 없어 내려 걸어가게 되었다. 스카이 큐브가 소리 없이 관람객을 수시로 문학관까지 실어 나른다.

그러나 도착하여 보니 순천시의 깊은 뜻을 우리가 모르고 불평을 하고 있음을 깨달았다. 최소한 문학관에 가는 길이라면 후딱 차로 가는 것 보다 멀찌감치 차를 세워 놓고, 아니면 스카이 큐브를 타고 가면서 마음을 가다듬고 가야한다는 것 말이다. 버스에서 내려 논두렁길을 걷다 보니 보이는 게 많다. 노랗게 익어 고개 숙인 벼, 아직도 밭에서 익어가는 게으른 들깨, 바람에 흔들리는 억새, 갈대… 참으로 그 깊은 뜻을 뒤늦게 알아채곤 속으로 웃음이 났다.

순천문학관은 순천에서 문학적 감수성을 키운 소설가 김승옥과 동화 작가 정채봉의 문학 정신을 기리기 위해 만든 곳이다. 순천만 주변에 초가집으로 꾸며 놓아 논두렁길을 걸어서 와야만 그 정취를 제대로 느낄 수 있음을 다시 깨닫는다. 다음에 올 땐 꼭 걸어서 오리라 다짐해본다.

문학관은 김승옥관, 정채봉관이 따로 구성되어 있다.

김승옥은 1960년대 '무진기행' 등 한국 문학에 새로운 바람을 일으킨 소설 작품들을 잇달아 내놓은 뒤 영화계로 자리를 옮겨 시나리오 작가로도 큰 명성을 얻었다. 김승옥 소설 '무진기행'에 등장하는 안개 낀 도시 무진이 바로 순천이라고 한다. '무진기행'을 각색한 영화 '안개'를 시작으로 김동인의 '감자', 조선작의 '영자의 전성시대' 등 각색한 영화가 모두 흥행에 성공했다. 김승옥관에는 소설 원고, 영화 대본, 포스터, 신문 기사 등이 전시돼 있었다.

정채봉은 한국 동화 작가로는 처음으로 동화집 '물에서 나온 새'와 '오세암'이 각각 독일과 프랑스에 번역 소개되며 한국의 대표 동화 작가로 활약했다. 아침에 버스에서 정채봉 작가는 어른을 위한 동화 작가라고 이문희 시인이 알려 주었다. 어린이로서는 이해하기 힘든 철학적 문제를 행간에 장치해 놓고 있다고 했다. 그래서 성인 동화의 개척자라고 한다.

문학기행은 문학관을 들러 내가 잘 모르던 작가들의 세계를 만날 수 있어 내겐 아주 소중한 여행이 되고 있다.

문학관을 뒤로하고 우리는 순천만 국가정원으로 갔다. 나는 처음 가보는 곳이다. 개원한 지가 몇 년 되어 제법 잘 어우러져 볼 만하다.

한계에 다다른 나의 체력은 자꾸 의자에 앉게 만든다. 체력과 시간 때문에 높은 곳은 못 올라가고 밑에서 바라만 본다. 그러나 붉은 색조를 띤 저녁 가을 햇살을 받은 정원의 풍광은 색다른 감흥을 일으켜 그 한계를 극복하게 한다.

제대로 보려면 온종일 봐도 다 못 볼 것 같다. 그래도 회원들과 대화도 나누고 재미있는 사진도 찍으면서 서문으로 들어가 동문으로 나온다. 이른 시일 내에 다시 와볼 것을 다짐하는 것으로 아쉬움을 달래본다. 어제 하루 가을 햇살을 내 마음 가득 담아와 정말 행복한 여행이었다.

남가섭암을 찾아서

　공주 철승산 남가섭암으로 가는 길은 무척 가파르다. 숨 가쁘게 고갯길을 오르니 언젠가 읽었던 이곳 출신의 청라淸羅 엄기창 시인의 시구詩句가 생각난다. 시인의 유명한 시 사모십제思母十題 9 '어머니'에 보면
　「들창으로 내가 고생하던 겨울 찬 새벽 / 밥상에도 못 놓던 쌀 몇 되 머리에 이고 / 남가섭암 달려 올라가던 / 눈길이 떠오릅니다.」
　숨이 턱에 다다랐지만, 오직 아픈 자식만을 생각하며 미끄러운 겨울의 눈길을 올랐을 어머니를 생각해 본다. 읽는 것만으로도 애절함이 절절하다. 예부터 절은 우리의 모든 희로애락을 해결해주는 그런 곳이 아니었던가? 더군다나 아픈 자식을 둔 어머니의 심정이야 어찌 글로 표현하랴. 오직 부처님께 귀의하여 자식의 병을 낫게 해야 한다는 일념뿐이 아니었겠는가? 나도 중학교 때 많이 아팠을 때가 있었는데 나의 어머니 마음도 저러했을 터. 나는 그걸 알아채지 못했는데….
　단숨에 오르기에는 만만치가 않아 몇 번씩 쉬면서 오른다. 왜 부처님은 쉽게 갈 수 없는 곳에 계시는 걸까? 투덜대다가도 힘들면 오지 말든지, 오려거든 급히 오지 말고 쉬엄쉬엄 마음 수양하며 오라는 가르침이 아닌가 하는 생각이 들어 투덜댐을 멈춘다. 그렇게 생각하니 한결 걸음이 가볍다. 이런저런 생각을 하며 다다른 남가섭암南迦葉菴.
　남가섭암(주지 : 성오스님)은 공주에서 사곡을 지나 마곡사로 가는 길로 가다가 마곡온천이 있는 곳으로 가면 안내 푯말이 있다. 안내 푯말을 따라

가다 보면 좁은 산길을 꼬불꼬불 한참 올라간다. 다 올라 고개를 넘으면 다시 가파른 내리막길, 잠시 숨 고르며 무성한 나무들 사이로 조금 걸어가다 보면 조그만 대웅전이 철승산鐵蠅山 기슭 어머니 품에 안기듯 아늑한 곳에서 고즈넉하게 반긴다.

비록 작은 암자라고 하지만 대웅전 앞에 서면 앞이 탁 트여 마치 온 세상을 다 품고 있는 듯하여 어느 큰 가람 못지않은 웅대함이 가슴을 벅차게 한다. 그러나 그보다 더 중요한 것은 들어오는 길이 보통 산엘 오르다가 절이 있는 게 아니고, 산을 넘어 조금 내려가서 있다. 그 고즈넉함이 아무도 모르게 깊숙이 숨겨 놓은 보배인양 함부로 범접할 수 없는 고귀함까지 느껴져 기도처로는 이 이상 좋은 곳이 없을 듯싶다.

스님 말씀이 남가섭암은 산신 기도 도량으로 수도하는 사람에게는 제법 알려져 있다고 한다. 그래서 매월 음력 초사흗날엔 허공제와 산신제를 저녁 10시부터 지내고, 매년 음력 시월 초사흗날엔 대산제를 오전 10시와 밤 10시에 두 번씩 제를 올린다고 한다.

남가섭암南迦葉菴은 원래 천년 고찰이라고 한다. 전해 내려오는 이야기로는 마곡사와 역사를 같이하는 사찰로 마곡사를 짓고 양쪽에 절을 지어 터를 눌러주라고 하여 남북으로 절을 지었다고 하며 남가섭암과 북가섭암 그리고 마곡사 대웅전이 일직선상에 있다고 한다.

오랜 세월 혼자 견디기엔 역부족이었나? 때론 잊히기도 하고 폐허가 되기도 하며 그렇게 풍상을 온몸으로 견디면서 흥망성쇠 속에 지금에 이르렀다고 한다.

철승산 또한 재미있다. '쇠 철鐵' 자에다 '파리 승蠅' 자를 써서 쇠파리산이라고도 한단다. 옛날에 큰 홍수가 나서 이 산이 다 물에 잠기고 쇠파리만큼 남아 있었다고 해서 그렇게 이름이 지어졌다는 전설이 있다고 한다. 이 높은 산이 물에 다 잠기고 쇠파리만큼 남았다는 표현. 옛날 사람의 해학적 상상력이 대단하단 생각이 든다.

또한 입구 마을이 '가랏'이라 하는데 자장율사가 절터를 찾아 헤매다가 자리가 없자 화가 나서 가래침을 퉤 하고 뱉었다 해서 지어진 것이다. 개울가에 '춤바위'가 있는데 고생 끝에 마곡사 터를 잡고 좋아서 이곳에서 춤을 덩실덩실 추었다고 해서 붙여진 이름이라 한다. 철승산, 가랏마을, 춤바위에 얽힌 전설이 참 재미있다.

이곳 주지이신 성오스님께 차 한 잔 얻어 마시고 스님께 작별 인사를 하고 내려온다. 허공 같아서 막힘도 없고 거리낄 것도 없고, 목석과 같아 움직임도 없고 흔들림도 없는 그런 자유와 평화만이 가슴 가득 담겨 있음을 느낀다. 방금 뵈었던 주지 스님을 닮고 싶은 마음 때문이다.

모깃불 향기로 매캐한 밤
달빛에 닦여지는
남가섭암 목탁 소리 마을을 덮어
잃어버린 웃음
몇 송이
수줍게 피어나고 있다.
— 청라 엄기창 시인의 「고향」 중에서

시월의 어느 멋진 날

요즘 코로나19로 평생학습센터도 비대면 수업을 몇 번 진행했다. 지난주에 비대면 수업을 하던 교수님이 야외수업 제안을 하셨다. 코로나19로 제대로 싸돌아다니지도 못해 갑갑하던 차인지라 반대할 이유가 없지 않은가! 또 한동안 못 본 문우들이 보고 싶기도 하던 차라 모두 흔쾌히 동의했다. 그리하여 햇살도 영글어 가는 어느 가을날 '시월의 어느 멋진 날'을 만들어 보기로 하였다.

그 장소는 동구에 있는 '이사동 민속 마을'이다. 약속한 시각에 맞춰 유성온천역 1번 출구에서 대기한 버스에 오르니 이미 모두 와있었다. 다행히도 모두 코로나에 들키지 않고 피해 다녔나 보다. 거리두기의 하나로 의자에 한 명씩 앉고 체온 체크 손 세척 등 꼼꼼한 방역 활동을 한 후에 출발했다. 가면서 문우들이 소풍 가는 초등학생처럼

"선생님 떡 언제 줘요. 물은 언제 줘요. 오줌 마려워요"

하며 질문을 해대서 차 안에 한바탕 웃음을 자아냈다. 즐거움에는 애 어른이 따로 없나 보다. 교수님이 이사동에 관해 소상히 소개하는 걸 재미있게 듣다 보니 어느새 버스는 산내 면허시험장 다리를 건너 좁은 골목길로 접어든다. 여기는 언제 개발을 할 것인가? 몇십 년 동안 변한 게 하나도 없이 그대로다. 시내버스도 다니는 길인데 길은 좁고 주차 질서는 엉망이어서 서로 교행이 안 돼 계속 섰다 가고 급정거하고 위험하기 짝이 없다.

그런 골목길을 지나 탁 트인 시골길로 들어섰는데 여기도 옛날 논두렁길

그대로다. 어렵사리 도착하여 차에서 내리니 눈앞에 솟을대문이 있고 숭모문(崇慕門)이라고 쓴 현판이 높다랗게 걸려 있다. 대문 안을 들여다보니 안채에 사산분암(沙山墳庵)이란 현판이 걸려 있어 여기가 아까 얘기 들었던 목사공(牧使公) 재실(齋室)임을 알았다.

버스에서 내려 바라본 이사동은 벼가 노랗게 익어가고 들깨는 베어서 널어놨다. 배추도 속이 차기 시작하면서 가을이 깊숙이 들어와 추색(秋色)이 가득하다. 차에서 내리는 문우들의 얼굴에도 가을 햇살을 받아 불콰하게 상기되어 있었다.

잠시 교수님의 설명을 듣고 한천(寒泉)이라는 우물로 향한다. 가는 길에 기예(技藝)라는 글씨와 무형문화재 보유자의 집이라는 팻말이 눈에 띈다. 자세히 보니 8호 매사냥 보유자인 김용순 선생 댁인 듯하다. 그런데 대문에 담쟁이덩굴이 얽혀있다. 이상해서 넘겨다보니 빈집은 아닌 것 같다. 김용순 선생은 대전 무형문화재 공연할 때 매사냥 시연하는 걸 취재한 적이 있다. 매사냥이 UN인류무형문화유산으로 등재되어 더욱 유명해지신 분이시다.

한천은 뒷산에 묻히신 선조들이 사용하시던 동네 우물로써 '한천 우물제'를 지내기도 한 곳이란다. 그러나 역사적 우물로 보기에는 너무 초라하다. 한문으로 '寒泉'이라 새긴 글씨가 아니면 그냥 버려진 우물로 알겠다. 아마 지금까지 존재할 수 있었던 것은 '寒泉'이라 새겨진 글씨 때문인가 싶다. 물론 지금은 식수로 사용을 안 하지만 그렇더라도 역사적 의미를 가진 우물로서의 대우가 소홀해 보인다.

다시 목사공 재실로 와서 옛날 책 만들기와 글을 읽은 횟수를 세는 데 쓰이는 서산書算 만들기 체험을 한다. 어렸을 적에 할아버지께서 책 매시는 것을 어깨너머로 배워 몇 번 만들어 본 경험이 있어 낯설지는 않았다. 오랜만에 만들어 보니 긴 담뱃대를 입에 무시고 동네 청년들에게 한학을 가르치시던 할아버지 모습이 떠오른다. 또 서산을 옆에 놓고 몇 번 읽었나 표시하

며 한문책을 읽던 동네 형들의 모습이 떠올라 어릴 적 추억에 잠시 젖어 보는 시간이 되었다. 그때 책 읽는 소리는 지금 읽는 소리와는 사뭇 달랐다. 그때는 음률이 있어 한참을 들어도 싫증이 나지 않았었다.

체험 후에 바로 뒷산에 목사 송요년의 묘소로 갔다. 목사공은 1499년 최초로 이곳에 묻히며 이곳을 천여 기가 넘는 은진 송씨 목사공파 집장지로 500여년을 이어오게 한 장본인이다. 올라가는데 산소 주위에 소나무 숲이 울창하다. 산소와 소나무의 어우러짐은 운치가 있어 멋지다. 간식도 먹으며 송희갑의 시와 송담 송남수의 시를 공부하며 두 분의 생애에 대한 말씀을 들었다. 다시 목사공 재실로 와서 함께 '시월의 어느 멋진유에 날에'를 합창하며 멋진 날의 마무리를 했다.

내가 이사동을 처음 찾은 것은 몇 년 전 방송 뉴스에서 '대전 이사동 문화재 활용 종합기본계획' 관련 주민설명회를 개최했다고 했을 때이다. 그걸 보고 대전에도 한옥마을이 있다는 걸 처음 알았다. 그래서 가보았는데 실

6부 가을 햇살 속으로 — 253

망만 하고 돌아왔었다. 한옥마을이라고 해서 다른 곳처럼 한옥이 모여 한 동네를 이루고 있는 줄 알았는데 띄엄띄엄 그것도 재실뿐이었다. 대전의 가장 많은 성씨인 은진 송씨네 묘소만 많이 있었다. 동네는 오히려 다른 시골 동네보다도 더 초라해 보였다. 그곳에 이야깃거리가 많다는 것을 집에 돌아와 인터넷을 뒤져보고 알았다. 잘 가꾸어 놓으면 특색 있는 문화 관광지로 훌륭하겠다고 생각했었다. 또 그것을 시장이 직접 나서서 개발한다니 머지않아 아름다운 문화 관광지를 볼 수 있겠다 생각했었다.

그런데 다시 찾은 이사동은 말만 요란했지 아직도 요원한 느낌이다. 그때나 지금이나 달라진 게 하나도 없다. 진입로 하며 어수선한 동네 풍경은 민속 마을이란 느낌을 받을 수가 없다. 버스를 타고 오면서 교수님의 이사동 이야기를 들으며 내 머릿속에 그려봤던 것과는 달라도 너무 다르다. 눈에 보이는 것이 다는 아니라지만 첫눈에 들어오는 것은 중요하다.

목사공 재실만 해도 그렇다. 1840년에 지었다가 1982년에 중건했다고 돼있는데 여느 한옥과는 너무 차이가 난다. 고풍스러움은 아니더라도 한옥으로서의 품격도 제대로 갖추지 못한 것 같다. 어느 집은 안채가 다 없어지고 솟을대문만 덩그러니 서 있는데 그것도 관리가 안 돼 담쟁이넝쿨이 제 맘대로다. 여기 저기 모두 담쟁이넝쿨에 점령당한 동네 같다.

요즘 대전시에서는 되는 일이 없나 보다. 유성종합터미널이 그렇고 2호선 도시철도사업도 어찌 돼가는지 모르겠다. 이사동 민속마을 조성사업도 2015년에 250억 예산을 투입해 2025년까지 민간주도로 전통 민속 관광단지로 완성한다 했는데 5년이 지난 올해까지 한 일이 없는 것 같다. 게다가 올해 이사동에 짓기로 한 전통의례관 건립비용 19억 6천만원이 진입로 공사가 안 되었다는 이유로 전액 삭감되었다는 소식을 들었다. 또한 동네 앞에 높다랗게 가로지르는 고속도로 육교는 탐방하는 내내 나의 시선을 교란하며 신경 쓰이게 한다.

다행히 지난해 이사동 건축자산진흥구역으로 지정해서 전통 경관 수복은 물론, 난개발과 혐오시설 유입의 근원적인 차단을 한다고 하니 지켜볼 일이다. 현실은 그러거나 말거나 오백 년이라는 긴 시간을 천여 기의 전설로 지켜온 마을 이사동. 아득한 시간 속을 살다간 할아버지의 할아버지 또 그 할아버지의 할아버지들이 마을을 둘러싼 산등성이마다 오랜 세월 쌓인 전설을 소곤소곤 전하는 곳. 그곳에서 긴 세월 지나온 바람과 익어가는 가을 햇살을 만나서 옛이야기 들으며 모두 즐거운 소풍을 마쳤다. 시월 어느 멋진 날의 추억 한 자락 만들고 떠나오는 이사동엔 저녁연기 한 줄기 전설처럼 피어오르고 있었다.

야무지고 원대한 꿈
— 누리호 발사 관람기

　내가 나로도를 알게 된 것은 꽤 오래다. 일출 사진을 찍으러 20여 년 전에 가보았다. 나로도는 외나로도와 내나로도 두 섬으로 나누어진다. 그때는 흔치 않게 섬을 연결하는 다리가 놓여 있어 배를 안 타고도 섬에 갈 수가 있었다. 나로도라는 섬 이름도 한번 들으면 잊지 않을 만큼 다정스럽다. 그때 기억 때문인가 나로도라는 소리만 들으면 왠지 가보고 싶은 고향처럼 느껴지는 섬이다.
　그러다 외나로도에 나로우주센터가 건설되면서 유명해져 이제는 누구나 다 아는 섬이 되었다. 그래서 더욱 가보고 싶었다. 하지만 가고 싶다고 단숨에 달려가 볼 수 있는 가까운 곳이 아니라서 마음뿐이었다. 며칠 전서부터 외나로도에서 누리호를 발사한다는 뉴스가 나온다. 그 뉴스가 반갑게 귀에 쏙 들어오는 데는 나로도를 가보고 싶다는 것 말고도 또 있다.
　아들이 항공우주공학을 전공하고 항공우주연구소는 아니라도 관련 협력업체에 근무한다. 얼마 전에 항우연에 출장을 갔다 오더니 작은 액자 하나를 갖고 온다. 보니까 전부 영어로 되어 있어 아들 이름만 겨우 눈에 들어온다. 뭐냐 했더니 이번에 발사할 우주선개발에 협력을 잘해준 공로로 주는 감사패란다. 젠장 한글로 쓰면 동티라도 나는가? 한글은 하나도 없으니 알 도리가 없다. 어쨌거나 잘 보이는 곳에 놓으면서 자랑스럽다고 칭찬을 해주니까 아들이 겸연쩍게 씩 웃는다.
　우주선 발사에 아들 손길도 담겼다니 쏘아 올리는 날 직접 가보고 싶은

생각이 더 들었다. 그러던 차에 발사 전날 뉴스에 내일 4시경에 쏘아 올린다고 한다. 아내 보고 가자고 했더니 흔쾌히 가잔다. 컴퓨터를 켜고 지도 검색을 해본다. 코로나 때문에 발사전망대는 폐쇄한다고 한다. 그러나 바닷가라 가보면 관람할 곳은 많을 것 같았다. 그래도 지도를 자세히 분석(?)해 보니까 전망대 근처 남열해돋이해수욕장이 좋을 것 같다. 또 한 곳은 낭도해수욕장이다. 지도상으로는 남열해돋이에서 발사대까지 거리는 14.5Km 정도 되고 낭도에서는 16Km쯤 된다. 좀 멀기는 해도 날씨만 좋으면 볼만 하겠다는 생각이 들었다.

그곳을 가려면 장장 3시간을 넘게 달려가야 한다. 호남선, 순천완주, 다시 순천영암 고속도로를 타고 고흥IC에서 내려서 한참 시골의 좁은 신작로를 달려가야 한다. 까짓거 시간과 거리가 대수랴. 다음날 사진 촬영 준비도 단단히 하고 출발한다. 오수휴게소에서 한번 쉬고 거침없이 달려갔다.

먼저 남열해수욕장 상황을 보기로 했다. 그리고 최종 목적지로 낭도해수욕장을 가기로 했다. 일찍 도착할 테니 시간이 많아 영남용바위라는 곳에 잠시 들러 걷기운동도 하기로 했다. 11시쯤 남열해수욕장엘 도착했는데 벌써 차들이 많다. 그래, 나만 똑똑한 게 아니지. 용의주도하게 장소를 물색하는 것은 나만 하는 게 아니라 관심이 있는 사람은 누구나 나와 똑같은 생각을 했을 것이다. 가끔 내 생각이 최고라고 철석같이 믿는 우를 범하는 게 문제다. 더군다나 초행인 주제에 말이다.

바닷가에 나가서 살펴보니 내나로도 끝이 가려져 위치가 나쁘다. 그래서 일단 영남용바위로 가보기로 했는데 가다 보니까 발사전망대가 있다. 길가에는 벌써 차들이 많이 주차해 있고 교통정리 요원까지 나와 있었다. 위치가 산 중턱이라 둘러보니 굳이 전망대를 고집할 필요가 없을 것 같다. 주위에 아무 데고 차를 세울 수 있는 공터와 개활지만 있으면 볼 수 있을 것 같다.

네비에 용바위를 검색하니 전국의 용바위라는 이름이 붙은 곳은 다 나온다. 내가 찾는 가까운 곳의 용바위는 용바위횟집만 나온다. 거길 찍고 영남용바위에 도착하니 작은 어촌이다. 정작 용바위횟집은 영업을 하는지 안 하는지 문은 열려있는데 인기척이 없다. 점심을 해결하려고 일단 들어서니 손님인 듯한 두 사람이 앉아있다.

"장사한대요?"

"예. 주인 할머니가 돌문어 삶아 밥을 해준다며 돌문어 가지러 갔어요"

횟집 같기도 하고 그냥 가정집 같기도 하고 그래도 식탁이 몇 개 놓여 있으니 식당은 맞나 보다. 얼핏 이해가 안 되는 상황이지만 별수가 없다. 일단 아내 보고 식탁에 앉아있으라 하고 둘러볼 양으로 나가니까 주인 할머니가 낙지 망을 들고 온다.

"우리도 점심 먹을 수 있나요?"

"그렇지 않아도 들어가는 것 보고 낙지를 더 갖고 옵니다. 이거 데쳐서 밥

하고 줄 테니 먹고 가슈."

"다른 것은 없어요?"

"다른 것은 없어요. 이거 돌문어라 맛있어요."

선택의 여지가 없다. 둘러봐도 음식점이라곤 여기 밖에 없다. 완전 시골 토박이 풍경이다. 한참을 기다리니 쟁반에 반찬 몇 가지와 밥 두 공기 그리고 데쳐 썬 문어 한 접시 얹어 부엌에서 받으라고 내민다. 초고추장에 찍어 먹는 문어는 그런대로 맛이 있다. 어설프게 점심을 때우고 용바위 산책을 나섰다.

데크로 층계를 만들어놨는데 가파르고 꽤 올라간다. 올라서니 용 한 마리가 하늘을 향해 꿈틀대고 있다. 이걸 넣고 불을 뿜으며 올라가는 우주선을 찍으면 좋겠다 싶은 생각이 든다. 주위를 둘러보니 그렇게 찍기가 만만하지 않다. 나무가 시야를 가리는 데다 너무 멀어서 한 번에 찍기는 무리다. 따로 찍어 합성해야 할 거 같아서 여러 각도에서 촬영해둔다. 계속 걸어가면서 봐도 여기는 나무 때문에 사진 찍기가 곤란하다. 한 바퀴 돌아 걷고는 다시 내려오는데 경찰이 와있다. 우주선 발사 때 교통 정리하려고 왔단다.

"관람하기 좋은 곳이 어딥니까?"

"여기가 좋아요. 저쪽으로 돌아가면 넓어서 관람하기 좋아요."

"저 건너 낭도 쪽은 어때요?"

"거기도 좋긴 한데 부산 쪽 사람들이 거기로 다 와서 복잡할 겁니다."

말대로 용바위 밑으로 돌아가 보니까 용암이 흘러 굳은 바위가 아주 넓다. 천명이 와도 될 것 같다. 일단 찜해 놓고 낭도를 가보기로 한다. 차를 몰고 가는데 계속해서 차들이 들어오고 있다. 보기에는 가까운데 한참을 돌아야 가게 돼 있다. 낭도 포구 쪽으로 들어가려니까 입구에서 체온을 첵크한다. 포구에 가까워지니까 차들이 줄을 서서 꼼짝을 못하는 게 아닌가! 아차 싶어 얼른 차를 돌려 되돌아 나온다. 우물쭈물 거기 잡혔다가는 꼼짝달싹 못 할 것 같다. 그리고는 용바위로 다시 가는데 아까보다 차가 더 많이 전망대 쪽으로 간다. 용바위 포구에 도착하니 여기도 혼잡할 정도는 아니지만 아까보다 차가 많다. 차를 세우고 카메라에 500mm 망원렌즈를 장착하고 바닷가로 간다. 낚시하는 사람도 있고, 구경하러 온 사람도 꽤 있다. 자리를 잡고 카메라를 통해서 보니 맑지 않아서 뿌옇게 보인다. 3시쯤 도착했는데 먼저 온 분이 5시로 연기됐다고 한다. 뭐가 잘 못 됐나 싶어 불안해진다. 얼른 핸드폰을 열어 뉴스를 본다. 발사대 하부시스템과 밸브 점검에 추가적인 시간이 소요되어 늦어졌다고 한다.

뉴스를 듣다 보니 '나로호'가 아니고 '누리호'란다. 그동안 무심코 들어 나로호로 알고 있었다. 누리호와 나로호는 규모와 임무 능력 등에서 차원이 다르다. 나로호는 엔진을 러시아에서 만들어 온 한국 최초의 우주발사체다. 반면 누리호는 모든 것을 순수하게 우리 독자 기술로 개발했다고 한다. 누리호는 모든 면에서 나로호보다 앞선 기술로 개발된 것이란다.

4시가 넘으니까 여기도 사람이 많아진다. 하지만 워낙 넓어서 넉넉하다. 상황을 알기 위해서 4시 50분에 다시 핸드폰을 꺼내놓고 실시간 중계방송을 본다. 현장 중계에 집중해서 보고 있는데 갑자기 함성이 터져 나오는 게 아닌가! 중계방송에서는 30초 후에 쏘아 올린다면서 서 있는 우주선을 보여 주고 있는데 저 멀리서는 불꽃이 퍼지고 하얀 연기가 피어오르고 있다. 그 연기 속에서 하얀 우주선이 불을 내뿜으며 힘차게 솟아오르고 있는 게 아닌가! 부지런히 셔터를 눌러대기 시작한다. 그러나 이미 초기 불꽃과 연기는 놓쳤다. 중계를 믿고 방심했다. 이미 우주선은 하늘로 치솟아 높게 높게 올라가는데 중계방송은 그제야 발사된다고 호들갑을 떤다. 왜 그럴까? 처음엔 도저히 이해가 안 되었다. 내 나름대로 생각해보니까 전파가 발사대에서 서울 본사를 경유해서 우주로 갔다가 내게로 오는 시간이 걸려서 그런 것인가 짐작할 뿐이다.

집에 와서 카메라에 찍힌 사진 데이터를 확인하니까 16시 57분 32초에 첫 사진이 찍혔다. 그리고 16시 59분 33초에 분리되어 날아가는 작아진 우주선이 마지막으로 찍혔다. 확인해 보니 내 카메라의 시간이 3분 정도 느리다. 결국 2분 01초 만에 상황종료가 되었다. 그러나 그 짧은 시간이지만 내게 감동을 주기에 충분하고도 남았다. 나뿐만이 아니고 주위에 모든 관람객이 얼굴이 상기되어 있는 것을 보니 모두가 벅찬 감동을 받은 게 틀림없다. 특히 어린이들의 감격은 더 요란하다. 잠시도 입을 다물지 못하고 신기함을 조잘거리고 있다.

  현장에서 보기만 했을 때는 성공한 줄 알았는데 집에 와서 뉴스를 보니 절반의 성공이라고 한다. 얼마나 힘차게 멋진 모습으로 솟아올랐는데 실패라니 믿기지 않았다. 아까 상황종료 후 떠나면서 보았던 번지다 사라지는 노을처럼 하얀 우주선의 아름답던 모습이 안타깝고 아쉬움 속으로 사라진다.

  1단, 2단, 위성모사체 분리는 정상 수행되었으나, 3단 엔진 조기 연소 종료로 절반의 성공이라고 한다. 하지만 야무지고 원대한 우리나라의 우주로 향한 꿈은 계속된다. 우선 누리호는 2027년까지 5차례 더 발사한다. 그리고 2030년에는 우리 발사체를 달까지 보내는 걸 목표로 잡고 있다. 이번 발사로 그 야무지고 원대한 꿈이 꼭 이루어지길 간절히 바라며 성원을 보낸다.

6부 가을 햇살 속으로

> 작품해설

기억 되살려내기와 글쓰기
―이한배의 『이젠 비워내도 괜찮아』를 읽고

송하섭 문학평론가

1. 놀라운 늦바람

우리 한국인의 수명이 놀랄 만큼 길어졌다. 80이 넘은 필자의 기억을 되돌아볼 때, 우리가 어렸을 때는, 마을에 70 노인이 계시면 모두 감탄을 했었다. 아니 50살만 되어도 담뱃대를 물고 어른 행세를 할 정도였다. 그런데 이제는 평균 수명이 80을 훨씬 넘고 있으니 급격히 노령화 시대로 들어선 것이다. 그러니 중년을 넘어서면 제2의 인생을 설계하지 않을 수 없는 형편이 되었다.

직장에서 정년을 한 후로도 상당 기간 생활해야 하기 때문에 그 기간을 어떻게 보낼 것이냐 하는 문제가 개인은 물론 사회적으로도 큰 과제가 아닐 수 없다. 그래서 새로운 직업을 찾기도 하고 취미를 살려 제 2의 인생을 설계해 실천에 옮기기도 한다. 어떤 의미에서는 인생의 행, 불행이 여기에서 결정된다고 해도 지나친 말이 아닐 수도 있다. 여성의 경우에도 자녀를 교육시켜 떠나보낸 다음, 어떻게 살아야 행복할 것이냐 하는 것이 최대의 과제가 아닐 수 없게 되었다.

그런 가운데 청소년기나 젊은 시절, 어느 분야에 대하여 꿈을 가지었었지만 여러 가지 형편으로 그 꿈을 접어야 했던 분들이 새롭게 그 꿈의 실현을 위해 새 출발을 해서 자기만족은 물론, 그 분야에서 크게 성취하는 분들을 자주 보게 된다. 이는 개인의 행복을 위해서도, 사회적인 문제를 해결한다는 면에서도 크게 환영할 일이라 하지 않을 수 없다.

특히 젊은 시절의 꿈을 접어야 했던 분야에는 예술계가 많다. 경제적으로 어려웠던 시절, 예술을 해서 생계를 해결하기가 지극히 어려웠기 때문이다. 가령 음악이나 미술, 연극, 문학 분야에 상당한 소질이 있음에도 불구하고 이를 전공 하여 생계를 해결하기가 쉽지 않기 때문에 부모의 반대에 부닥치는 경우가 많았고, 또 그 분야를 전공하기에는 경제적인 여건이 허락하지 않았던 경우도 많았다. 이런 분들이 젊었을 때 가지었던 꿈을 실현하기 위해 늦게 새 출발을 하는 분들이 있는 것이다. 물론 그 결단이 결코 쉽지 않고 때로는 용기가 필요한 일이지만 과감하게 도전하는 분들을 보면 박수를 보내지 않을 수 없는 것이다.

오늘, 수필집을 발간하여 우리에게 소박한 기쁨을 주는 소흔(素欣) 이한배 선생. 이분이야말로 인생 후반기인 제2의 인생을 열정적으로 살아가면서 사진과 문학에 매진하여 일정부분 성공을 거두고 있으므로 많은 분들의 선망의 대상이 되고 있다. 그 결실의 하나로 이 작품집을 보여 주고 있다.

그는 경기도 여주 생. 초등학교를 마치고 부친을 따라 서울에서 중등학교를 다닐 때, 성악을 하고 싶었지만, 집안 어른들의 반대로 꿈을 접고 인쇄기술의 길에 들어섰다가 대전의 국방과학 연구소에서 사보발간 일을 정년 때까지 종사했다고 한다. 정년 후, 그는 묻어두었던 꿈을 펼치고자 용기를 낸 것이다. 성악을 하기에는 너무 늦었다고 판단한 그는 직장생활에서 사진인쇄, 글쓰기를 경험했던 것을 참고하여, 사진예술과 문학의 문을 두드렸다고 한다.

그는 먼저 사진 촬영에 열정을 쏟았다. 주변은 물론, 전국의 산하를 누비면서 셔터를 눌렀다. 자연히 연륜과 함께 사진예술에 대한 기교와 더불어 안목이 넓어지고 마침내 주변에서 사진 예술인으로 인정을 받으면서 이제는 사진기자로 활동하기에 이른 것이다. 기자 활동을 하다 보니 자연히 글쓰기에 대한 아쉬움이 컸던 것이 아니었을까. 그는 젊은 시절,「현대문학」등 문학 잡지를 열심히 읽으면서 문학 소년으로 살았던 경험을 되살려 본격적으로 문학 수업을 시작했다고 한다. 시민 교육 기관의 문학 창작반에 열심히 드나들면서 늦은 나이에 문학을 공부하는 분들과 어울리고 부지런히 글쓰기에 매진하여 급기야는 수필가로 등단하기에 이른 것이다.

나는 지난해, 시인이며 수필가인 박정렬 선생을 만나 그의 소개로 이 선생과 인사하게 되었다. 박 선생 역시 사업을 접고 늦은 나이에 서예와 문학에 열정을 바쳐 이제는 상당한 수준에 이르러 많은 분들로부터 인정을 받는 명실상부한 문인이 되어 있는 분이다. 두 분은 연세도 비슷하고 문학에 대한 열정도 비슷하여 좋은 문우의 길을 같이 걸어가는 동반자가 되어 있는 것이다.

"늦바람이 무섭다."라는 말이 있다. 늦게 시작했지만, 어느 젊은 문학도가 따라가기 어려울 정도로 열심이다. 근래 박 선생이 매년 작품집을 발간하는 놀라운 열정을 보여 주고 있는데 아마도 이 선생 역시 그런 결실을 보여 주지 않을까 기대되기도 한다.

70을 훌쩍 넘어선 이 선생이 『한국문학시대』에 작품을 투고하여 신인문학상을 받고 축하의 인사를 나눌 때 1년 이내에 작품집을 발간하는 것이 좋겠다는 의견을 말했는데 이렇게 1년이 채 되지 않은 기간에 글을 써서 이 작품집을 발간하게 되었고 나에게 소감을 쓰도록 요청하고 있으니 그 노력이 얼마나 대단한가. 감탄하지 않을 수 없다.

2. 나이 든 작가의 기억 살려내기

> 나의 글쓰기는 그런 자유를 얻기 위한 비움의 작업인지도 모른다. 내 마음 깊은 곳에 누룽지같이 잔뜩 늘어 붙어있는 고단하고 아팠던 기억들, 기뻤던 기억을 하나씩 꺼내는 일이다. 마치 원석을 캐내어 잘 갈고 다듬어서 보석을 만드는 일과 같다고나 할까? 막상 꺼내어 정성을 다해 갈고 다듬어 보니 별로 얘깃거리가 될 만한 게 없는 소소한 것 들 뿐이다. 나의 마음을 남에게 내보인다는 게 쉬운 일이 아님을 실감한다. 그래도 나에게는 마음을 비워내는 소중한 일이기에 공을 많이 들이고자 노력하였다.

이 작품집「작가의 말」중에서 일부이다. 어떤 의미에서 위의 글 가운데에 이 작품집의 성격과 문학적 노력, 그리고 결실까지 모두 설명되고 있다고 할 수 있을 것이다.

그는 지난 세월에 자기가 경험한 일들 가운데 글의 원석이 될 만한 이야기들을 꺼내는 일에서부터 글쓰기가 시작된다는 것이다. 이는 수필 문학이 가지는 특성이기도 하다. 왜냐하면 수필은 원천적으로 자기 고백의 문학이기 때문이다. 소설이 허구를 통한 진실을 말하고 시가 상상력을 통한 진실을 말한다면 수필은 자신이 직접 체험한 사실을 통하여 진실을 말하기 때문이다. 물론 체험 가운데에는 독서를 통한 체험이나 다른 사람의 이야기를 통한 체험 등도 포함된다. 이른바 간접 체험이다. 그래서 좋은 수필을 쓰기 위해서는 많은 독서를 필요로 한다고 할 수 있다.

그는 지난 시절 고단하고 아팠던 일, 슬프고 우울했던 일, 그리고 기뻤던 일들이 누룽지처럼 쌓여 있다는 것이고 그 일 중에 글의 원석이 될 만한 기억을 더듬어 꺼내어 글의 소재로 한다는 것이다. 그렇다면 그런 기억을 다른 사람들보다 풍성하게 가지고 있을 때 그의 글 또한 풍성하게 될 것이다. 그리고 기억 중에 원석이 될 만한 기억이 많을수록 좋은 글이 될 것이다. 그런 의미에서 그는 시골에서 어린 시절을 보냈고, 할아버지로부터 한문 공부를 했으며, 중등 교육을 서울에서 받았고, 특수한 기술을 가지고 특수 직종에 종사했으며, 정년 후에는 사진을 찍기 위하여 많은 여행을 한 남다른 기억들을 가졌다고 할 수 있다.

그런데 문제는 원석이 될 만한 체험, 즉 기억을 잘 찾아내고 있었느냐 하는 점이다. 말하자면 자신의 체험 가운데 원석이 될 만한 기억을 제대로 꺼내느냐 하는 능력의 문제와 만난다. 그는 "막상 꺼내어 정성을 다해 갈고 다듬어 보니 별로 얘깃거리가 될 만한 게 없는 소소한 것들 뿐이다."라고 겸손해 한다. 그러면서 "마음을 비워내는 소중한 일이기에 공을 많이 들였다."고 말한다.

그는 기억의 첫 페이지를 늙음에서 찾아내고 있다. 인생은 늙는 것이 아니라 익어간다는 어느 가요의 가사처럼 그 역시 늙음을 의식하지 않을 수 없었으리라. 이 작품집의 첫 작품이 「47년생」이다. 65세를 넘어서면서 문화재 관광료가 무료요, 전철 요금이 무료, 이처럼 노인이기 때문에 받는 노인의 혜택을 글의 소재로 소환한다. 64세에 백제문화단지 촬영을 위해 찾아갔을 때, 1년 후엔 노인으로 인정해서 무료로 입장하게 된대서 되돌아온 경험, 그런가 하면 전철 요금이 무료가 되었지만 미안한 생각에 한동안 유료로 타고 이용하다가 자주 이용하게 되면서 돈 아까운 생각에 무료 혜택을 누리게 된 경험, 이렇게 늙음을 수용할 수밖에 없는 심리. 그래서 그는 "늙으면 늙어가는 대로, 쇠약해져 가면 쇠약해져 가는 대로 강물이 흘러가다가 바다가 되듯이 그렇게 나도 모든 것을 포용할 수 있는 바다가 되자."한다.

이처럼 이 작품집에 담겨있는 60여 편의 작품을 읽다 보면 작가의 체험들이 결코 묘사나 나열이 아니라 70 노년 생각의 결실이 표현되고 있음을 느낄 수 있다. 즉 지난 체험을 비워내는, 그래서 다분히 늙음이 가지는 삶의 지혜를 표현하고 있음을 보게 되는 것이다.

말하자면, 이들 작품들은 늙은 나이의 앵글로 지난날의 추억을 꺼내오고, 자연의 현상을 천착하고 있음을 특징으로 하고 있다 하겠다.

가령, 「건강검진 받던 날」이란 작품에서 수면내시경을 사양하고 검사를 받는데 상당히 고통을 당했다고 한다. 장이 늘어져서 어렵다면서 4-50분 동안 내장을 휘저어 많은 불편을 주더라는 것이다. 내심 속이 상하고 불편했지만, 의사에게 "잠재워 놓고 내 속 다 뒤져서 훔쳐 가면 어떻게 해요. 덕분에 나도 모르는 내 속을 들여다볼 수 있어 좋은 구경을 했습니다."라고 말해 의사의 긴장을 풀어 주었다는 것이다. 늙음의 여유를 느끼게 된다. 젊은 패기로 이런 일을 당했더라면 화를 내고 듣기 싫은 말을 했겠지만 역시 연륜은 이렇게 인내심을 가질 수 있어서 그렇게 표현할 수 있었을 것이다. 이래서 수필은 중년을 넘어 선 사람들의 글이라고 했는지도 모른다.

3. 사진 촬영을 통한 소재 찾기

이 작가의 남다른 체험이라면 사진 촬영 활동을 들 수 있다. 물론 요즈음은 손전화가 일반화되면서 웬만하면 사진을 찍는 체험을 하지만 특별히 사진작가 소리를 들을 정도면 다른 작가와 달리 사진 촬영에 따른 특수한 체험을 많이 했을 것이다. 그는 지난날의 기억을 꺼내오는 데에서부터 글쓰기를 한다고 밝힌 바 있다. 자연히 그의 사진 촬영 체험은 중요한 글의 소재가 되지 않을 수 없었을 것이다.

비단 카메라의 앵글만이 아니라 작가가 어디에 눈길을 두느냐에 따라 각자의 개성이 특화된다고 본다. 즉, 우리가 생존하고 있는 자연, 사회, 아니 우주 만상 가운데 어디에 더 많은 관심을 가지느냐에 따라 작가의 작품 세계가 형성된다고 할 것이며, 그 관심은 눈을 통하여 내밀화 된다고 할 것이다. 작가가 카메라의 렌즈를 어디에 대고 셔터를 누르느냐에 따라 사진의 성격이 들어 나는 것이기 때문이다.

렌즈의 대상은 무궁하다. 인간일 수도 있고, 자연일 수도 있으며, 사회일 수도 있다. 가령, 사회의 갈등을 향한다면 사회 부조리를 고발하거나, 치열한 삶의 모습을 표현하게 될 것이요, 인물을 향한다면 인간 심리를 천착하게 될지도 모른다. 그런데 이 작가는 주로 자연을 대상으로 하고 있다는 것이 특징이라고 볼 수 있다. 그는 전국의 아름다운 자연을 찾아다니거나 꽃이나 동물을 찾아셔터를 누른다. 이 또한 그의 연륜과 무관하지 않을 것이다. 그리고 자연히 글의 소재도 거기에서 찾아진다.

그는 실제 생활의 주변인 대전천이나, 보문산, 계족산, 옥천이나 금산 등의 산하에서 만나는 경치나 꽃도 따라다니지만, 한탄강 철새 도래지, 영월 동강, 삼척의 이끼 폭포, 동해안 바다부채길, 예산 황새공원, 서천 마량, 전라도 선암사, 경주 석굴암, 그의 고향 여주, 강원도 홍천, 서산 신두리 사구, 얼핏 책장을 넘기면서 눈에 들어오는 지역만 해도 전국에 걸쳐 있다. 더욱 이들 지역을 찾아간다거나 같이 가는 사람들 사이에 일어나는 일화는 거의 없고 그곳의 자연 경치를 중심으로 글이 전개되고 있다. 몇 편에는 다양한 꽃 이야기, 그리고 새나 고양이 같은 동물이 소재가 되기도 한다. 고향의 향수, 네 계절을 살면서 느낀 서정적인 이야기가 소재로 기억되기도 한다. 결국 그가 불러오는 기억은 대부분이 이처럼 자연이거나, 계절의 서정이 되고 있는 것이다.

그러니까 그의 글은 촬영지에 나타난 아름다운 자연의 묘사가 주를 이루고있다. 말하자면 그의 글은 산하에 펼쳐진 자연을 어떻게 하면 잘 묘사할 것인 가를 염두에 두고 있는 듯하다.

마치 아름다운 여인이 초록색 치마를 연상시키는 폭포는 화려하지 않으면서도 우아하다. 치마골을 타고 흐르는 듯한 물줄기들의 하모니는 관중을 황홀하게 만든다. 산신령이 만드셨을까? 아니면 천사가 내려와 만들었을까? 태곳적 신비가 이런 것일까? 한참 황홀경에 빠져바라만 본다. 그리고 그 황홀경을 카메라에 담기 시작한다.

—「이끼 폭포 촬영기」에서

부소담악을 더욱 아름답게 하는 것은 바위 틈새로 갖가지 나무들이 자라고 있기 때문이 아닌가 한다. 바위와 소나무를 비롯한 여러 가지 나무들이 어우러져 있어 더욱 눈길을 끈다. 게다가 지금은 물도 나무도 햇볕도 모두 연초록이니 더욱 아름답다. 이 아름다움을 내 어찌다 표현할 수 있을까마는 표정 하나하나 모두 놓치고 싶지 않아 애꿎은 카메라 셔터만 바쁘다.

—「4월의 부소담악」에서

동해의 파도는 올 때마다 느끼는 것이 내가 감당하기에는 너무 벅차다는 것이다. 억겁을 밀려와 부서지는 처절한 아픔을 내가 어찌 감당하겠는가! 저렇게 가슴 저미는 한 많은 아우성을 내가 어찌 감당하겠는가! 하염없이 밀려와 통곡하는 저 울부짖음, 나더러 어떡하라고!

—「파도가 들려주는 이야기」에서

이처럼 촬영지의 자연을 묘사한 글들은 여러 작품에서 만나게 된다. 어떤 의미에서는 그가 글을 쓰기 위하여 사진 촬영을 다니는 것은 아닐까 하는 생각이들 지경이다. 사진 촬영을 위해서 그는 보다 세밀한 주의력으로 자연을 바라보기도 한다. 가령 봄의 정경을 찍기 위해서 들꽃을 찾는데 개별꽃, 알록제비꽃, 매화말발돌이, 남산제비꽃, 귀룽나무꽃, 동강할미꽃, 산자고, 양지꽃 등 희귀종의 꽃까지 관찰하고 있는 것이다. 또 한 가지 그가 지난날의 기억에서 꺼내오는 소재 중에 관심을 끄는 것은 동물을 통한 자연사랑이다. 매미의 일생이 주는 신비함, 자기 집 광에 몰래 들어와 새끼를 낳은 고양이 이야기, 한탄강에서 만난 철새들, 예산의 황새, 텃밭에서의 지렁이와 개미, 아파트에 날아드는 초파리, 동물의 왕국에서의 코끼리, 이런 동물들이 그의 작품 소재가 되고 있음을 발견하게 된다.

아! 빗방울아. 제발 개미 위에는 떨어지지 마라. 그러면 작은 개미가 죽을 지도 모른다. 어렸을 때 비 오는 날 빗속에서 개미가 부지런히 기어가는 것을 보았다. 그때 개미가 저 세찬 빗방울에 맞으면 죽을지도 모른다는 생각에 안타깝게 바라보았다. 그 뒤로 한동안 비만오면 그게 걱정이 되었다.
　　　　　　　　　　　　　　　　　　　　　―「비오는 날의 상념」에서

　　한 삽 파 엎을 때마다 흙덩이 속에서 지렁이가 놀라서 꿈틀대며 난리를 친다. 오늘은 완전히 지렁이들 수난의 날이다. 그러나 어쩔 수가 없다. 햇볕을 받으면 금방 죽으니까 미안한 마음에 밖으로 나온 지렁이들은 이내 흙을 덮어준다. 삽에 잘리는 놈도 있다. 잘린 지렁이는 따로따로 하나의 개체가 되어 산다고 하니 다행이다 싶어 덜 미안하다.
　　　　　　　　　　　　　　　　　　　　　―「텃밭이 주는 기쁨」에서

　이처럼 생명을 사랑하는 인간성, 이 또한 자연사랑의 한 면모라 하지 않을수 없다 하겠다.

4. 다음의 기대

　우리는 사진을 감상할 때, 아름다운 풍경에서 감탄하기도 하지만, 풍경에 담겨져 있는 사연을 이해할 때 더욱 감동을 받을 수 있다. 글에서의 자연 묘사라는 것도 마찬가지라고 본다. 그가 사진을 촬영하기 위하여 찾은 수많은 자연, 그 자연의 모습 자체를 묘사하는 것도 중요하지만 그 자연에 얽힌 사연을 찾아 의미를 더한다면 글의 맛이 한결 높아지지 않을까 하는 생각을 해본다. 그리고 그 사연이야말로 문학의 중요한 기능인 감동을 보다 더 불러일으킬 수 있을 것 이라고 본다.
　미술 작품 속에는 이야기가 있는 작품과 그렇지 않은 작품이 있다고 말

한다. 역사성이나 사회성을 표현한 작품이 있는가 하면, 자연 등 대상물 자체만을 표현한 작품이 있다고 한다. 그리고 많은 명작의 경우, 이야기를 담은 작품이 더 많은 생명력을 가진다고 한다. 이 선생의 작품은 대체로 자연 자체를 담고 있다고 할 수 있을 것이다.

아마도 사진 촬영을 위한 그 많은 여행 속에는 다른 사람이 체험하지 못한 여러 경험을 했을 것이다. 뿐만 아니라 그 자연을 바라보면서 보다 깊은 사색을 통하여 삶의 의미 같은 것도 느꼈을 것이다. 따라서 촬영의 대상이 되는 자연을 아름답게 묘사하는 글을 넘어서서 그 과정이나 대상 속을 더 깊이 천착하는 글이 되었으면 하는 욕심이 생긴다.

그는 이제 첫 작품집을 상재했다. 흔히 집을 한 채 지으면 미처 생각지 못했던 점을 보완해서 다시 집을 짓고 싶어 한다고 한다. 그 또한 이번 작품집에서 아쉬웠던 점을 보완하여 더 좋은 작품집을 계획할 것으로 본다. 인생 2모작을 성실히 성공적으로 경작하고 있는 그에게 문운이 함께 하길 기원한다.

소흔 이한배 포토에세이
이젠 비워내도 괜찮아
ⓒ이한배, 2022

발 행 일	1판 1쇄 2022년 5월 10일
지 은 이	이한배
발 행 인	이영옥
편 집	최윤지
펴 낸 곳	도서출판 이든북
출판등록	제2001-000003호
주 소	대전광역시 동구 중앙로 193번길 73
전화번호	(042)222-2536
팩시밀리	(042)222-2530
전자우편	eden-book@daum.net

ISBN 979-11-6701-141-1
값 13,000원

* 잘못된 책은 바꾸어 드립니다.
* 이 책 내용과 사진 일부 또는 전부를 재사용하려면 반드시 저자와 이든북 양측의 동의를 받아야 합니다.